U0892391

反有组织犯罪法
重点解读与适用要点

莫洪宪　李占州　王肃之／著

法律出版社 LAW PRESS · CHINA
北京

图书在版编目(CIP)数据

反有组织犯罪法重点解读与适用要点 / 莫洪宪，李占州，王肃之著. -- 北京 ：法律出版社，2022(2022.4 重印)
ISBN 978 -7 -5197 -6315 -2

Ⅰ. ①反… Ⅱ. ①莫… ②李… ③王… Ⅲ. ①反有组织犯罪法－法律解释－中国 Ⅳ. ①D922.14

中国版本图书馆 CIP 数据核字(2022)第 007083 号

反有组织犯罪法重点解读与适用要点
FAN YOUZUZHI FANZUIFA ZHONGDIAN JIEDU YU SHIYONG YAODIAN

莫洪宪
李占州 著
王肃之

责任编辑 李 群 陈昱希
装帧设计 汪奇峰

出版发行 法律出版社
编辑统筹 法规出版分社
责任校对 张红蕊
责任印制 耿润瑜
经 销 新华书店

开本 A5
印张 9.625 字数 248 千
版本 2022 年 2 月第 1 版
印次 2022 年 4 月第 3 次印刷
印刷 固安华明印业有限公司

地址：北京市丰台区莲花池西里 7 号(100073)
网址：www.lawpress.com.cn
投稿邮箱：info@lawpress.com.cn
举报盗版邮箱：jbwq@lawpress.com.cn

销售电话：010 - 83938349
客服电话：010 - 83938350
咨询电话：010 - 63939796

书号：ISBN 978 - 7 - 5197 - 6315 - 2
定价：49.00 元
凡购买本社图书，如有印装错误，我社负责退换。电话：010 - 83938349

作者简介

莫洪宪

现任武汉大学（二级）教授，博士生导师。兼任中国刑法学研究会学术顾问，中国廉政法制研究会副会长，武汉市法学会副会长；最高人民法院特邀咨询员；最高人民检察院未检办专家顾问；省、市政法委、法院、检察院、公安部门专家咨询委员会委员；武汉市政府参事。主持完成国家社科基金重大攻关项目及一般项目共计二十余项。主要研究方向：有组织犯罪研究、反腐败研究以及毒品犯罪研究。出版《有组织犯罪研究》《加入<联合国打击跨国有组织犯罪公约>对我国的影响》等著作十余部，在国内外学术刊物上发表学术论文百余篇。

规定。第一，构建契合各类主体的引导、鼓励机制，强调监察机关、政法机关的配合与制约，规定将有组织犯罪预防和治理工作纳入各级人民政府和有关部门考评体系，明确对于参与反有组织犯罪工作的单位和个人予以保护、奖励。第二，强调对未成年群体予以特别保护，既强调对学生群体予以专门保护，还充分注重对犯罪组织侵犯未成年人的行为追究法律责任。第三，规定专门的侦查、执行、监管措施，特别是涉及信息技术、组织成员特别处理、相关财产处置以及重点人员监管。第四，为参与反有组织犯罪工作的各类主体提供保护，辐射举报人，控告人，证人，配合执法、司法的单位、个人和组织成员，执法、司法工作人员及其近亲属等。第五，强调做好反有组织犯罪工作的保障，《反有组织犯罪法》第七章即为"保障措施"。同时，第八章"法律责任"的规定也为反有组织犯罪工作提供了充分的制度保障。上述规定很多是针对反有组织犯罪工作专门制定的，具有专门性、创新性。

2022年1月，全国扫黑办专门印发通知，要求切实抓好《反有组织犯罪法》贯彻实施工作，深刻理解条文内涵精髓，开展有针对性的系统化、专业化培训，并列入"八五"普法责任清单。应法律出版社邀请，本书由参与立法过程、具有丰富实务经验的同志组成编写组，撰写完成。在内容上，本书具有以下特点：第一，深度阐释办理有组织犯罪案件的各项规定，特别是对于紧急措施、特殊侦查方式、异地执行刑罚、特殊情形追缴财产等新规定进行分析。第二，基于协同视角解读预防和治理有组织犯罪的各项举措，包括宣传教育、候选人资格审查、行业监管、重点区域防控、网络管理和技术协助等。第三，对如何做好行政处罚和刑事处罚的衔接进行解析，特别是参与有组织犯罪尚不构成犯罪，金融机构等单位不履行止付、冻结义务，网信等相关单位不履行网络信息安全管理和技术协助义务，相关工作人员违反保密义务等情形。第四，系统阐明特殊群体专门制度的适用，既包括对特定组织成员适用从业禁止制度、特殊主体日常生活及个人财产报告制度等的适用，也包括特殊人员、参照特殊人员、执法与司法人员及其近亲属保护制度的适用。

本书出版在即，衷心感谢法律出版社李群、陈昱希编辑的辛勤付出。希望本书的出版能够对反有组织犯罪工作人员和社会大众深入理解、准确适用《反有组织犯罪法》提供有益的帮助。

莫洪宪

2022年1月31日

目　　录

中华人民共和国反有组织犯罪法

附录 相关法规

中华人民共和国反有组织犯罪法

（2021年12月24日第十三届全国人民代表大会常务委员会第三十二次会议通过　2021年12月24日中华人民共和国主席令第101号公布　自2022年5月1日起施行）

第一章　总　　则

第一条　【立法目的】[1]**为了预防和惩治有组织犯罪，加强和规范反有组织犯罪工作，维护国家安全、社会秩序、经济秩序，保护公民和组织的合法权益，根据宪法，制定本法。**

重点解读

本条是关于《反有组织犯罪法》[2]立法目的的规定。

有组织犯罪对国家安全、人民群众生命财产安全、社会管理秩序、正常经济活动均具有巨大的危害。因此，在首条开宗明义地规定立法目的，

〔1〕 条文主旨为编者所加，仅供参考，下同。

〔2〕 为方便阅读，本书中所涉的法律均使用简称。

对于正确理解和适用整部法律，均具有关键的意义。

在此还需明确，《反有组织犯罪法》是和我国的具体国情、反有组织犯罪的历史进程密切相关的：第一，虽然“有组织犯罪”是一个世界性的概念，各国均对于该类犯罪进行严厉打击，但是具体情况不尽相同，本法是依据我国国情制定的。第二，本法是专门的反有组织犯罪立法，反有组织犯罪工作必须在本法规定的框架和轨道内开展，从而确保法治化、规范化、专业化。第三，本法强调保护国家安全、社会秩序、经济秩序，公民、组织的合法权益免受有组织犯罪的侵害，国家、社会、个体均是本法保护的客体。第四，本法是扫黑除恶专项斗争的制度成果，也是长期化、常态化打击有组织犯罪的规范遵循。

适用要点

虽然本条是关于立法目的的一般性规定，但是其规定的要旨与精神对《反有组织犯罪法》的各个条文均具有指导意义，在实践中应特别重视以下几点：

第一，本法不仅旨在惩治有组织犯罪，而且旨在预防有组织犯罪。惩治有组织犯罪较易于理解，对该类犯罪除了通过刑罚方式加以打击，更需要构建系统全面的责任体系。在此需强调预防有组织犯罪。有组织犯罪的成因极为复杂，包括政治原因、社会原因、经济原因、文化原因、个体原因等，仅依靠事后打击虽然可以消灭具体的犯罪组织，但是无法从根本上解决问题，还会出现新的有组织犯罪。因此，本法规定了不少预防性、劝阻性的条款，在适用这些条款时应注重其预防属性。

第二，本法旨在加强和规范反有组织犯罪工作。这可以从两个方面加以理解：一是本法旨在加强反有组织犯罪工作。一直以来，我国反有组织犯罪的法律制度比较分散、未成体系，部分文件效力位阶低，防范、治理和保障等相关法律规定比较缺乏，客观上影响实施效果，本法作为专门的反有组织犯罪法，理应推动反有组织犯罪工作的有效开展。二是本法旨在规范反有组织犯罪工作。实践中，反有组织犯罪工作也个别存在“拔高”“降格”处理等不规范、不适当的情形，因此本法的相关规定也是划定法律上的“底线”“红线”，推动相关实践的规范化、法治化。在适用本法相关条文时，应当兼顾这两个方面，既明确职权职责，也明确行为边界，确保反有组织犯罪工作的依法开展。

第三，本法旨在维护国家安全、社会秩序、经济秩序，保护公民和组织的合法权益。应理解本法保护客体的全面性，在适用相关条款时综合考虑各方主体、各方合法利益的维护，具体应注重以下四个方面：一是维护国家安全。国家安全的重要性不言而喻，而且实践中有不少有组织犯罪确实实施了危害国家安全的犯罪行为，维护国家安全应放在首位。二是维护社会秩序。犯罪组织往往实施杀人、防火、抢劫、寻衅滋事等严重危害社会秩序的犯罪行为，维护社会秩序同样是本法的重要目的之一。三是维护经济秩序。犯罪组织同样实施了强迫交易、合同诈骗等严重侵害经济秩序的犯罪行为，往往对于特定行业、特定市场造成难以估量的不利影响，因此虽然经济秩序也属于广义的社会秩序，但是应当予以特别强调。四是保护公民和组织的合法权益。本法保护的必须是“合法权益”，非法权益不在此列；不仅公民的合法权益受保护，组织的合法权益同样受保护。此外，在适用本法相关条款时还应注意，不仅应注重被打击的有组织犯罪是否侵犯了上述客体，也需注意相关治理举措不能侵犯上述客体。

案例指引

王玉林、刘涛三等人组织、领导黑社会性质组织等案[1]

该犯罪组织通过划分非法采矿收益股份，将组织成员结为“利益共同体”，拉拢、腐蚀相关国家工作人员提供帮助，攫取5400余万元巨额经济

〔1〕 参见《深挖实打　展开决战——湖南法院防疫期间扫黑除恶不放松》，载《人民法院报》2020年6月15日，第3版。

利益。该犯罪组织共实施非法采矿、聚众斗殴、妨害公务、寻衅滋事、非法拘禁、行贿等10起犯罪活动，造成2人轻伤、2人轻微伤，对监利县白螺镇、洪湖市螺山镇长江沿线水域的江砂资源实行非法控制，严重破坏长江流域生态环境和当地经济、社会生活秩序。

临湘市人民法院以组织、领导黑社会性质组织等罪，数罪并罚，依法判处被告人王玉林有期徒刑20年，剥夺政治权利4年，并处没收个人全部财产；以组织、领导黑社会性质组织等罪，数罪并罚，依法判处被告人刘涛三等18人19年以下不等的有期徒刑。2020年4月28日，岳阳市中级人民法院二审宣判，依法裁定维持原判。

需注意，对于"国家安全、社会秩序、经济秩序"应全面把握。本案中，被告人王玉林、刘涛三等人在湖北省监利县白螺镇、洪湖市螺山镇长江沿线水域大肆进行非法采砂，持续时间长，给长江河道生态环境造成严重破坏，危害了国家生态安全，对其予以严厉打击。

关联法规

《中华人民共和国宪法》第十三条第一款 公民的合法的私有财产不受侵犯。

第三十七条第一款 中华人民共和国公民的人身自由不受侵犯。

第三十八条 中华人民共和国公民的人格尊严不受侵犯。禁止用任何方法对公民进行侮辱、诽谤和诬告陷害。

第三十九条 中华人民共和国公民的住宅不受侵犯。禁止非法搜查或者非法侵入公民的住宅。

第四十条 中华人民共和国公民的通信自由和通信秘密受法律的保护。除因国家安全或者追查刑事犯罪的需要，由公安机关或者检察机关依照法律规定的程序对通信进行检查外，任何组织或者个人不得以任何理由侵犯公民的通信自由和通信秘密。

《中华人民共和国国家安全法》第二条 国家安全是指国家政权、主权、统一和领土完整、人民福祉、经济社会可持续发展和国家其他重大利益相对处于没有危险和不受内外威胁的状态，以及保障持续安全状态的能力。

《中华人民共和国民法典》第三条 民事主体的人身权利、财产权利以及其他合法权益受法律保护，任何组织或者个人不得侵犯。

第二条 【核心概念与适用范围】本法所称有组织犯罪，是指《中华人民共和国刑法》第二百九十四条规定的组织、领导、参加黑社会性质组织犯罪，以及黑社会性质组织、恶势力组织实施的犯罪。

本法所称恶势力组织，是指经常纠集在一起，以暴力、威胁或者其他手段，在一定区域或者行业领域内多次实施违法犯罪活动，为非作恶，欺压群众，扰乱社会秩序、经济秩序，造成较为恶劣的社会影响，但尚未形成黑社会性质组织的犯罪组织。

境外的黑社会组织到中华人民共和国境内发展组织成员、实施犯罪，以及在境外对中华人民共和国国家或者公民犯罪的，适用本法。

重点解读

本条是关于有组织犯罪核心概念与适用范围的规定。

第一，有组织犯罪的核心概念。有组织犯罪的概念有狭义与广义之分，狭义的有组织犯罪仅指黑恶势力犯罪，广义的有组织犯罪还包括以有组织形式实施的恐怖活动犯罪等。根据本条第 1 款，本法规定的是狭义的有组织犯罪，应从两个层面加以理解：一是有组织犯罪既包括黑社会性质组织犯罪，也包括恶势力组织犯罪。二是有组织犯罪既包括成立、发展犯罪组织的犯罪，也包括犯罪组织实施的犯罪。

第二，有组织犯罪的特征。本条虽然仅在第2款具体界定了“恶势力组织”，但是并不意味着未明确“黑社会性质组织”的概念。由于“黑社会性质组织”已经在《刑法》中加以具体规定，因此第1款仅作出指引规定。结合《刑法》第294条第5款和本条第2款的规定，“黑社会性质组织”和“恶势力组织”的多数特征具有同类性质，在理解时应注意以下几点：一是组织特征。前者要求形成较稳定的犯罪组织，人数较多，有明确的组织者、领导者，骨干成员基本固定；后者要求经常纠集在一起，但尚未形成黑社会性质组织。二是行为特征。前者要求以暴力、威胁或者其他手段，有组织地多次进行违法犯罪活动，为非作恶，欺压、残害群众；后者要求以暴力、威胁或者其他手段，在一定区域或者行业领域内多次实施违法犯罪活动，为非作恶，欺压群众。三是危害性特征。前者要求通过实施违法犯罪活动，或者利用国家工作人员的包庇或者纵容，称霸一方，在一定区域或者行业内，形成非法控制或者重大影响，严重破坏经济、社会生活秩序；后者要求扰乱社会秩序、经济秩序，造成较为恶劣的社会影响。需要注意的是，前者对于经济特征有要求，即有组织地通过违法犯罪活动或者其他手段获取经济利益，具有一定的经济实力，以支持该组织的活动，后者则无此要求。对比二者的特征可以发现，除“恶势力组织”不要求经济特征外，其与“黑社会性质组织”在组织特征、行为特征、危害性特征上均具有一致性，只不过对于“恶势力组织”的要求程度相对较低。

第三，本法的适用范围。本条第3款规定境外的黑社会组织入境活动或者针对我国国家、公民实施犯罪也适用本法。对该规定不能作片面化的解读，应从体系化的视角进行理解，不仅境外的黑社会组织的前述情形适用本法，黑社会性质组织、恶势力组织当然适用本法。

适用要点

犯罪组织的认定是打击有组织犯罪的关键前提，在适用本条规定时应注意以下三点：

第一，黑社会性质组织的认定。实践中，应注重围绕前述四个特征认定黑社会性质组织。

(1)组织特征的认定。一是稳定性，注重把握组织实体及其存在时间，在认定黑社会性质组织的过程中应进行综合判断，尤其是对于黑社会性质组织标志性事件的把握。二是规模性，一般黑社会性质组织应具有一定数量的成员。三是严密性，注重把握等级与管理关系，黑社会性质组织应具有明确的层级和职责分工，还需关注组织是否存在纪律、规约。

(2)经济特征的认定。一是攫取经济利益手段具有多样性，具体包括通过违法犯罪活动攫取、通过合法方式攫取以及通过资助获取等。二是应具有一定的经济实力。三是其所获取的经济利益用于违法犯罪活动或者维系犯罪组织的生存、发展。

(3)行为特征的认定。一是行为手段具有多样性，必须包括犯罪行为，但也可以采取以暴力、威胁为基础的“其他手段”。二是违法犯罪行为系出于黑社会性质组织意思或利益，也包括违法犯罪行为实施后被组织所认可的情形。三是行为数量具有多次性。

(4)危害性特征的认定。一是危害需在一定范围产生影响，注意“一定区域”“一定行业”不一定限于特定物理空间。二是危害影响必须具有重大性。

此外，对于黑社会性质组织的四个特征应综合和全面把握，从整体进行判断分析，而不拘泥于某一具体特征。

第二，黑社会性质组织与恶势力组织的区别。恶势力组织的特征可参考黑社会性质组织的组织特征、行为特征和危害性特征认定，但是不同于黑社会性质组织，《刑法》并未对恶势力组织作出特别规定。

实践中，恶势力组织按照犯罪集团予以认定和处罚，应注意以下几点：一是有 3 名以上组织成员；二是有明显的首要分子，重要成员较为固定；三是组织成员经常纠集在一起；四是共同故意实施 3 次以上恶势力惯常实施的犯罪活动或者其他犯罪活动。

第三，黑社会性质组织与黑社会组织。黑社会组织是有组织犯罪的最高极形态，形成了完备的网络体系，不但具备稳定而庞大的经济实力，而且有的成员渗入政权内部成为政府官员、议员，或在政界寻找代理人，实现权力与犯罪的结合。

之所以对境外的黑社会组织作出独立规定，是因为我国的有组织犯罪尚未发展至黑社会组织阶段，只存在“黑社会性质组织”，应注意二者的区别。不仅本法采取了同时规定境内黑社会性质组织和境外黑社会组织的模式，我国《刑法》第 294 条也既规定了组织、领导、参加黑社会性质组织罪，又规定了入境发展黑社会组织罪。实践中需把握二者的区别。

案例指引

林某某等组织、领导黑社会性质组织、诈骗、敲诈勒索、寻衅滋事、虚假诉讼案[1]

2013 年 9 月至 2018 年 9 月，被告人林某某通过其实际控制的两个公司，以吸收股东、招收业务人员等方式发展组织成员并大肆实施“套路贷”违法犯罪活动，逐步形成了以林某某为核心的层级明确、人数众多的黑社会性质组织（组织特征）。林某某主导确定实施“套路贷”的具体模式，策划、指挥全部违法犯罪活动，其他成员负责参与“套路贷”的不同环节、实施具体违法犯罪活动、负责以暴力和“软暴力”手段非法占有被害人财物，并长期雇用某律师为该组织规避法律风险提供帮助（行为特征）。该黑社会性质组织及成员实施“套路贷”违法犯罪过程中，以办理房屋抵押贷款为名，诱使、欺骗多名被害人办理赋予借款合同强制执行效力、售房委托、抵押解押的委托公证，并恶意制造违约事实，利用公证书将被害人名下房

〔1〕 参见最高人民法院：《最高人民法院公布 10 起整治虚假诉讼典型案例》，载 http://www.chinapeace.gov.cn/chinapeace/c100007/2021-11/09/content_12557880.shtml，2021 年 11 月 18 日访问。

产过户到该黑社会性质组织或组织成员名下，之后再纠集、指使暴力清房团伙，采用暴力、威胁及其他“软暴力”手段任意占用被害人房产，通过向第三人抵押、出售或者与长期雇用的律师串通、合谋虚假诉讼等方式，将被害人房产处置变现以谋取非法利益，并将违法所得用于该黑社会性质组织的发展壮大、组织成员分红和提成。该黑社会性质组织通过采取上述方式，有组织地实施诈骗、寻衅滋事、敲诈勒索、虚假诉讼等一系列违法犯罪活动，攫取巨额非法经济利益，并利用获得的非法收入为该组织及成员提供经济支持（经济特征）。该黑社会性质组织在长达5年的时间内长期实施上述“套路贷”违法犯罪活动，涉及多个市辖区、70余名被害人及家庭，造成被害人经济损失高达上亿元，且犯罪对象为老年群体，致使部分老年被害人流离失所、无家可归，严重影响社会稳定（危害性特征）。其中，2017年4月至2018年6月间，林某某为将诈骗所得的房产处置变现，与他人恶意串通，故意捏造抵押借款合同和债务人违约事实，以虚假的债权债务关系向人民法院提起民事诉讼，欺骗人民法院开庭审理并作出民事裁判文书。

人民法院依法对林某某以组织、领导黑社会性质组织罪判处有期徒刑10年，剥夺政治权利2年，并处没收个人全部财产；以诈骗罪判处无期徒刑，剥夺政治权利终身，并处没收个人全部财产；以敲诈勒索罪判处有期徒刑11年，并处罚金人民币22万元；以寻衅滋事罪判处有期徒刑9年，剥夺政治权利1年，并处罚金人民币18万元；以虚假诉讼罪判处有期徒刑6年，并处罚金人民币12万元，决定执行无期徒刑，剥夺政治权利终身，并处没收个人全部财产。

关联法规

《中华人民共和国刑法》第二百九十四条第五款 黑社会性质的组织应当同时具备以下特征：

（一）形成较稳定的犯罪组织，人数较多，有明确的组织者、领导者，骨干成员基本固定；

（二）有组织地通过违法犯罪活动或者其他手段获取经济利益，具有一定的经济实力，以支持该组织的活动；

（三）以暴力、威胁或者其他手段，有组织地多次进行违法犯罪活动，为非作恶，欺压、残害群众；

（四）通过实施违法犯罪活动，或者利用国家工作人员的包庇或者纵容，称霸一方，在一定区域或者行业内，形成非法控制或者重大影响，严重破坏经济、社会生活秩序。

第三条　【工作方针】反有组织犯罪工作应当坚持总体国家安全观，综合运用法律、经济、科技、文化、教育等手段，建立健全反有组织犯罪工作机制和有组织犯罪预防治理体系。

重点解读

本条是关于有组织犯罪工作方针的规定，可从以下三个方面加以理解：

第一，反有组织犯罪工作必须坚持总体国家安全观。坚持总体国家安全观，必须以人民安全为宗旨，以政治安全为根本，以经济安全为基础，以军事、文化、社会安全为保障，以促进国际安全为依托。有组织犯罪谋求社会控制、政治渗透，严重影响正常的经济秩序、社会秩序，对国家政治安全、经济安全、社会安全等均具有现实的危害。对有组织犯罪的预防和打击必须在贯彻落实总体国家安全观的视角下科学实践，以切实维护国家安全。

第二，反有组织犯罪工作应当综合运用法律、经济、科技、文化、教育等手段。打击有组织犯罪是一项系统工程，需要多个方面、多个领域有效协同，切实发挥各种手段的优势，形成合力。传统意义上仅强调法律手段特别是刑法手段在打击有组织犯罪过程中的应用，虽然这一方式易于“立竿见影”，但是难以消除滋生有组织犯罪的“土壤”。从打击犯罪常态化、长期化、长效化的角度，必须综合运用各种手段防治有组织犯罪。

第三，应当建立健全工作机制和防治体系。一是，建立健全反有组织犯罪工作机制。反有组织犯罪工作具有复杂性、系统性，需要构建科学有效的工作机制，一方面需要进行体制建设，完成反有组织犯罪工作相关部门管理职能和岗位责权的优化配置；另一方面需要进行流程建设，特别是相关部门需就如何切实履行职责，有效参与打击有组织犯罪工作，形成一套科学的管理流程。二是，建立健全反有组织犯罪防治体系。

适用要点

适用本条规定时应注意以下两点：

第一，依法严厉打击危害国家政治安全、经济安全、社会安全等的有组织犯罪。一是依法严厉打击危害政治安全的有组织犯罪。一些有组织犯罪积极寻求政治代理人或“保护伞”，严重破坏了基层政治生态，必须坚决打击，毫不姑息。二是依法严厉打击危害经济安全的有组织犯罪。一些有组织犯罪用暴力手段恐吓威胁竞争者，垄断某个行业或者某个市场，获取巨额暴利，甚至无形中抬高社会交易成本，阻断正常的经济往来，冲击公平竞争的市场体系，最终威胁到社会整体的经济安全，必须依法严厉打击。三是依法严厉打击危害社会安全的有组织犯罪。一些有组织犯罪收取“保护费”，欺压群众，甚至充当“地下出警队”，实施大量杀人、放火、抢劫、强奸等恶性犯罪，严重危害了社会安全，同样必须依法严厉打击。

第二，充分重视各种手段的有效应用。一是运用法律手段，依法对于犯罪组织进行严厉打击，特别是全面运用刑事、民事、行政法律手段，构成犯罪的严肃处理，构成侵权的依法追偿，构成行政违法的依法处罚，确保其所有违法行为均受到法律的制裁。二是运用经济手段，深挖彻查黑恶势力经济线索，对涉黑涉恶财产及时、全面查处，依法处置，彻底摧毁黑恶势力的经济基础。三是运用科技手段，充分运用互联网、大数据、人工智能技术，做到精准研判、精准打击，推进反有组织犯罪工作的科技化。四是运用文化、教育手段，做到激浊扬清，唱响主旋律、弘扬正能量，特别是针对重点群体进行正向的引导教育，消除有组织犯罪的潜在人员基础。

关联法规

《中华人民共和国国家安全法》第三条 国家安全工作应当坚持总体国家安全观，以人民安全为宗旨，以政治安全为根本，以经济安全为基础，以军事、文化、社会安全为保障，以促进国际安全为依托，维护各领域国家安全，构建国家安全体系，走中国特色国家安全道路。

《中华人民共和国刑法》第二条 中华人民共和国刑法的任务，是用刑罚同一切犯罪行为作斗争，以保卫国家安全，保卫人民民主专政的政权和社会主义制度，保护国有财产和劳动群众集体所有的财产，保护公民私人所有的财产，保护公民的人身权利、民主权利和其他权利，维护社会秩序、经济秩序，保障社会主义建设事业的顺利进行。

《中华人民共和国民法典》第一百二十条 民事权益受到侵害的，被侵权人有权请求侵权人承担侵权责任。

《中华人民共和国治安管理处罚法》第二条 扰乱公共秩序，妨害公共安全，侵犯人身权利、财产权利，妨害社会管理，具有社会危害性，依照《中华人民共和国刑法》的规定构成犯罪的，依法追究刑事责任；尚不够刑事处罚的，由公安机关依照本法给予治安管理处罚。

第四条 【工作理念】反有组织犯罪工作应当坚持专门工作与群众路线相结合，坚持专项治理与系统治理相结合，坚持与反腐败相结合，坚持与加强基层组织建设相结合，惩防并举、标本兼治。

重点解读

本条是关于有组织犯罪工作理念的规定，其内容可以从以下两个方面加以解读：

第一，反有组织犯罪工作应做到四个“结合”。这实际上明确了并非仅政法机关负有打击有组织犯罪的责任，也对相关党政部门开展这一工作提出了全面要求。一是坚持反有组织犯罪专门工作与群众路线相结合。反有组织犯罪工作具有专门性，必须针对有组织犯罪的特点实施有针对性的举措。随着我国对有组织犯罪严厉打击，其生存空间受到压缩，日益走向隐蔽化。因此，在防范和惩治有组织犯罪时，必须始终坚持人民主体地位，紧紧依靠群众、发动群众，寻找有组织犯罪的“蛛丝马迹”，防止其逃避打击。二是坚持有组织犯罪专项治理与系统治理相结合。有组织犯罪的产生有着复杂深刻的原因，因此既要坚持严厉打击，更要强调对有组织犯罪相关的人、财、物等要素进行系统治理，从而不仅彻底打击有组织犯罪本身，更有效治理滋生有组织犯罪的环境。三是坚持反有组织犯罪工作与反腐败相结合。有组织犯罪的滋生和发展往往和“保护伞”的庇护密切相关，因此需要统筹抓好打击有组织犯罪和关联的腐败犯罪。四是坚持反有组织犯罪工作与加强基层组织建设相结合。基层组织既是打击有组织犯罪的关键，也是防范犯罪组织腐蚀、渗透的重点，因此必须抓好基层组织建设，切实筑牢防范有组织犯罪的坚实“堤坝”。

第二，反有组织犯罪工作应做到两个“兼顾”。一是必须兼顾惩防并举。过去对有组织犯罪多强调严厉打击，强调对已经形成的犯罪组织及其实施的犯罪进行严惩。随着仅强调严惩的弊端日益显现，更需进行有针对的预防，从而尽可能减少社会成本的投入。二是必须兼顾标本兼治。打击具体的犯罪组织及其人员、犯罪行为，固然能起到“立竿见影”的“治标”效果，但是如果不从根本上挖掘、治理有组织犯罪的形成原因，那么势必还会出现新的有组织犯罪，难以实现“治本”的目标，因此本条特别强调“标本兼治”。

适用要点

在适用本条时应注意统筹四个“结合”与两个“兼顾”，在落实各个“结合”过程中要充分考虑是否有利于有组织犯罪的惩防并举、标本兼治。具体层面应注重以下几点：

第一，推动人民群众积极参与反有组织犯罪工作。应推广本法在人民群众中的普及程度，加强典型案件的报道力度，重点宣传报道群众反映最强烈、最深恶痛绝的各类有组织犯罪的查处情况，利用新媒体方式进行宣传，进一步引导群众准确把握有组织犯罪特征、精准提供举报线索，加强群众举报线索核查情况的反馈工作。还应不断创新方式方法，不断深入群众，确保群众路线在反有组织犯罪工作得到充分贯彻落实。

第二，充分实现法律治理和综合治理的有机协同。应改变认为打击有组织犯罪主要依靠法律治理的传统认识，注重法律治理与其他治理的协调、配合，注重形成合力，实现有组织犯罪惩防协作。因此，在有组织犯罪关联领域应注重各个部门的协同治理，推动行政执法和司法审判的互动，在涉及部门较多时可探索构建联合机制、平台，确保各项治理举措齐头并进，不出现一块“短板”。

第三，注重有组织犯罪和腐败犯罪的关联打击。在“惩”与“防”的过程中均需注重二者的协同，一方面强调有组织犯罪与腐败犯罪的打击相协调，对于通过有组织犯罪发现的腐败犯罪坚决严惩；另一方面强调有组织犯罪与腐败犯罪的预防相协调，坚决打击各个领域的贪污贿赂犯罪，创造良好社会秩序，根除有组织犯罪滋生的权力“温床”。

第四，充分发挥基层组织的在治理有组织犯罪中的关键作用。一是充分发挥党组织的核心作用。基层党组织既是防治有组织犯罪的第一线，也是犯罪组织的重要渗透目标，应通过党内法规、机制制度建设，强调基层党组织的履职、追责要求。二是充分发挥基层群众性自治组织的重要作用，通过居民委员会或者村民委员会加强对有组织犯罪的防控，与居民、村民保持密切沟通，做到对犯罪组织、犯罪人员、犯罪行为相关线索的有效挖掘和打击举措的有效贯彻。

关联法规

《中华人民共和国监察法》第三条 各级监察委员会是行使国家监察职能的专责机关，依照本法对所有行使公权力的公职人员（以下简称公职人员）进行监察，调查职务违法和职务犯罪，开展廉政建设和反腐败工作，维护宪法和法律的尊严。

第六条 国家监察工作坚持标本兼治、综合治理，强化监督问责，严厉惩治腐败；深化改革、健全法治，有效制约和监督权力；加强法治教育和道德教育，弘扬中华优秀传统文化，构建不敢腐、不能腐、不想腐的长效机制。

《中华人民共和国村民委员会组织法》第二条 村民委员会是村民自我管理、自我教育、自我服务的基层群众性自治组织，实行民主选举、民主决策、民主管理、民主监督。

村民委员会办理本村的公共事务和公益事业，调解民间纠纷，协助维护社会治安，向人民政府反映村民的意见、要求和提出建议。

村民委员会向村民会议、村民代表会议负责并报告工作。

第四条 中国共产党在农村的基层组织，按照中国共产党章程进行工作，发挥领导核心作用，领导和支持村民委员会行使职权；依照宪法和法律，支持和保障村民开展自治活动、直接行使民主权利。

《中华人民共和国城市居民委员会组织法》第二条 居民委员会是居民自我管理、自我教育、自我服务的基层群众性自治组织。

不设区的市、市辖区的人民政府或者它的派出机关对居民委员会的工作给予指导、支持和帮助。居民委员会协助不设区的市、市辖区的人民政府或者它的派出机关开展工作。

第五条 【工作要求】反有组织犯罪工作应当依法进行，尊重和保障人权，维护公民和组织的合法权益。

重点解读

本条是关于有组织犯罪工作要求的规定。

在反有组织犯罪专门立法中规定本条，是总结反有组织犯罪实践，推动这一工作法治化、规范化的重要举措。反有组织犯罪工作历经了从运动模式到法治模式的转变，在特定历史时期实施的“严打”“打黑除恶”在当时有效打击了有组织犯罪，但是随着法治中国建设进程的发展，反有组织犯罪工作法治化的必要性日益凸显。

反有组织犯罪工作应当依法进行，保护相关主体的合法权益，这在扫黑除恶专项斗争开展过程中即予以强调。根据中共中央、国务院《关于开展扫黑除恶专项斗争的通知》的要求，在扫黑除恶专项斗争中，政法各机关要进一步明确政策法律界限，统一执法思想，加强协调配合，既坚持严厉打击各类黑恶势力违法犯罪，又坚持严格依法办案，确保办案质量和办案效率的统一，确保政治效果、法律效果和社会效果的统一；各有关部门要结合自身职能，主动承担好在扫黑除恶专项斗争中的职责任务，依法行政、依法履职，防止行政不作为和乱作为。在依法打击有组织犯罪的同时，还要坚持保障人权，保障公民和组织的合法权益，特别是严格依法保障犯罪嫌疑人、被告人诉讼权利，保障辩护律师依法执业。本法作为扫黑除恶专项斗争的制度成果和反有组织犯罪工作的专门立法，将前述要求通过立法的形式固定下来。

本条具体确定了反有组织犯罪工作的三项基本要求：依法进行、尊重和保障人权、维护合法权益。第一，合法性是反有组织犯罪工作的第一要求，在对犯罪组织、人员、财产进行打击的过程中，不能为了实现实体正义忽视程序正义，防止因措施违法造成消极的社会后果。第二，反有组织犯罪工作需要全程注重尊重和保障人权,杜绝非法拘禁、刑讯逼供等行为的出现。第三,反有组织犯罪工作应注重维护公民和组织的合法权益,既要注重个人合法权益的保护,也要注重组织合法权益的保护。

适用要点

适用本条规定时应注意以下三点:

第一,反有组织犯罪工作应当依法进行。反有组织犯罪工作牵涉方方面面,各项举措均需要在法治的轨道内实施。无论是有组织犯罪案件的侦查、起诉、审判,还是涉案人员强制措施、刑罚的执行,抑或相关人员的保护,涉案财产的处置,均需严格按照各项法律规定的要求和程序完成,坚决防止违法、违规情形出现。

第二,反有组织犯罪工作应尊重和保障人权。尊重和保障人权应从两个方面加以理解,既要充分保障被害人、证人等主体的人权,也要充分保障被告人的人权。需要注意的是,充分保障被告人的人权,这一要求与依法严惩有组织犯罪并不矛盾,只有充分保障其各项合法权利,才能保证侦查、审判、执行的公正,真正实现依法、长效打击有组织犯罪。

第三,反有组织犯罪工作应维护公民和组织的合法权益。在开展反有组织犯罪工作时,既要强调对犯罪组织、人员、财产的严厉打击,也要防止侵害公民和组织的合法权益,特别是防止不当认定组织成员、不当认定涉案财产。同时也需注意,此处保护的仅是公民和组织的合法权益,对于其非法获得的各项利益应依法进行处置。此外,应全面把握合法权益的范围,如对于个人合法权益,不仅需维护人身权、财产权等传统权利,而且需对相关人员的个人信息进行有效保护。

案例指引

胡鑫等34人组织、领导、参加黑社会性质组织案[1]

2000年起，被告人胡鑫、胡刚在经营敦煌市七里镇铁家堡村供暖工程、酒吧期间，通过随意辱骂、殴打他人，欺压百姓，收取费用，恶意敛财，以“出手狠”闻名，被称为“胡镇长”。2008年以来，被告人胡鑫以规范敦煌七里镇沙石料市场销售为由，在敦煌市七里镇个别国家工作人员帮助下，与被告人胡刚结伙成立了敦煌市恒久沙石料有限公司，招募副经理、财务等工作人员，在沙石料销售进出通道设立关卡，公司为员工提供食宿、交通费用，强行收取管理费，对不服从管理者予以开除、罚款、停业整顿等方式进行管理。该公司通过暴力手段，逐步垄断了敦煌七里镇及党河河道沙石料的销售权，攫取巨额财富，形成了以胡鑫为首，杨玉平、李燕燕为骨干成员，胡亮、李鑫等人为一般成员的黑社会性质犯罪组织。2012年，为达到把持农村基层政权，侵吞农村集体资源的目的。被告人胡鑫通过非正常手段担任铁家堡村党支部书记后，网罗亲信，插手房地产开发，成立敦煌市恒鼎房地产开发有限责任公司，以商养黑，以黑护商，实施了故意毁坏财物罪，职务侵占罪，挪用公款罪，逃税罪，隐匿、故意销毁会计凭证、会计账簿罪等多种犯罪。

2019年5月31日，酒泉市肃州区人民法院公开宣判了被告人胡鑫等34人组织、领导、参加黑社会性质组织案，胡鑫等人被依法分别判处有期徒刑22年至1年不等的刑罚。经二审审理，酒泉市中级人民法院依法维持原判。

本案中，胡鑫等人恶意把持基层职权、非法垄断自然资源、侵吞集体资产、以商养黑，以黑护商、有组织地进行黑社会性质组织犯罪，通过暴力、威胁等手段攫取巨额非法利益，扰乱市场，妨害社会管理秩序，严重侵

[1] 参见甘肃省高级人民法院:《省法院发布全省法院第二批优化营商环境典型案例》，载http://www.chinagscourt.gov.cn/Show/56284，2021年12月10日访问。

犯民营企业和当地群众的合法权益。

关联法规

《中华人民共和国宪法》第三十三条　凡具有中华人民共和国国籍的人都是中华人民共和国公民。

中华人民共和国公民在法律面前一律平等。

国家尊重和保障人权。

任何公民享有宪法和法律规定的权利，同时必须履行宪法和法律规定的义务。

《中华人民共和国法律援助法》第三条　法律援助工作坚持中国共产党领导，坚持以人民为中心，尊重和保障人权，遵循公开、公平、公正的原则，实行国家保障与社会参与相结合。

《中华人民共和国社区矫正法》第四条　社区矫正对象应当依法接受社区矫正，服从监督管理。

社区矫正工作应当依法进行，尊重和保障人权。社区矫正对象依法享有的人身权利、财产权利和其他权利不受侵犯，在就业、就学和享受社会保障等方面不受歧视。

《中华人民共和国检察官法》第五条　检察官履行职责，应当以事实为根据，以法律为准绳，秉持客观公正的立场。

检察官办理刑事案件，应当严格坚持罪刑法定原则，尊重和保障人权，既要追诉犯罪，也要保障无罪的人不受刑事追究。

《中华人民共和国刑事诉讼法》第二条　中华人民共和国刑事诉讼法的任务，是保证准确、及时地查明犯罪事实，正确应用法律，惩罚犯罪分子，保障无罪的人不受刑事追究，教育公民自觉遵守法律，积极同犯罪行为作斗争，维护社会主义法制，尊重和保障人权，保护公民的人身权利、财产权利、民主权利和其他权利，保障社会主义建设事业的顺利进行。

《中华人民共和国治安管理处罚法》第五条　治安管理处罚必须以事

实为依据，与违反治安管理行为的性质、情节以及社会危害程度相当。

实施治安管理处罚，应当公开、公正，尊重和保障人权，保护公民的人格尊严。

办理治安案件应当坚持教育与处罚相结合的原则。

第六条 【分工要求】监察机关、人民法院、人民检察院、公安机关、司法行政机关以及其他有关国家机关，应当根据分工，互相配合，互相制约，依法做好反有组织犯罪工作。

有关部门应当动员、依靠村民委员会、居民委员会、企业事业单位、社会组织，共同开展反有组织犯罪工作。

重点解读

本条是关于反有组织犯罪工作分工要求的规定。

在司法实践中，负责办理有组织犯罪案件的主要机关为人民法院、人民检察院、公安机关和司法行政机关，纪检监察机关也立足监督执纪问责的职责定位，对反有组织犯罪工作中发现的党员干部充当“保护伞”和涉腐败问题与前述机关同步侦办甚至直接查处。2018 年 1 月最高人民法院、最高人民检察院、公安部、司法部发布的《关于办理黑恶势力犯罪案件若干问题的指导意见》要求：“各级人民法院、人民检察院、公安机关和司法行政机关应充分发挥职能作用，密切配合，相互支持，相互制约，形成打击合力，加强预防惩治黑恶势力犯罪长效机制建设。”同时，中共中央、国务院《关于开展扫黑除恶专项斗争的通知》要求，针对当前涉黑涉恶问题新动向，切实把专项治理和系统治理、综合治理、依法治理、源头治理结合起来，把打击黑恶势力犯罪和反腐败、基层“拍蝇”结合起来，把扫黑除恶和加强基层组织建设结合起来，既有力打击震慑黑恶势力犯罪，形成压倒性态势，又有效铲除黑恶势力滋生土壤，形成长效机制；在各级党委领导下，发挥社会治安综合治理优势，推动各部门各司其职、齐抓共管，综合运用各种手段预防和解决黑恶势力违法犯罪突出问题。

本条将上述分工要求以立法的形式固定下来，强调各机关互相配合、互相制约。一方面，各个机关要相互配合协同，确保形成打击有组织犯罪的强大合力；另一方面，也要相互制约监督，从而有效防止包庇纵容、违法办案等情况的发生。

适用要点

根据本条，相关机关需分工负责，既相互配合，又相互制约，共同推动反有组织犯罪工作的深入开展。

第一，监察机关。各级纪检监察机关严格落实“一案三查”要求，既深挖有组织犯罪涉及的腐败问题，又倒查党委、政府的主体责任和有关职能部门的监管责任。要紧盯重点领域不放，严厉打击“保护伞”，对“关系网”一打到底，坚决清除包庇、纵容有组织犯罪的腐败分子，严肃查处党员干部和公职人员助长有组织犯罪坐大成势、干预和阻挠案件调查处理等问题，严肃查处“村霸”、宗族恶势力和黄赌毒背后的腐败行为，不断推动有组织犯罪治理纵深发展。

第二，公安机关、人民检察院、人民法院。这三个机关是有组织犯罪案件办理的责任机关，需要依法做好案件办理的全流程、全过程的各项工作。要做到建立线索移交和反馈机制，确保发现在早、处置在小；建立扩线深挖机制，不断巩固“打伞”战果；依法精准、“打财断血”，防止有组织犯罪死灰复燃。对于有组织犯罪案件，还要一律深挖其背后腐败问题，依法予以打击处理。

第三，司法行政机关。司法行政机关应结合自身实际，整合监狱、戒毒、社区矫正、法治宣传、律师管理、人民调解、法律援助、司法鉴定等多方力量，切实助力打击有组织犯罪。在律师管理层面，可建立律师办理有组织犯罪案件专项管理制度。在罪犯管理层面，可教育引导曾实施涉黑涉恶犯罪的人员主动自首、主动检举揭发,为破获有组织犯罪案件提供有价值的线索。在法治宣传层面,可及时开展“以案释法”等法治宣传教育活动,积极营造防范和打击有组织犯罪的强大声势,最大限度地释放正能量。

第四,其他机关和部门。除了上述五个专门机关之外,在反有组织犯罪的工作中,工商、税务、国土、住建、审计、人民银行等部门也承担着相应职责职能,需要监察机关、人民法院、人民检察院、公安机关、司法行政机关及其他有关国家机关、各有关部门,根据分工充分发挥职能作用,密切配合,相互支持,相互制约,从而形成打击合力。还应注意动员、依靠村民委员会、居民委员会、企业事业单位、社会组织,以及公民个人,将其纳入各个机关协同打击有组织犯罪的进程之中。

案例指引

卢某洋、苏某亮等31人组织、领导、参加黑社会性质组织等案〔1〕

2018年8月8日,由泉州市洛江区人民法院对卢某洋、苏某亮等31人组织、领导、参加黑社会性质组织,寻衅滋事,聚众斗殴,强迫交易,敲诈勒索,容留他人吸毒,运输毒品,贩卖毒品,非法持有毒品案作出一审判决,依法分别对卢某洋等31人判处刑罚。其中首犯卢某洋被判处有期徒刑25年,31名被告人中17人被判处5年以上,7人被判处10年以上有期徒刑。宣判后,卢某洋等28人不服一审判决,向泉州市中级人民法院提起上诉。

泉州市中级人民法院二审查明上诉人卢某洋、许某忠在二审期间积极配合监察机关调查职务犯罪相关工作,有悔罪表现,据此对其二人酌情

〔1〕 参见福建省高级人民法院:《泉州:集中宣判一批涉黑恶案件》,载 https://www.sohu.com/a/275182115_672938,2021年12月10日访问。

予以从轻处罚并在数罪并罚合并决定执行刑罚部分予以体现及改判。泉州市中级人民法院作出终审判决：对上诉人卢某洋的总刑期从有期徒刑25年改为23年6个月。并对上诉人王某龙、许某忠、王某来的量刑部分予以改判。维持原判对其余上诉人的量刑。

本案体现了人民法院与监察机关有机配合，对于有组织犯罪罪犯积极配合监察机关调查职务犯罪工作，有悔罪表现的，酌情从轻处罚并在数罪并罚合并决定执行刑罚时予以体现。

关联法规

《中华人民共和国监察法》第十一条 监察委员会依照本法和有关法律规定履行监督、调查、处置职责：

（一）对公职人员开展廉政教育，对其依法履职、秉公用权、廉洁从政从业以及道德操守情况进行监督检查；

（二）对涉嫌贪污贿赂、滥用职权、玩忽职守、权力寻租、利益输送、徇私舞弊以及浪费国家资财等职务违法和职务犯罪进行调查；

（三）对违法的公职人员依法作出政务处分决定；对履行职责不力、失职失责的领导人员进行问责；对涉嫌职务犯罪的，将调查结果移送人民检察院依法审查、提起公诉；向监察对象所在单位提出监察建议。

《中华人民共和国刑事诉讼法》第三条 对刑事案件的侦查、拘留、执行逮捕、预审，由公安机关负责。检察、批准逮捕、检察机关直接受理的案件的侦查、提起公诉，由人民检察院负责。审判由人民法院负责。除法律特别规定的以外，其他任何机关、团体和个人都无权行使这些权力。

人民法院、人民检察院和公安机关进行刑事诉讼，必须严格遵守本法和其他法律的有关规定。

《中华人民共和国律师法》第四条 司法行政部门依照本法对律师、律师事务所和律师协会进行监督、指导。

第七条 【协助义务和保护措施】任何单位和个人都有协助、配合有关部门开展反有组织犯罪工作的义务。

国家依法对协助、配合反有组织犯罪工作的单位和个人给予保护。

重点解读

本法是关于反有组织犯罪工作中单位和个人的协助义务和保护措施的规定。

有组织犯罪是对于任何众多单位和个人合法权益的潜在威胁,因此必须深刻认识到,作为整个社会的一分子,无论是单位还是公民个人,对反有组织犯罪工作,都有着义不容辞的责任。本条的规定也是本法第 4 条反有组织犯罪工作应当坚持专门工作与群众路线相结合理念的具体体现。一方面,在反有组织犯罪工作中,负有专门职责的有关部门,应当依靠社会力量,调动人民群众参与反有组织犯罪工作的积极性,取得广大人民群众的积极配合和有力支持。这是做好反有组织犯罪工作的重要条件。另一方面,作为单位和个人,在不断提高对反有组织犯罪工作的重要性的认识基础上,也有义务从各个方面积极、主动配合有关部门,做好反有组织犯罪工作。

此外,本条还规定了国家依法对协助、配合反有组织犯罪工作的单位和个人给予保护。这是为了调动人民群众积极参与反有组织犯罪工作的积极性和热情,国家对其进行人身、财产等方面的有效保护。

适用要点

根据本条规定,任何单位和个人都有协助、配合有关部门开展反有组织犯罪工作的义务,适用本条应注意以下两点:

第一,任何单位和个人都有协助、配合有关部门开展反有组织犯罪工作的义务。这是因为,反对有组织犯罪是一项需要社会齐心协力、共同努力做好的重要工作。无论是单位,包括企业、事业单位、社会团体等,还是作为公民的每一个人,都有协助、配合负有反有组织犯罪工作职责的有关部门,包括监察机关、公安机关、检察机关、人民法院、司法行政机关以及其他有关国家机关开展反有组织犯罪工作的义务。这些负有反有组织犯罪工作职责的部门由法律赋予其打击和防范、处置有组织犯罪的职责,其职责的具体内容及如何开展反有组织犯罪工作,本法有关章节都有明确的规定。作为单位和个人需要做的,就是积极协助和配合其开展反有组织犯罪工作。例如,有关部门在查处有组织犯罪案件时,需要调查取证,或者需要查封、扣押、冻结相关财物;或者需要征用有关场地、交通工具、其他有关物品等,有关单位和个人都应当积极给予协助和配合,而不能找借口拖延时间,或者隐瞒事实真相;或者在其他方面不予以协助、配合,更不能加以阻拦。

第二,国家依法对协助、配合反有组织犯罪工作的单位和个人给予保护。犯罪组织往往掌握一定的暴力手段,因此相关单位和个人参与、协助、配合反有组织犯罪工作很可能招致犯罪组织的怨恨,进而面临一定的危险。因此,有关机关在实践中需注意对这些单位和个人采取有关保护措施,防止其遭受犯罪组织的打击报复。比如,因报告和制止有组织犯罪活动,本人或者其近亲属的人身安全面临危险的,有关机关应当采取保护措施,有效保护其人身安全。

有关机关适用本条第 2 款时应注意保护对象的全面性。其一,对于有组织犯罪的举报人、控告人、制止人、证人,依照本法第 61 条的规定,本人或者其近亲属的人身安全面临危险的,有关机关可以采取相应的保护措施。其二,对于参加有组织犯罪的人员积极主动配合侦查、起诉、审判等工作,对侦破案件或者查明案件事实起到重要作用的,有关机关也可以采取相应的保护措施。其三,对于办理有组织犯罪案件的执法、司法工作人员及其近亲属,可以采取人身保护、禁止特定人员接触等保护措施。其四,对于其他协助、配合反有组织犯罪工作的单位和个人,也应采取妥当的保护措施。

第八条 【表彰与奖励】国家鼓励单位和个人举报有组织犯罪。

对举报有组织犯罪或者在反有组织犯罪工作中作出突出贡献的单位和个人，按照国家有关规定给予表彰、奖励。

重点解读

本法是关于对反有组织犯罪工作表彰与奖励的规定。

为了使全社会积极协助、配合有关部门做好反有组织犯罪工作，法律在规定单位和个人有义务协助、配合有关部门开展反有组织犯罪工作的同时，还要建立一种表彰和奖励的机制。“扫黑除恶”专项斗争的实践表明，对检举揭发有组织犯罪或者防范、打击有组织犯罪有突出贡献的单位和个人给予表彰、奖励，是有效组织发动群众积极投身打击和预防有组织犯罪工作的重要措施之一，成效显著。

对在反有组织犯罪工作中有突出贡献的单位和个人给予表彰、奖励的意义在于：第一，是对他们的行为给予肯定，通过表彰和奖励的形式，进行一次法律宣传，大力弘扬他们的这种精神，在全社会营造共同打击有组织犯罪的社会氛围。第二，是通过对他们在反有组织犯罪所作贡献的表彰奖励，也能有效调动整个社会和公民协助、配合有关部门做好反有组织犯罪工作的开展。

各级相关部门要认真遵守本法的这一规定，做好对在反有组织犯罪工作中作出突出贡献的单位和个人的表彰奖励工作。反有组织犯罪工作离不开广大人民群众的积极参与和大力支持，离不开各有关部门的配合协作。因此，不能轻视对在反有组织犯罪工作中作出突出贡献的单位和个人的表彰和奖励工作，要将表彰、奖励工作和相关政策认真落到实处，从而更好地保护和调动人民群众和有关单位参与反有组织犯罪工作的积极性。

适用要点

在适用本条时,应注意以下两点:

第一,应准确把握"举报有组织犯罪或者在反有组织犯罪工作中作出突出贡献"。其主要包括,单位和个人及时向公安机关和有关主管部门举报有组织犯罪;为及时破获和制止有组织犯罪作出突出贡献的单位和个人,不顾自己安危和蒙受经济和财产方面的损失,积极协助防范和制止有组织犯罪有突出贡献等情况。实践中,举报有组织犯罪有可能会使举报人面临犯罪组织的报复以及其他人身危害;由于反有组织犯罪工作的需要,有时负有职责的有关部门,需要临时借用或者紧急占用单位和个人的房屋、工作场所、交通工具或者其他物品,而且采取的反有组织犯罪措施还有可能对单位和个人的财产造成一定损失,甚至对有关人员的人身安全造成威胁。单位和个人在明知自己的财产有可能被损坏,人身安全有可能面临威胁的情况下,仍然勇敢地举报有组织犯罪,积极给予有关部门配合和协助,使有关部门及时防范、制止有组织犯罪,侦破有组织犯罪案件,或者使其他反有组织犯罪工作顺利开展。在这种情况下,这些单位和个人不仅尽到了应当尽的义务和社会责任,且在反有组织犯罪工作中,做出了自己的贡献。实践中,还有的单位和个人,为了协助、配合有关部门开展反有组织犯罪工作,除了积极主动提供所需房屋、工作场地、交通工具或者其他物品,还不惜代价,积极投身到反有组织犯罪工作中,如直接参与反有组织犯罪宣传教育,参加制止有组织犯罪的行动,为反有组织犯罪工作作出贡献,甚至作出了突出贡献。为了弘扬这种无畏的精神,鼓励社会各界都能积极协助和配合有关部门的反有组织犯罪工作,协助做好反有组织犯罪工作,对于在反有组织犯罪工作中作出突出贡献的上述单位和个人,应依法给予大力表彰奖励。

第二,应准确把握“单位和个人”的范围。本条规定的“在反有组织犯罪工作中作出突出贡献的单位和个人”,包括在反有组织犯罪工作中依法负有职责的有关机关、单位和参与反有组织犯罪工作的专职人员,如网信、电信等部门的工作人员发现含有有组织犯罪内容的信息,及时责令有关单位停止传输、删除相关信息,防止相应犯罪事件发生的;反洗钱行政主管部门、金融机构的工作人员积极履行反有组织犯罪资金监管义务,协助破获重大有组织犯罪案件的;海关、出入境边防检查机关工作人员依法扣留有组织犯罪嫌疑人员,使涉嫌跨境有组织犯罪的人员及时归案的;基层情报信息工作人员搜集到重大线索或者行动类情报信息,协助有关部门及时制止重大有组织犯罪的;有组织犯罪事件处置人员果断勇敢,及时排除危险,避免重大人员伤亡等损害后果的;等等。对于这些单位和个人,同样也要按照国家有关规定给予表彰和奖励。

关联法规

《中华人民共和国公务员法》第五十一条 对工作表现突出,有显著成绩和贡献,或者有其他突出事迹的公务员或者公务员集体,给予奖励。奖励坚持定期奖励与及时奖励相结合,精神奖励与物质奖励相结合、以精神奖励为主的原则。

公务员集体的奖励适用于按照编制序列设置的机构或者为完成专项任务组成的工作集体。

《中华人民共和国监察官法》第四十条 对在监察工作中有显著成绩和贡献,或者有其他突出事迹的监察官、监察官集体,给予奖励。

第四十一条 监察官有下列表现之一的,给予奖励:

(一)履行监督职责,成效显著的;

(二)在调查、处置职务违法和职务犯罪工作中,做出显著成绩和贡献的;

(三)提出有价值的监察建议,对防止和消除重大风险隐患效果显著的；

（四）研究监察理论、总结监察实践经验成果突出，对监察工作有指导作用的；

（五）有其他功绩的。

监察官的奖励按照有关规定办理。

《中华人民共和国法官法》第四十四条 法官在审判工作中有显著成绩和贡献的，或者有其他突出事迹的，应当给予奖励。

第四十五条 法官有下列表现之一的，应当给予奖励：

（一）公正司法，成绩显著的；

（二）总结审判实践经验成果突出，对审判工作有指导作用的；

（三）在办理重大案件、处理突发事件和承担专项重要工作中，做出显著成绩和贡献的；

（四）对审判工作提出改革建议被采纳，效果显著的；

（五）提出司法建议被采纳或者开展法治宣传、指导调解组织调解各类纠纷，效果显著的；

（六）有其他功绩的。

法官的奖励按照有关规定办理。

《中华人民共和国检察官法》第四十五条 检察官在检察工作中有显著成绩和贡献的，或者有其他突出事迹的，应当给予奖励。

第四十六条 检察官有下列表现之一的，应当给予奖励：

（一）公正司法，成绩显著的；

（二）总结检察实践经验成果突出，对检察工作有指导作用的；

（三）在办理重大案件、处理突发事件和承担专项重要工作中，做出显著成绩和贡献的；

（四）对检察工作提出改革建议被采纳，效果显著的；

（五）提出检察建议被采纳或者开展法治宣传、解决各类纠纷，效果显著的；

（六）有其他功绩的。

检察官的奖励按照有关规定办理。

《中华人民共和国人民警察法》第三十一条 人民警察个人或者集体在工作中表现突出，有显著成绩和特殊贡献的，给予奖励。奖励分为：嘉奖、三等功、二等功、一等功、授予荣誉称号。

对受奖励的人民警察，按照国家有关规定，可以提前晋升警衔，并给予一定的物质奖励。

《中华人民共和国海警法》第九条 对在海上维权执法活动中做出突出贡献的组织和个人，依照有关法律、法规的规定给予表彰和奖励。

第二章　预防和治理

第九条　【预防和治理的责任主体】各级人民政府和有关部门应当依法组织开展有组织犯罪预防和治理工作，将有组织犯罪预防和治理工作纳入考评体系。

村民委员会、居民委员会应当协助人民政府以及有关部门开展有组织犯罪预防和治理工作。

重点解读

本法是关于反有组织犯罪预防和治理责任主体的规定。

反有组织犯罪工作不仅强调政法机关履行职责，各政府部门也负有预防和治理的责任。2018 年 7 月，中共中央办公厅、国务院办公厅印发《全国扫黑除恶专项斗争督导工作方案》，明确扫黑除恶督导工作的主要任务是以习近平新时代中国特色社会主义思想为指导，按照党中央、国务院的决策部署，坚持问题导向、法治思维、标本兼治，严格责任追究，将督导作为深入推进扫黑除恶专项斗争的重要抓手，以督导压实地方各级党委和政府扫黑除恶重大政治责任，推进各部门齐抓共管；以督导保障扫黑除恶专项斗争始终在法治轨道上运行，沿着正确方向深入开展；以督导推进重点难点问题解决，确保攻坚克难、除恶务尽、务求实效；以督导回应人民群众期待，切实增强人民群众获得感、幸福感、安全感。该方案具体明确了各级党委和政府在扫黑除恶专项斗争中具体责任，有效推动各个部门积极参与有组织犯罪的预防和治理。本条规定将前述规定予以立法化，明确各级人民政府和有关部门预防和治理有组织犯罪的主体责任。

此外，有必要为村民委员会、居民委员会设置防范有组织犯罪的职责，使其有效配合各级人民政府和有关部门的预防和治理工作。原因在于，基层组织是打击有组织犯罪的最前沿，全面开展有组织犯罪防范工作，离不开基层组织的配合。明确村民委员会、居民委员会的协助预防和治理任务，是推动这一工作落到实处的必由之路。

适用要点

在适用本条时，应注意以下两点：

第一，各级人民政府和有关部门应尽责完成有组织犯罪预防和治理工作。本条第1款采用的表述为“应当”，即各级人民政府和有关部门必须依照该款规定进行有组织犯罪预防和治理，做到守土有责、守土尽责。一是，必须依法组织开展有组织犯罪预防和治理工作。也即，该项工作必须“依法”开展，即便出于打击有组织犯罪的目的，也不能超越法律规定的权限开展相关工作。此外，“组织”开展意味着各级人民政府和有关部门不仅自身应积极开展有组织犯罪预防和治理，还应动员各方社会力量积极参与，共同推动这一工作的有效进行。二是，必须对有组织犯罪预防和治理工作均给予充分的重视。传统意义上仅侧重有组织犯罪的治理，强调通过社会治安综合治理，对于该类犯罪进行有效打击。立足新时代有组织犯罪的治理需求，应同样强调有组织犯罪预防的重要性，切实消灭该类犯罪的社会基础，做到“防患于未然”。三是，应当在考评体系中体现有组织犯罪预防和治理工作。也就是说，通过完善考评制度、机制，将这一工作作为考评体系的重要指标，从而促使各级人民政府和有关部门切实提高认识，充分重视，有效履行好自身的职责。

第二，村民委员会、居民委员会应对有组织犯罪的预防和治理工作予以全面协助。一是，村民委员会、居民委员会应充分协助有组织犯罪的治理工作。村民委员会、居民委员会是农村村民或城市居民自我管理、自我教育、自我服务的组织，掌握辖区地理、人员等方方面面的情况，对犯罪组织、组织人员、组织财产的打击势必离不开其有机的配合。除了配合侦查等诉讼工作外，对犯罪组织成员的矫正等工作同样需要村民委员会、居民委员会予以协助，因此明确其协助有组织犯罪治理工作具有重要意义。二是，村民委员会、居民委员会应充分协助有组织犯罪的预防工作。防范有组织犯罪染指重点区域、重点人员、重点财产，以及开展相关教育、普法，同样需要村民委员会、居民委员会发挥积极作用，因此也需明确其协助预防的责任。

案例指引

沈叶军等人组织、领导、参加黑社会性质组织等案[1]

2014年6~7月，沈叶军等人在杭滨公司召集建筑垃圾清运行业人员，强制要求滨江区建筑垃圾清运必须挂靠同美公司并购买垃圾清运票。至此，一个以沈叶军等人为首的人员众多、层级分明、骨干成员基本固定的黑社会性质组织逐渐形成。

该黑社会性质组织成立以来，在部分国家工作人员包庇、纵容之下，组织成员单独或结伙实施寻衅滋事、敲诈勒索、强迫交易、妨害作证、串通投标等违法犯罪活动上百起。他们以政府采购合同之名，非法垄断控制滨江区建筑垃圾清运行业后，称霸一方，数百名被害人被强行攫取高额“清运费”“卫生费”，多人被殴打致伤，引发群众向公安、交警、城管、信访等政府部门举报、投诉，造成重大恶劣影响，严重破坏了当地经济、社会生活秩序。同时，沈叶军为实施违法犯罪行为，为被追究刑事责任的组织成员提供经济补偿，以此稳定组织成员继续实施违法犯罪活动。

---

〔1〕 参见《杭州上城法院宣判一起涉黑案：首犯数罪并罚被判有期徒刑24年》，载《人民法院报》2019年9月18日，第3版。

法院审理后认定,2014 年上半年至 2018 年 4 月期间,以被告人沈叶军为首的黑社会性质组织,通过非法垄断控制滨江区建筑垃圾清运行业,攫取巨额非法经济利益至少 1300 余万元。

沈叶军等人的黑社会性质组织形成与坐大与相关国家工作人员包庇、纵容,预防和治理责任落实不到位密切相关,甚至其更以“政府采购合同之名”实施违法犯罪活动。因此,各级人民政府和有关部门需切实履行预防和治理职责,打击有组织犯罪的社会基础。

关联法规

《中华人民共和国公职人员政务处分法》第三十七条 利用宗族或者黑恶势力等欺压群众,或者纵容、包庇黑恶势力活动的,予以撤职;情节严重的,予以开除。

《中华人民共和国村民委员会组织法》第九条 村民委员会应当宣传宪法、法律、法规和国家的政策,教育和推动村民履行法律规定的义务、爱护公共财产,维护村民的合法权益,发展文化教育,普及科技知识,促进男女平等,做好计划生育工作,促进村与村之间的团结、互助,开展多种形式的社会主义精神文明建设活动。

村民委员会应当支持服务性、公益性、互助性社会组织依法开展活动,推动农村社区建设。

多民族村民居住的村,村民委员会应当教育和引导各民族村民增进团结、互相尊重、互相帮助。

《中华人民共和国城市居民委员会组织法》第三条 居民委员会的任务:

(一)宣传宪法、法律、法规和国家的政策,维护居民的合法权益,教育居民履行依法应尽的义务,爱护公共财产,开展多种形式的社会主义精神文明建设活动;

(二)办理本居住地区居民的公共事务和公益事业;

（三）调解民间纠纷；

（四）协助维护社会治安；

（五）协助人民政府或者它的派出机关做好与居民利益有关的公共卫生、计划生育、优抚救济、青少年教育等项工作；

（六）向人民政府或者它的派出机关反映居民的意见、要求和提出建议。

第十条　【宣传教育】承担有组织犯罪预防和治理职责的部门应当开展反有组织犯罪宣传教育，增强公民的反有组织犯罪意识和能力。

监察机关、人民法院、人民检察院、公安机关、司法行政机关应当通过普法宣传、以案释法等方式，开展反有组织犯罪宣传教育。

新闻、广播、电视、文化、互联网信息服务等单位，应当有针对性地面向社会开展反有组织犯罪宣传教育。

重点解读

本法是关于反有组织犯罪宣传教育的规定。

实现有组织犯罪的预防和治理，开展全面、广泛的反有组织犯罪宣传不可或缺。只有通过有效的宣传教育，实现社会各个群体的充分动员，才能凝聚最广泛的社会力量共同投身反有组织犯罪工作。扫黑除恶专项斗争的实践证明，开展反有组织犯罪宣传教育，使广大人民群众认清有组织犯罪的危害性，提高人民群众的反有组织犯罪意识，增强人民群众辨别和抵制有组织犯罪的能力，有利于从根源上防范该类犯罪的发生。因此，本条规定了行政主管部门和有关单位开展反有组织犯罪宣传教育的工作义务。

理解本条需注意，虽然本条明确了不同的单位分别有侧重地进行反有组织犯罪宣传教育，但是宣传教育的内容大多具有共通性，多个部门在进行宣传教育过程中可能都会涉及，如识别有组织犯罪的方法、反有组织犯罪的现状、个人或单位反有组织犯罪的权利和义务、有组织犯罪的法律后果以及其他对有组织犯罪预防具有重要意义的内容。

适用要点

适用本条重点是明确各个主体应有效履行的宣传教育职责：

第一，承担预防和治理职责的部门负责开展反有组织犯罪宣传教育，提高公众反有组织犯罪的意识和能力。承担预防和治理职责的部门，是指国家反有组织犯罪工作有关机关及其办事机构等参与预防、治理有组织犯罪的部门。宣传教育的形式包括与社会团体密切配合，通过播放有关题材的电视节目、举办展览、张贴宣传标语、表彰反有组织犯罪先进集体和个人、组织志愿者到群众中间播放或者表演反有组织犯罪剧目等群众喜闻乐见的各种形式。宣传教育的内容既可以包括有组织犯罪的根源、成因、表现形式以及危害，又可以包括国际国内的反有组织犯罪形势，教育公民正确认识有组织犯罪的本质，自觉抵制有组织犯罪，提高反有组织犯罪的意识。此外，还需明确，上述单位开展反有组织犯罪宣传教育的主要目标是“增强公民的反有组织犯罪意识和能力”。因此，无论教育内容还是教育形式，都需要围绕这一主题，一方面向公众充分揭示有组织犯罪的本质，另一方面提升公众与有组织犯罪作斗争的各项能力。

第二，监察机关、人民法院、人民检察院、公安机关、司法行政机关通过普法宣传、以案释法等方式，开展反有组织犯罪宣传教育。与前述“承担有组织犯罪预防和治理职责的部门”所承担的教育责任不同，上述政法机关所进行的反有组织犯罪宣传教育主要围绕普法、司法层面展开。因此，政法机关应当结合自身特色，重点讲述有组织犯罪的法律性质、社会危害、司法处置等，提升公众反有组织犯罪的法治意识和法律知识。

第三，新闻、广播、电视、文化、互联网信息服务等单位有针对性地面向社会开展反有组织犯罪宣传教育。新闻、广播、电视、互联网等媒体受众广泛，传播速度快，其传播内容有很强的影响力，应当利用好这一阵地开展反有组织犯罪宣传教育。文化部门也承担着引导、传播正确思想，抵制有组织犯罪消极思想的职责。这些部门应当结合国际国内反有组织犯罪的形势，把握时机，针对不同的人群、事件开展形式多样的宣传教育工作。比如，宣传、普及有组织犯罪的成因、表现形式、危害，及时报道有关信息，在有组织犯罪案件多发易发地区经常性地播放预防犯罪和应急知识的音像制品，出版和发行有关反有组织犯罪的书刊等。

案例指引

黎某甲寻衅滋事、妨害作证、故意伤害、非法采矿案〔1〕

2015 年至 2017 年期间，以黎某甲为首，毛某某、骆某甲(未成年人)等 6 人为固定成员的恶势力犯罪集团，以暴力、威胁等手段，在广东省清远市阳山县多次实施违法犯罪活动，欺压当地百姓，扰乱社会生活秩序，造成较为恶劣的社会影响。2016 年 7 月，黎某甲因与被害人李某某发生纠纷，遂纠集毛某某、骆某甲等人到李某某的烧腊店进行报复。黎某甲指使毛某某、骆某甲等人利用其事先准备的工具撬开烧腊店铁闸门，对店内物品进行打砸，并将烧腊店内的摩托车推到附近小河涌，造成财物损失价值人民币 5881.96 元。事后，黎某甲为逃避法律制裁，要求骆某甲电话联络黎某乙和骆某乙，并让三人提供身份证等资料。黎某甲在山庄宴请三人，指使三人到公安机关自首，并作三人实施打砸李某某烧腊店的假口供，以包庇其及其他同案犯。2017 年 3 月 27 日，被告人骆某甲到阳山县公安局刑侦大队投案，并作假口供包庇黎某甲及其他同案犯。

---

〔1〕 参见最高人民检察院：《依法严惩利用未成年人实施黑恶势力犯罪典型案例》，载 https://www.spp.gov.cn/spp/xwfbh/wsfbh/202004/t20200423_459435.shtml，2021 年 12 月 12 日访问。

针对骆某甲实施的违法行为，检察机关一方面通过庭审教育的方式，与援助律师共同开展法治教育；另一方面，通过与其家庭成员联系，深入分析家庭教育对未成年人的重要性，强调加强家庭教育和关心关爱，帮助其改过自新，重新回归社会。2019年12月30日，阳山县人民法院对黎某甲等7人作出判决，依法判处黎某甲犯寻衅滋事罪、妨害作证罪、故意伤害罪、非法采矿罪，数罪并罚，决定执行有期徒刑6年6个月，并处罚金人民币5万元。

本案中，不仅人民法院依法对犯罪组织及其人员予以打击，检察机关更是针对其中的未成年罪犯进行法治教育，防止其再次实施有组织犯罪。

关联法规

《中华人民共和国网络安全法》第十九条 各级人民政府及其有关部门应当组织开展经常性的网络安全宣传教育，并指导、督促有关单位做好网络安全宣传教育工作。

大众传播媒介应当有针对性地面向社会进行网络安全宣传教育。

第十一条 【学生保护】教育行政部门、学校应当会同有关部门建立防范有组织犯罪侵害校园工作机制，加强反有组织犯罪宣传教育，增强学生防范有组织犯罪的意识，教育引导学生自觉抵制有组织犯罪，防范有组织犯罪的侵害。

学校发现有组织犯罪侵害学生人身、财产安全，妨害校园及周边秩序的，有组织犯罪组织在学生中发展成员的，或者学生参加有组织犯罪活动的，应当及时制止，采取防范措施，并向公安机关和教育行政部门报告。

重点解读

本条是关于教育行政部门、学校保护学生免受有组织犯罪影响的规定。

学生具有自我保护能力弱、辨别能力低、易于控制指挥的特点，易于被拉拢、引诱、欺骗进入犯罪组织，进而实施违法犯罪活动。因此，出现了不少犯罪分子利用学生实施有组织犯罪的案例，严重危害学生健康成长，严重危害社会和谐稳定。为有效解决这一问题，除切实贯彻宽严相济刑事政策，最大限度保护涉案学生合法权益外，更需要从源头着眼，推动教育行政部门、学校切实保护学生免受有组织犯罪影响，因而本条对此作出专门规定。

理解本条需注意以下几点：第一，本条所规定的学生保护有两方面含义，即一方面教育引导学生自觉抵制有组织犯罪，防止其受到蛊惑、蒙骗参与实施有组织犯罪；另一方面是通过采取制止和防范措施、向公安机关和教育行政部门报告等方式，防止学生受到有组织犯罪的侵害。第二，本条两款责任主体的范围不同，第 1 款规定的防范教育责任，教育行政部门、学校均为责任主体，且应会同有关部门共同落实；第 2 款规定的防范制止责任，学校为责任主体，其在采取制止和防范措施后应向公安机关和教育行政部门报告。此外，本条保护的对象为“学生”，因此不仅未成年学生依法受到保护，成年学生也依法受到保护。

适用要点

适用本条需要充分注意两款规定的区别：

第一，教育行政部门、学校应切实履行防范教育责任。一是，建立防范有组织犯罪侵害校园工作机制。也即要将防范有组织犯罪侵害作为一项专门教育任务抓好落实，如可将预防有组织犯罪教育纳入学校教学计划，规定专门的教育要求、教学流程、考试形式，设立与之相应的教辅举措，并将落实情况作为部门或者学校的考核内容。二是，通过多种形式切实强化反有组织犯罪宣传教育。例如，可以通过专题授课、实地走访、交流研讨等形式开展教育，还可充分利用信息网络渠道，充分运用新媒体，通过视频短片、专题动画片等形式，以学生易于理解和接受的方式做好宣传教育。三是，注重教育行政部门、学校与有关部门的协同。例如，学校应通过聘请法治副校长、校外法治辅导员、法治课教师等方式，加强与政法机关在反有组织犯罪宣传教育中的协作。

第二，学校应切实履行防范制止责任。一是，应加强防范可能影响学生的有组织犯罪，严格按照本条第2款的规定，对于有组织犯罪组织是否可能侵害学生人身、财产安全，是否妨害校园区域秩序，是否有学生参与有组织犯罪，均采取有效的预警措施。二是，应注重制止防范义务和报告义务的衔接，保证第一时间处置有组织犯罪问题。例如，在学生人身安全受到严重威胁时，应果断采取措施，防止其在公安机关介入前遭受非法侵害。

案例指引

谢某某组织、领导黑社会性质组织等案[1]

2017年2月，谢某某刑满释放后，纠集刑满释放和社会闲散人员詹某某、陈某某等人，先后拉拢、招募、吸收18名未成年人（其中15名在校学生），在福建省宁德市蕉城区城南镇古溪村实施寻衅滋事、敲诈勒索等违法犯罪活动，逐步形成以谢某某为组织、领导者，詹某某等人为骨干成员，陈某某、翁某某（未成年人）、余某某（未成年人）及16名未满十六周岁的未成年人为参加者的黑社会性质组织。谢某某利用犯罪组织势力，对古溪赌场进行敲诈勒索、安排组织成员在贷款公司上班获取经济利益，支持

〔1〕 参见最高人民检察院：《依法严惩利用未成年人实施黑恶势力犯罪典型案例》，载https://www.spp.gov.cn/spp/xwfbh/wsfbh/202004/t20200423_459435.shtml，2021年12月12日访问。

组织活动。该组织实施寻衅滋事、聚众斗殴、敲诈勒索、开设赌场、故意伤害等一系列违法犯罪活动，欺压、残害群众，为非作恶，称霸一方，在古溪区域内形成重大影响，严重破坏经济和社会生活秩序。

检察机关对未达到刑事责任年龄的未成年人，实行“走访摸底、分类帮扶”，同时针对涉案未成年在校学生较多的情况，积极推进源头治理。联合8个校园周边治安综合治理领导小组成员单位，对城区11所重点区域中小学校开展专项督查，从学校内部安全管理、周边安全、消防安全、食品安全、校园欺凌等方面，采取现场查验、现场纠正、现场交办、限时整改等方式，开展全方位排查、整改。与区教育局签订《检校共建、推进法治校园建设协议》，向辖区9所中小学校派驻法治副校长，指导学校开展法治教育工作。

2018年12月20日，蕉城区人民法院依法判处谢某某犯组织、领导黑社会性质组织罪、寻衅滋事罪、聚众斗殴罪、敲诈勒索罪、开设赌场罪、故意伤害罪，数罪并罚，决定执行有期徒刑13年6个月，并处没收个人全部财产。16名未被追究刑事责任的未成年人经帮教后考入中专、中职学校8人，继续在初中部学习2人，就业6人，其中2人在省运会射击项目青少年组竞赛中取得好成绩。

关联法规

《中华人民共和国未成年人保护法》第五十四条 禁止拐卖、绑架、虐待、非法收养未成年人，禁止对未成年人实施性侵害、性骚扰。

禁止胁迫、引诱、教唆未成年人参加黑社会性质组织或者从事违法犯罪活动。

禁止胁迫、诱骗、利用未成年人乞讨。

《中华人民共和国预防未成年人犯罪法》第十七条 教育行政部门、学校应当将预防犯罪教育纳入学校教学计划，指导教职员工结合未成年人的特点，采取多种方式对未成年学生进行有针对性的预防犯罪教育。

第十八条 学校应当聘任从事法治教育的专职或者兼职教师，并可以从司法和执法机关、法学教育和法律服务机构等单位聘请法治副校长、校外法治辅导员。

第二十二条 教育行政部门、学校应当通过举办讲座、座谈、培训等活动,介绍科学合理的教育方法,指导教职员工、未成年学生的父母或者其他监护人有效预防未成年人犯罪。

学校应当将预防犯罪教育计划告知未成年学生的父母或者其他监护人。未成年学生的父母或者其他监护人应当配合学校对未成年学生进行有针对性的预防犯罪教育。

第二十三条 教育行政部门应当将预防犯罪教育的工作效果纳入学校年度考核内容。

第三十七条 未成年人的父母或者其他监护人、学校发现未成年人组织或者参加实施不良行为的团伙,应当及时制止;发现该团伙有违法犯罪嫌疑的,应当立即向公安机关报告。

第三十九条 未成年人的父母或者其他监护人、学校、居民委员会、村民委员会发现有人教唆、胁迫、引诱未成年人实施严重不良行为的,应当立即向公安机关报告。公安机关接到报告或者发现有上述情形的,应当及时依法查处;对人身安全受到威胁的未成年人,应当立即采取有效保护措施。

第十二条 【候选人资格审查】民政部门应当会同监察机关、公安机关等有关部门,对村民委员会、居民委员会成员候选人资格进行审查,发现因实施有组织犯罪受过刑事处罚的,应当依照有关规定及时作出处理;发现有组织犯罪线索的,应当及时向公安机关报告。

重点解读

本法是关于村民委员会、居民委员会成员候选人是否涉有组织犯罪进行审查的规定。

针对以黑社会性质组织犯罪为代表的有组织犯罪向基层政权渗透的问题，扫黑除恶的重点工作之一即为防止涉黑涉恶人员进入村（居）民委员会队伍。2018 年 4 月，民政部印发《关于贯彻落实〈中共中央 国务院关于开展扫黑除恶专项斗争的通知〉的意见》，明确民政部门开展扫黑除恶专项斗争的工作重心将始终对准涉黑涉恶人员操纵村民委员会选举，争当村民委员会成员或者扶持代理人；插手村级公共事务，垄断农村资源、侵占集体资产，利用家族、宗族势力横行乡里、称霸一方、欺压残害村民等治理方面。一方面要严把人选、资格审查、选举程序“三个关口”，及时查处村民委员会选举中的违法违纪行为，防止涉黑涉恶人员或者其代理人进入村民委员会班子。另一方面要加强对村级事务的民主监督，发挥民主评议作用，规范村民委员会成员用钱用权行为，切实维护村集体和村民利益，防止村民委员会及其成员“作恶”和“变黑”。

2021 年 6 月，中共中央办公厅、国务院办公厅印发《关于加强和改进乡村治理的指导意见》，三次提及有组织犯罪：第一，全面落实村“两委”换届候选人县级联审机制，坚决防止和查处以贿选等不正当手段影响、控制村“两委”换届选举的行为，严厉打击干扰破坏村“两委”换届选举的黑恶势力、宗族势力。第二，坚决把受过刑事处罚、存在“村霸”和涉黑涉恶、涉邪教等问题的人清理出村干部队伍。第三，深入推进扫黑除恶专项斗争，健全防范打击长效机制。

本条充分吸收上述实践经验，就村民委员会、居民委员会成员候选人资格审查作出专门规定，防止涉有组织犯罪人员染指基层政权。理解本条时应注意区别不同情形加以处理：第一，就候选人审查而言，发现其因实施有组织犯罪受过刑事处罚的，应当依照有关规定及时作出处理，取消其相应的候选人资格；第二，就事实审查而言，发现有组织犯罪线索的，应当及时向公安机关报告。

适用要点

在适用本条时,应注意以下两点:

第一,应从预防和治理有组织犯罪的角度,注重对于村民委员会、居民委员会成员候选人资格的全面审查。根据本条第1款的规定,民政部门是前述候选人资格审查的第一责任部门,但是各个相关部门同样需要履行相应的职责,特别是监察机关、公安机关等有关部门。实践中可根据各地具体情况,由纪委监委、组织部、公安、司法、检察院、法院、民政、国土等部门组成候选人资格审查小组,将候选人初步人选与本部门所掌握的相关信息进行逐人比对,明确审查意见。同时,建立联审小组会议制度,对情况复杂、存在争议的具体人选进行研究、讨论和会审,对于涉嫌刑事犯罪特别是涉嫌有组织犯罪等不符合任职资格的人选,坚决杜绝列入正式候选人。

第二,应注重候选人资格审查与有组织犯罪线索处置的联动。可建立民政部门与监察机关、公安机关等有关部门的线索反馈预案,一经发现有组织犯罪影响换届线索,立即启动应急预案,部门联动,多措并举,消除隐患。在候选人资格审查过程中,也可积极开展摸排工作,对在摸排中发现暴力、威胁、贿赂、破坏选举的,或者公然挑衅换届选举工作人员等情形,立即对相关线索进行处置,确保监察机关、公安机关等部门迅速到位,第一时间进行打击。

案例指引

连某清、连某辉等组织、领导、参加黑社会性质组织案[1]

2005年以来,连某清、连某辉兄弟二人纠集被告人阙某等人在广水市

---

〔1〕 参见湖北省高级人民法院:《湖北省高院发布10起扫黑除恶典型案例》,载https://www.sohu.com/a/304245216_120025289,2021年11月18日访问。

广水办事处土门村一带长期采取暴力、威胁等手段营造恶名，树立非法权威，确立强势地位，逐步形成了以连某清、连某辉为首的恶势力犯罪集团。该犯罪集团通过家族势力操纵土门村换届选举，为连某辉取得土门村村主任身份，操纵把持基层政权，破坏了基层政权的稳定，破坏了农村的选举制度；先后实施了强迫交易、寻衅滋事、敲诈勒索、滥伐林木、妨害作证等违法犯罪活动，在土门村为非作恶，欺压百姓，扰乱了当地经济、社会生活秩序，造成了较为恶劣的社会影响。

广水市人民法院一审决定对连某清执行有期徒刑 10 年，并处罚金 3.5 万元；对连某辉执行有期徒刑 11 年，并处罚金 20.5 万元；对其余 5 人执行 1 年 3 个月至 16 年不等有期徒刑，并分别对其并处一定罚金。

本案中，行为人通过家族势力操纵村换届选举，把持基层政权，是涉政治安全的有组织犯罪案件，依法予以严惩。

关联法规

《中华人民共和国村民委员会组织法》第十七条　以暴力、威胁、欺骗、贿赂、伪造选票、虚报选举票数等不正当手段当选村民委员会成员的，当选无效。

对以暴力、威胁、欺骗、贿赂、伪造选票、虚报选举票数等不正当手段，妨害村民行使选举权、被选举权，破坏村民委员会选举的行为，村民有权向乡、民族乡、镇的人民代表大会和人民政府或者县级人民代表大会常务委员会和人民政府及其有关主管部门举报，由乡级或者县级人民政府负责调查并依法处理。

第十三条　【行业监管】市场监管、金融监管、自然资源、交通运输等行业主管部门应当会同公安机关，建立健全行业有组织犯罪预防和治理长效机制，对相关行业领域内有组织犯罪情况进行监测分析，对有组织犯罪易发的行业领域加强监督管理。

重点解读

本条是关于相关行业主管部门履行防控有组织犯罪职责的规定。

有组织犯罪的产生与发展既需要形成一定的势力范围，也需要相当程度的经济基础，因此往往涉足甚至控制特定行业，相关行业的主管部门履行监管职责在防控有组织犯罪的过程中具有重要的作用。如果相关主管部门缺位，势必影响有组织犯罪的预防和治理效果。此前一些地方有组织犯罪蔓延发展和当地行业主管部门职责履行不到位有密切关系。比如，在矿产资源领域，个别有组织犯罪的猖獗缘于主管部门监管的缺失，甚至有行政执法人员为其充当“保护伞”，形成利益共同体。在金融领域，行业监管存在缺失是致使小额贷、校园贷和套路贷等金融领域黑恶势力发展的重要原因。在工程项目建设领域，相关主管部门对竞标参与过程的监管不够，仅依靠政法部门的事后打击，事前防范意识不足，为犯罪组织寻找利益寻租空间，以非法手段获取承建资格，留下了可供钻营的节点。

因此，本条对于行业主管部门的职责作出具体规定，将实践中的经验确定下来。如在扫黑除恶专项斗争中，曾重点围绕信息网络、自然资源、交通运输、工程建设等行业领域进行整治，整治行业乱象，落实行业责任，加强行业监管，深化“放管服”改革，并取得了积极成效。本条基于现有实践，明确规定了“市场监管、金融监管、自然资源、交通运输”等行业的主管部门，确保了责任主体范围的周延性。理解本条需注意以下两点：第一，前述主管部门不仅有落实行业监管的责任，还应会同公安机关共同落实长效防控有组织犯罪的职责，因此前述主管部门不仅应注重内部监管，而且应注重协同治理。第二，行业主管部门的范围以“等”作出兜底规定，因此除本条所列的 4 种行业外，诸如农业、旅游、建设、水利等行业的主管部门也应履行自身职责。

适用要点

适用本条需要充分注意行业监管的具体要求：

第一，建立健全行业有组织犯罪预防和治理长效机制。有组织犯罪预防和治理是一项系统工程，需要在行业层面建立长效机制，防止其涉足甚至控制特定行业。这就要求行业主管部门充分注重机制建设，不仅需要建立长效机制，更需要不断健全长效机制，切实从行业层面整体实现有组织犯罪的长期预防和治理。

第二，对相关行业领域内有组织犯罪情况进行监测分析。即不仅应关注已发现和查处的有组织犯罪，更需要监测本行业领域内可能与有组织犯罪相关的各种情况，在此基础上作出分析，做到全面把握该类犯罪的发展态势，为采取有针对性的治理措施奠定基础。这就要求行业主管部门采取有效的管理措施和技术措施，实时、全面了解行业动态。在实践中，可考虑通过定期和非定期的形式开展监测工作，既开展常态化、固定化的排查工作，也通过其他形式了解行业动态，切实做到"防患于未然"，提早对有组织犯罪进行防治。

第三，对有组织犯罪易发的行业领域加强监督管理。即对有组织犯罪"易发的行业领域"除进行监测分析外，还需要采取有效措施，强化行业监督、行业管理。根据这一规定，相关行业主管部门不仅应肩负起管理职责，还需要有效履行监督职责，保证全面、有效履行职责。一是，应加强对有组织犯罪易发的行业领域的管理。即对于行业内发现的易滋生有组织犯罪的漏洞，应当在其自身的职责范围内积极作为，及时采取有针对性的举措予以整治，提早预防。二是，应加强对有组织犯罪易发的行业领域的监督。行业主管部门除自身应履行内部监督职责外，还需与公安机关等部门积极协同，如及时移送违法犯罪线索，防止相关违法犯罪漏管。

关联法规

《中华人民共和国产品质量法》第八条 国务院市场监督管理部门主管全国产品质量监督工作。国务院有关部门在各自的职责范围内负责产品质量监督工作。

县级以上地方市场监督管理部门主管本行政区域内的产品质量监督工作。县级以上地方人民政府有关部门在各自的职责范围内负责产品质量监督工作。

法律对产品质量的监督部门另有规定的,依照有关法律的规定执行。

《中华人民共和国证券法》第七条 国务院证券监督管理机构依法对全国证券市场实行集中统一监督管理。

国务院证券监督管理机构根据需要可以设立派出机构,按照授权履行监督管理职责。

《中华人民共和国长江保护法》第四十七条 长江流域县级以上地方人民政府应当统筹长江流域城乡污水集中处理设施及配套管网建设,并保障其正常运行,提高城乡污水收集处理能力。

长江流域县级以上地方人民政府应当组织对本行政区域的江河、湖泊排污口开展排查整治,明确责任主体,实施分类管理。

在长江流域江河、湖泊新设、改设或者扩大排污口,应当按照国家有关规定报经有管辖权的生态环境主管部门或者长江流域生态环境监督管理机构同意。对未达到水质目标的水功能区,除污水集中处理设施排污口外,应当严格控制新设、改设或者扩大排污口。

《中华人民共和国道路交通安全法》第二十条 机动车的驾驶培训实行社会化,由交通运输主管部门对驾驶培训学校、驾驶培训班实行备案管理,并对驾驶培训活动加强监督,其中专门的拖拉机驾驶培训学校、驾驶培训班由农业(农业机械)主管部门实行监督管理。

驾驶培训学校、驾驶培训班应当严格按照国家有关规定,对学员进行道路交通安全法律、法规、驾驶技能的培训,确保培训质量。

任何国家机关以及驾驶培训和考试主管部门不得举办或者参与举办驾驶培训学校、驾驶培训班。

《中华人民共和国车船税法》第十条第一款 公安、交通运输、农业、渔业等车船登记管理部门、船舶检验机构和车船税扣缴义务人的行业主管部门应当在提供车船有关信息等方面，协助税务机关加强车船税的征收管理。

第十四条 【行业防治意见建议】监察机关、人民法院、人民检察院、公安机关在办理案件中发现行业主管部门有组织犯罪预防和治理工作存在问题的，可以书面向相关行业主管部门提出意见建议。相关行业主管部门应当及时处理并书面反馈。

重点解读

本条是关于相关机关在办案中可以向有关行业主管部门提出意见建议的规定。

在有组织犯罪治理过程中，行业主管部门和监察、政法机关的互动是双向的，本法第 13 条规定的是主管部门如何与监察、政法机关协同落实行业监管，本条则规定监察、政法机关如何向主管部门提出行业防治意见建议，以及建议的具体落实。

在扫黑除恶专项斗争中，有关机关就有组织犯罪相关行业提出专项意见建议，取得了积极的成效。如人民法院在依法严惩有组织犯罪、深挖彻查线索的基础上，充分发挥司法建议职能，对滋生有组织犯罪的行业、领域发出司法建议进行集中整治，积极推动长效机制建设。人民检察院针对办案中发现突出问题，通过制发检察建议促进重点行业领域加强监督管理，从源头遏制有组织犯罪滋生蔓延。

本条将前述经验通过立法的形式确定下来，系统全面地规定了行业防治意见建议的提出主体和后续落实。理解本条时应注意:第一,提出行业防治意见建议的主体包括“监察机关、人民法院、人民检察院、公安机关”,明确监察机关也可以提出行业防治意见建议。第二,行业防治意见建议虽与监察、政法机关在办的有组织犯罪案件相关,但是建议内容未必限于案件本身,只要和“有组织犯罪预防和治理工作”相关即可,从而确保建议事项范围的全面性。

适用要点

适用本条应注意行业防治意见建议的提出程序和办理效果:

第一,行业防治意见建议的提出程序。根据本条规定,行业防治意见建议的提出应遵循特定要求。一是,对于发现行业主管部门防治有组织犯罪工作存在问题的,监察、政法机关“可以”提出行业防治意见建议,而非必须提出。实践中可能存在不宜提出行业防治意见建议的情形,如行业主管部门个别人员可能牵涉有组织犯罪或者可能造成较大负面社会效果等情形,因此即便发现前述问题,是否提出建议仍由监察、政法机关具体掌握。二是,行业防治意见建议应以书面形式提出,不应电话、口头等形式提出。

第二,行业防治意见建议的办理效果。一是,相关行业主管部门应当及时处理行业防治意见建议。据此,相关行业主管部门不仅需要按照行业防治意见建议予以处理,还需要保证处理的时效性,防止前述问题造成后续不良后果,否则即为未充分履行自身职责。二是,相关行业主管部门应当书面反馈处理情况。也就是说,相关行业主管部门需要根据及时处理的效果,形成书面报告向提出行业防治意见建议的监察机关或政法机关反馈具体情况,做到“文来文往”。

案例指引

李卫俊等“套路贷”虚假诉讼案[1]

2018年3月，被害人吴某向公安机关报警，称其在李卫俊等人开办的小额贷款公司借款被骗。公安机关对李卫俊等人以涉嫌诈骗罪立案侦查。经侦查终结，2018年8月20日，公安机关以李卫俊等涉嫌诈骗罪移送江苏省常州市金坛区人民检察院审查起诉。金坛区人民检察院审查发现，李卫俊等人长期从事职业放贷活动，具有“套路贷”典型特征，有涉嫌黑恶犯罪的嫌疑。2019年1月25日，金坛区人民检察院对本案刑事部分提起公诉。

金坛区人民法院于2019年1月至10月4次开庭审理，经审理查明李卫俊等人犯罪事实后，金坛区人民法院依法认定其为恶势力犯罪集团。2019年11月1日，金坛区人民法院以诈骗罪、敲诈勒索罪、虚假诉讼罪、寻衅滋事罪判处李卫俊有期徒刑12年，并处罚金人民币28万元；其余被告人分别被判处有期徒刑8年至3年6个月不等，并处罚金。

该案中，就办案中发现的社会治理问题，检察机关立足法律监督职能，针对发现的小微金融行业无证照开展金融服务等管理漏洞，向行政主管部门发出检察建议7份。

关联法规

《中华人民共和国监察法》第十一条 监察委员会依照本法和有关法律规定履行监督、调查、处置职责：

（一）对公职人员开展廉政教育，对其依法履职、秉公用权、廉洁从政从业以及道德操守情况进行监督检查；

（二）对涉嫌贪污贿赂、滥用职权、玩忽职守、权力寻租、利益输送、徇

---

[1] 参见最高人民检察院第二十三批指导性案例（检例87号）。

私舞弊以及浪费国家资财等职务违法和职务犯罪进行调查；

（三）对违法的公职人员依法作出政务处分决定；对履行职责不力、失职失责的领导人员进行问责；对涉嫌职务犯罪的，将调查结果移送人民检察院依法审查、提起公诉；向监察对象所在单位提出监察建议。

最高人民法院《关于加强司法建议工作的意见》7. 对审判执行工作中发现的下列问题，人民法院可以向相关党政机关、企事业单位、社会团体及其他社会组织提出司法建议，必要时可以抄送该单位的上级机关或者主管部门：

（1）涉及经济社会发展重大问题需要相关方面积极加以应对的；

（2）相关行业或者部门工作中存在的普遍性问题，需要有关单位采取措施的；

（3）相关单位的规章制度、工作管理中存在严重漏洞或者重大风险的；

（4）国家利益、社会公共利益受到损害或者威胁，需要有关单位采取措施的；

（5）涉及劳动者权益、消费者权益保护等民生问题，需要有关单位采取措施的；

（6）法律规定的有义务协助调查、执行的单位拒绝或者妨碍人民法院调查、执行，需要有关单位对其依法进行处理的；

（7）拒不履行人民法院生效的判决、裁定，需要有关单位对其依法进行处理的；

（8）发现违法犯罪行为，需要有关单位对其依法进行处理的；

（9）诉讼程序结束后，当事人之间的纠纷尚未彻底解决，或者有其他问题需要有关部门继续关注的；

（10）其他确有必要提出司法建议的情形。

《人民检察院检察建议工作规定》第十一条 人民检察院在办理案件中发现社会治理工作存在下列情形之一的，可以向有关单位和部门提出改进工作、完善治理的检察建议：

（一）涉案单位在预防违法犯罪方面制度不健全、不落实，管理不完善，存在违法犯罪隐患，需要及时消除的；

（二）一定时期某类违法犯罪案件多发、频发，或者已发生的案件暴露出明显的管理监督漏洞，需要督促行业主管部门加强和改进管理监督工作的；

（三）涉及一定群体的民间纠纷问题突出，可能导致发生群体性事件或者恶性案件，需要督促相关部门完善风险预警防范措施，加强调解疏导工作的；

（四）相关单位或者部门不依法及时履行职责，致使个人或者组织合法权益受到损害或者存在损害危险，需要及时整改消除的；

（五）需要给予有关涉案人员、责任人员或者组织行政处罚、政务处分、行业惩戒，或者需要追究有关责任人员的司法责任的；

（六）其他需要提出检察建议的情形。

第十五条　【重点区域、行业领域或场所】公安机关可以会同有关部门根据本地有组织犯罪情况，确定预防和治理的重点区域、行业领域或者场所。

重点区域、行业领域或者场所的管理单位应当采取有效措施，加强管理，并及时将工作情况向公安机关反馈。

重点解读

本条是关于预防和治理有组织犯罪重点区域、行业领域或场所的规定。

犯罪组织往往于特定区域实施具体的违法犯罪活动，因此扫黑除恶专项斗争一般也是围绕具体的重点区域、行业领域或场所展开。2018 年最高人民法院、最高人民检察院、公安部、司法部发布《关于办理黑恶势力犯罪案件若干问题的指导意见》强调，打击“在商贸集市、批发市场、车站码头、旅游景区等场所欺行霸市、强买强卖、收保护费的市霸、行霸等黑恶势力”。在扫黑除恶过程中，也强调围绕重点区域打击有组织犯罪。如在交通领域严厉打击重点区域非法营运现象，重点对车站、机场、学校、旅游景点、商贸中心等非法营运车辆聚集区域进行全方位、多角度稽查，严厉打击有组织非法营运、扰乱市场正常秩序等道路运输行业乱象。重点打击非法经营的组织者、牵头者，特别是通过不法手段长期控制某一区域运输市场、垄断资源分配、欺行霸市、具有黑社会性质的非法营运团伙、黑恶势力等。

本条将前述实践予以体系化、立法化，具体规定了预防和治理有组织犯罪重点区域的管理要求。理解本条应注意：第一，围绕预防和治理有组织犯罪重点区域、行业领域或场所，公安机关和有关部门、单位需有效协同，确保实现对重点区域、行业领域或场所的有效管控。第二，重点区域、行业领域或场所虽然一般指现实空间的具体区域，但是在对其管控过程中应注意信息网络方式的运用，如对犯罪组织所实施违法犯罪行为相关的微信群、QQ 群等载体进行管控，斩断非法营运网上链条。

适用要点

适用本条时应全面把握重点区域、行业领域或场所的范围，并且准确把握两款规定的具体要求：

第一，应全面把握预防和治理有组织犯罪重点区域、行业领域或场所的范围。凡是有组织犯罪可能盘踞、涉足的区域都有可能确定为重点区域。而且根据本条第 1 款的规定，重点区域、行业领域或场所均属于防控重点。例如，农村、城乡接合部、城中村、工业开发区等管控力量相对薄弱的重点地区，建筑工程、交通运输、矿产资源等经济利益较高的重点行业地点，商贸集市、批发市场、车站码头等场所，均可能成为预防和治理有组织犯罪的防控重点。

第二，应准确把握确定重点区域、行业领域或场所的要求。一是，重点区域、行业领域或场所的确定必须根据当地有组织犯罪的情况确定，坚决防止简单按照行政区划、职责分工确定，否则难以实现应有成效。二是，重点区域、行业领域或场所应与预防和治理有组织犯罪相关，防止不当限缩或者扩大其范围。三是，公安机关“可以”会同有关部门确定重点区域、行业领域或场所，这里的表述为“可以”而非“应当”。这是考虑到实践中可能存在不宜确定重点区域、行业领域或场所的情形，如确定重点区域、行业领域或场所可能引起社会恐慌等情形，因此即便有利于预防和治理有组织犯罪，但是否确定重点区域、行业领域或场所仍由公安机关具体掌握。

第三，应严格落实重点区域、行业领域或场所的治理和反馈要求。一是，重点区域管理单位应当确保治理实效。根据本条第 2 款的规定，重点区域、行业领域或场所的管理单位要采取切实有效的举措，加强管理，保证既有问题的解决和相关风险的管控。二是，重点区域、行业领域或场所的管理单位应当及时将工作情况向公安机关反馈。其中特别强调“及时”的要求，即管理单位应确保第一时间将治理效果告知公安机关。

第十六条　【网络信息安全管理、技术协助义务】电信业务经营者、互联网服务提供者应当依法履行网络信息安全管理义务，采取安全技术防范措施，防止含有宣扬、诱导有组织犯罪内容的信息传播；发现含有宣扬、诱导有组织犯罪内容的信息的，应当立即停止传输，采取消除等处置措施，保存相关记录，并向公安机关或者有关部门报告，依法为公安机关侦查有组织犯罪提供技术支持和协助。

网信、电信、公安等主管部门对含有宣扬、诱导有组织犯罪内容的信息，应当按照职责分工，及时责令有关单位停止传输、采取消除等处置措施，或者下架相关应用、关闭相关网站、关停相关服

务。有关单位应当立即执行,并保存相关记录,协助调查。对互联网上来源于境外的上述信息,电信主管部门应当采取技术措施,及时阻断传播。

重点解读

本条是关于预防和治理有组织犯罪网络信息安全管理、技术协助义务的规定。

随着互联网的发展,有组织犯罪也和网络信息相关联。一方面,传统的有组织犯罪通过网络信息的方式实施,无论是犯罪组织的联络,还是实施具体违法犯罪行为的联络,往往通过网络信息的途径完成。另一方面,有组织犯罪也日益向网络空间渗透,以网络"水军"、网络"套路贷"为代表的网络有组织犯罪日益猖獗。因此,应注重在网络信息领域预防和治理有组织犯罪。为此,2019 年最高人民法院、最高人民检察院、公安部、司法部联合发布《关于办理利用信息网络实施黑恶势力犯罪刑事案件若干问题的意见》,要求依法严惩利用信息网络实施的黑恶势力犯罪。但是仅依靠政法机关难以在网络信息领域全面实现预防和治理有组织犯罪,为电信业务经营者、互联网服务提供者设置相应义务,敦促其参与预防和治理进程的必要性日益凸显。在此基础上,有关机关应与电信业务经营者、互联网服务提供者积极配合,切实履行网络信息管理职责。

因此,本条对网络信息安全管理作了全面规定。理解本条时需注意,网络信息安全管理具有两重含义:第一,电信业务经营者、互联网服务提供者应承担网络信息安全管理、技术协助义务,针对有组织犯罪相关信息予以有效管控,履行停止传输、及时报告等义务,以及协助主管部门的义务。第二,网信、电信、公安等主管部门应承担网络信息安全管理职责,采取处置措施、技术措施等。

适用要点

适用本条时应注意把握主体的范围,以及网络信息安全管理、技术协助义务与职责的区别:

第一,电信业务经营者、互联网服务提供者的范围。本条所规定的电信业务经营者和互联网服务提供者,有时统称为通信服务提供者。其中,电信业务经营者,是指网络运营商和接入服务商。网络运营商是指基础电信运营商,即电信基础设施的运营者,如中国移动、中国联通、中国电信等运营商;接入服务商是向网络用户提供从用户终端到网络接入服务的主体,如各宽带业务经营者。互联网服务提供者,是指互联网内容提供者,向用户提供新闻、信息、资料、音视频、建立通信群组的平台等内容服务,如腾讯、新浪、搜狐等互联网知名企业就是典型的互联网服务提供者。此外,按照服务对象和提供信息的不同,还可以进一步分为网上媒体运营商、数据库运营商、信息咨询商和信息发布代理商等。

第二,电信业务经营者、互联网服务提供者应切实履行网络信息安全管理、技术协助义务。一是,采取安全技术防范措施防止含有宣扬、诱导有组织犯罪内容的信息传播。本条第 1 款明确了电信业务经营者、互联网服务提供者应当采取"安全技术防范措施",因此其不能仅满足于在用户告知或者主管部门通知后再采取措施,而是应预先采取安全技术措施。二是,对于上述信息停止传输,采取消除等处置措施,保存相关记录,并向公安机关或者有关部门报告。电信业务经营者、互联网服务提供者需要履行两种义务:一种是内部义务,包括停止传输、采取消除等处置措施、保存相关记录三项;另一种是外部义务,为向公安机关或者有关部门报告。三是,依法为公安机关侦查有组织犯罪提供技术支持和协助。对这一规定应作全面理解,即不仅包括具体事项的协助,还包括提供技术上的支持。

第三,网信、电信、公安等主管部门及有关单位应切实保证网络信息安全管理职责的实现。一是,主管部门自身应积极履行职责,包括及时责令电信业务经营者、互联网服务提供者等有关单位停止传输、删除相关信息，必要时，责令关闭相关网站、关停相关服务。对互联网上跨越国(边)境进行传输的包含有组织犯罪内容的信息，不论是从境外向境内传输还是从境内向境外传输，电信主管部门均应当采取相应的技术措施，阻断此类信息的传播。二是，有关单位应当履行配合义务，其义务内容包括立即执行、保存记录、协助调查三项。此外，这里的“有关单位”范围可能广于电信业务经营者、互联网服务提供者。

关联法规

《中华人民共和国网络安全法》第二十八条 网络运营者应当为公安机关、国家安全机关依法维护国家安全和侦查犯罪的活动提供技术支持和协助。

第四十七条 网络运营者应当加强对其用户发布的信息的管理，发现法律、行政法规禁止发布或者传输的信息的，应当立即停止传输该信息，采取消除等处置措施，防止信息扩散，保存有关记录，并向有关主管部门报告。

第四十八条 任何个人和组织发送的电子信息、提供的应用软件，不得设置恶意程序，不得含有法律、行政法规禁止发布或者传输的信息。

电子信息发送服务提供者和应用软件下载服务提供者，应当履行安全管理义务，知道其用户有前款规定行为的，应当停止提供服务，采取消除等处置措施，保存有关记录，并向有关主管部门报告。

第四十九条 网络运营者应当建立网络信息安全投诉、举报制度，公布投诉、举报方式等信息，及时受理并处理有关网络信息安全的投诉和举报。

网络运营者对网信部门和有关部门依法实施的监督检查，应当予以配合。

第五十条 国家网信部门和有关部门依法履行网络信息安全监督管理职责，发现法律、行政法规禁止发布或者传输的信息的，应当要求网络运营者停止传输,采取消除等处置措施,保存有关记录;对来源于中华人民共和国境外的上述信息,应当通知有关机构采取技术措施和其他必要措施阻断传播。

《中华人民共和国电信条例》第五十六条 任何组织或者个人不得利用电信网络制作、复制、发布、传播含有下列内容的信息:

(一)反对宪法所确定的基本原则的;

(二)危害国家安全,泄露国家秘密,颠覆国家政权,破坏国家统一的;

(三)损害国家荣誉和利益的;

(四)煽动民族仇恨、民族歧视,破坏民族团结的;

(五)破坏国家宗教政策,宣扬邪教和封建迷信的;

(六)散布谣言,扰乱社会秩序,破坏社会稳定的;

(七)散布淫秽、色情、赌博、暴力、凶杀、恐怖或者教唆犯罪的;

(八)侮辱或者诽谤他人,侵害他人合法权益的;

(九)含有法律、行政法规禁止的其他内容的。

《互联网信息服务管理办法》第十五条 互联网信息服务提供者不得制作、复制、发布、传播含有下列内容的信息:

(一)反对宪法所确定的基本原则的;

(二)危害国家安全,泄露国家秘密,颠覆国家政权,破坏国家统一的;

(三)损害国家荣誉和利益的;

(四)煽动民族仇恨、民族歧视,破坏民族团结的;

(五)破坏国家宗教政策,宣扬邪教和封建迷信的;

(六)散布谣言,扰乱社会秩序,破坏社会稳定的;

(七)散布淫秽、色情、赌博、暴力、凶杀、恐怖或者教唆犯罪的;

(八)侮辱或者诽谤他人,侵害他人合法权益的;

(九)含有法律、行政法规禁止的其他内容的。

第十六条 互联网信息服务提供者发现其网站传输的信息明显属于本办法第十五条所列内容之一的,应当立即停止传输,保存有关记录,并向国家有关机关报告。

第十七条 【反洗钱监管】国务院反洗钱行政主管部门、国务院其他有关部门、机构应当督促金融机构和特定非金融机构履行反洗钱义务。发现与有组织犯罪有关的可疑交易活动的，有关主管部门可以依法进行调查，经调查不能排除洗钱嫌疑的，应当及时向公安机关报案。

重点解读

本条是关于预防和治理有组织犯罪洗钱的规定。

犯罪组织需要大量资金用于维系运转，组织实施违法犯罪活动。扫黑除恶专项斗争的核心要求之一为“打财断血”，而“打财断血”不仅要求打击犯罪组织的财产，更需要打击其财产流转渠道。因此，反有组织犯罪工作的一个重要方面，就是对犯罪组织筹措、转移资金的行为进行有效监控和打击，切断其经济流转渠道，使其丧失维系组织存在、发展壮大人员、实施违法犯罪的经济基础。

本条将涉有组织犯罪反洗钱监管的具体要求以立法的形式确定下来，推动有组织犯罪经济基础的长效治理。理解本条需注意：第一，监管主体和义务主体的区别，国务院反洗钱行政主管部门、国务院其他有关部门、机构履行督促涉有组织犯罪反洗钱监管的职责，金融机构和特定非金融机构履行涉有组织犯罪反洗钱的义务。第二，依法进行调查的是监管主体而非义务主体。

适用要点

结合反洗钱相关法规，适用本条时应注意以下三个问题：

第一，应准确把握监管主体的范围。一是，“国务院反洗钱行政主管部门”负责全国的反洗钱监督管理工作，具体指中国人民银行。二是，“国务院其他有关部门、机构”主要是指相关金融业监督管理机构，以及依法履行反洗钱义务的特定非金融机构的相关主管部门。金融业监督管理机构，如中国银行保险监督管理委员会、中国证券监督管理委员会在各自的职责范围内对银行业、保险业、证券业履行反洗钱义务的情况进行监督管理。特定非金融机构，是指金融机构以外的依法履行反洗钱义务的其他机构。

第二，应准确把握金融机构和特定非金融机构在履行涉有组织犯罪反洗钱方面的具体义务。一是，建立健全涉有组织犯罪的反洗钱内部控制制度。二是，建立客户身份识别制度，即在与客户建立业务关系或与其进行交易时，应当要求客户出示真实有效的身份证件或者其他身份证明文件，进行核对并登记。三是，建立客户身份资料和交易记录保存制度，包括在与客户业务关系存续期间，客户身份资料发生变更的，及时更新客户身份资料；将客户身份资料和交易信息保存一定时间。四是，建立大额交易和可疑交易报告制度，即在经营过程中对经办的超过规定金额或者发现包括涉有组织犯罪洗钱在内的可疑交易情形，应当及时向反洗钱信息中心报告。此外，特定非金融机构的种类、业务等情况虽比较复杂，但也可参照前述义务予以把握。

第三，应严格开展涉有组织犯罪反洗钱调查，并履行相应的报案义务。一是，切实开展涉有组织犯罪反洗钱调查。国务院反洗钱行政主管部门或者其省一级派出机构发现可疑交易活动，需要调查核实的，可以对金融机构进行调查，金融机构应当予以配合，如实提供有关文件和资料。调查可疑交易活动，可以询问金融机构有关人员，要求其说明情况。调查中需要进一步核查的，经国务院反洗钱行政主管部门或者其省一级派出机构的负责人批准，可以查阅、复制被调查对象的账户信息、交易记录和其他有关资料；对可能被转移、隐藏、篡改或者毁损的文件、资料，可以予以封存；等等。二是，如果经过调查，无法排除涉有组织犯罪洗钱嫌疑的，反洗钱行政主管部门应当立即向有管辖权的公安机关报案，由公安机关根据情况依法采取进一步措施。

案例指引

曾某洗钱案[1]

2018年11月28日，南昌市公安局以涉嫌组织、领导、参加黑社会性质组织罪等六个罪名将熊某等18人移送起诉。检察机关审查发现在案查封、扣押、冻结的财产与该黑社会性质组织经济规模严重不符，大量犯罪所得去向不明，随即依法向中国人民银行南昌中心支行调取该黑社会性质组织所涉账户资金去向相关证据材料，并联同公安机关、中国人民银行反洗钱部门对本案所涉大额取现、频繁划转、使用关联人账户等情况进行追查、分析，查明曾某及其关联账户与熊某等黑社会性质组织成员的账户之间有大额频繁的异常资金转移。

东湖区人民检察院认定曾某主观上应当知道其帮助熊某转移的3700万元系黑社会性质组织的犯罪所得，于2019年6月28日以洗钱罪对曾某提起公诉。东湖区人民法院于同年11月15日作出判决，认定曾某犯洗钱罪，判处有期徒刑3年6个月，并处罚金300万元。曾某未上诉，判决已生效。

本案中，中国人民银行参与所涉账户资金来源、去向，以及大额取现、频繁划转、使用关联人账户等异常资金流转情况的监测与调查，对于案件的认定和处理具有重要作用。国务院其他有关部门、机构也应加强对大额交易和可疑交易信息的收集分析监测，发现重大嫌疑时主动开展反洗钱调查，并向司法机关提供洗钱犯罪线索和侦查协助。

---

〔1〕 参见中国人民银行：《最高人民检察院、中国人民银行联合发布惩治洗钱犯罪典型案例》，载 http://www.pbc.gov.cn/goutongjiaoliu/113456/113469/4210737/index.html，2021年12月10日访问。

关联法规

《中华人民共和国刑法》第一百九十一条　为掩饰、隐瞒毒品犯罪、黑社会性质的组织犯罪、恐怖活动犯罪、走私犯罪、贪污贿赂犯罪、破坏金融管理秩序犯罪、金融诈骗犯罪的所得及其产生的收益的来源和性质，有下列行为之一的，没收实施以上犯罪的所得及其产生的收益，处五年以下有期徒刑或者拘役，并处或者单处罚金；情节严重的，处五年以上十年以下有期徒刑，并处罚金：

（一）提供资金帐户的；

（二）将财产转换为现金、金融票据、有价证券的；

（三）通过转帐或者其他支付结算方式转移资金的；

（四）跨境转移资产的；

（五）以其他方法掩饰、隐瞒犯罪所得及其收益的来源和性质的。

单位犯前款罪的，对单位判处罚金，并对其直接负责的主管人员和其他直接责任人员，依照前款的规定处罚。

《中华人民共和国反洗钱法》第二条　本法所称反洗钱，是指为了预防通过各种方式掩饰、隐瞒毒品犯罪、黑社会性质的组织犯罪、恐怖活动犯罪、走私犯罪、贪污贿赂犯罪、破坏金融管理秩序犯罪、金融诈骗犯罪等犯罪所得及其收益的来源和性质的洗钱活动，依照本法规定采取相关措施的行为。

第四条　国务院反洗钱行政主管部门负责全国的反洗钱监督管理工作。国务院有关部门、机构在各自的职责范围内履行反洗钱监督管理职责。

国务院反洗钱行政主管部门、国务院有关部门、机构和司法机关在反洗钱工作中应当相互配合。

第三十五条　应当履行反洗钱义务的特定非金融机构的范围、其履行反洗钱义务和对其监督管理的具体办法，由国务院反洗钱行政主管部门会同国务院有关部门制定。

第十八条　【管教矫正和安置措施】监狱、看守所、社区矫正机构对有组织犯罪的罪犯，应当采取有针对性的监管、教育、矫正措施。

有组织犯罪的罪犯刑满释放后，司法行政机关应当会同有关部门落实安置帮教等必要措施，促进其顺利融入社会。

重点解读

本条是关于有组织犯罪罪犯管教矫正和安置措施的规定。

对于犯罪组织成员的防范与管教是预防和治理有组织犯罪的重要方面。此前有组织犯罪屡打不绝的一个重要原因是虽然消灭了犯罪组织，但是组织成员随后又组织或参加新的犯罪组织。因此，有效预防和治理有组织犯罪必然需要对罪犯采取有针对性的措施。第一，对于监狱服刑人员，应根据有组织犯罪的特点，加强管理，有针对性地进行教育、矫正，避免此类罪犯对其他服刑人员的“传染影响”以及此类罪犯彼此之间的“交叉感染”，提高教育转化的成功率。第二，有组织犯罪罪犯主观恶性较深，社会危害较重，教育转化较难，一些人在刑满释放后回归社会有困难，容易重新实施有组织犯罪，对社会具有较大的危险性，因此根据反有组织犯罪工作的实践需要，规定对其在刑满释放后进行安置教育是必要的。这样一方面有利于继续进行教育，巩固教育转化的效果；另一方面可以通过安置进行职业培训，让其有业可就，自食其力，最终顺利地回归社会。

因此，本条分别规定了有组织犯罪罪犯的管教矫正和安置措施。第一，本条第 1 款明确监狱、看守所、社区矫正机构均应对有组织犯罪罪犯进行管教矫正，特别是将社区矫正机构纳入其中，充分注意到了罪行较轻的罪犯，体现了管教矫正的全面性。第二，本条第 2 款强调司法行政机关应当会同有关部门落实安置帮教等必要措施，明确了司法行政机关的主导地位，并且强调部门之间的有机配合。

适用要点

适用本条时应注意有组织犯罪罪犯管教矫正和安置措施的区别:

第一,监狱、看守所、社区矫正机构应采取有针对性的监管、教育、矫正措施。监狱、看守所、社区矫正机构是对服刑的有组织犯罪罪犯执行刑罚和进行社区矫正的机关。根据相关刑事法规,对于有组织犯罪的罪犯,监狱负责死刑缓期二年执行、无期徒刑、有期徒刑的刑罚执行;看守所负责拘役的刑罚执行,被交付执行刑罚前剩余刑期在 3 个月以下的有期徒刑,由看守所代为执行;对被判处管制、宣告缓刑、假释或者暂予监外执行的罪犯,依法实行社区矫正,由社区矫正机构负责执行。本条第 1 款强调了上述机关的职责,要求加强对服刑的有组织犯罪罪犯的监管、教育、矫正等工作。监狱、看守所、社区矫正机构应当根据有组织犯罪罪犯的犯罪类型、刑罚种类、刑期、改造表现等情况,采取不同方式加强管理,因人施教、分类教育,加强法治、道德、形势、政策、前途等内容的思想教育,使其认清有组织犯罪的社会危害性,帮助其认罪悔罪,积极改造,最终能够顺利回归社会。

第二,司法行政机关应当会同有关部门落实安置帮教等必要措施。本条第 2 款明确规定了"安置帮教",司法行政机关应着力落实此措施。如司法行政机关可以和就业保障等部门密切配合、相互协作,注重从多个方面着力:一是,开设专门的职业培训课程,使有组织犯罪的罪犯掌握一技之长,重返社会之后可以自食其力。二是,在有组织犯罪的罪犯重返社会之际,帮助其实现就业、创业。如在做好监督的同时对招聘刑满释放人员的公司、企业给予一定的扶持;给予刑满释放人员专项创业政策扶持,或在审批等方面给予必要支持;设立刑满释放人员复归社会创业支持计划,每年向适格的人员提供一定的资金支持;等等。

关联法规

《中华人民共和国监狱法》第三条 监狱对罪犯实行惩罚和改造相结合、教育和劳动相结合的原则，将罪犯改造成为守法公民。

第四条 监狱对罪犯应当依法监管，根据改造罪犯的需要，组织罪犯从事生产劳动，对罪犯进行思想教育、文化教育、技术教育。

第六十一条 教育改造罪犯，实行因人施教、分类教育、以理服人的原则，采取集体教育与个别教育相结合、狱内教育与社会教育相结合的方法。

第六十二条 监狱应当对罪犯进行法制、道德、形势、政策、前途等内容的思想教育。

第六十三条 监狱应当根据不同情况，对罪犯进行扫盲教育、初等教育和初级中等教育，经考试合格的，由教育部门发给相应的学业证书。

第六十四条 监狱应当根据监狱生产和罪犯释放后就业的需要，对罪犯进行职业技术教育，经考核合格的，由劳动部门发给相应的技术等级证书。

第十九条 【特殊主体报告制度】对因组织、领导黑社会性质组织被判处刑罚的人员，设区的市级以上公安机关可以决定其自刑罚执行完毕之日起，按照国家有关规定向公安机关报告个人财产及日常活动。报告期限不超过五年。

重点解读

本条是关于黑社会性质组织的组织者、领导者刑满释放后报告个人财产及日常活动的规定。

黑社会性质组织犯罪的组织者、领导者是预防和治理有组织犯罪最需关注的特殊群体。第一，黑社会性质组织犯罪是最为严重的有组织犯罪。根据本法第 2 条的规定，有组织犯罪包括黑社会性质组织犯罪和恶势力组织犯罪，而前者由于在组织特征、经济特征、行为特征和危害性特征具有黑社会性质，无疑具有更为严重的社会危害性。第二，组织者、领导者是黑社会性质组织犯罪中最为关键的犯罪主体。“组织”黑社会性质组织，是指倡导、发起、策划、建立黑社会性质组织的行为。“领导”黑社会性质组织，是指在黑社会性质组织中处于领导地位，对该组织的发展、运行、活动进行策划、决策、指挥、协调、管理的行为。“积极参加”黑社会性质组织，是指积极、主动加入黑社会性质组织的行为，包括多次积极参与该组织的违法犯罪活动，或者在违法犯罪活动中作用突出，或者在组织中起重要作用等。“其他参加”黑社会性质组织，是指一般参加者，即在黑社会性质组织中，除组织者、领导者和积极参加者外，其他参加该组织的成员。[1] 在组织者、领导者、积极参加者和一般参加者四类主体中，组织者、领导者无疑对黑社会性质组织起着决定性作用，也是最需加以重点管控的人员。

本条就黑社会性质组织的组织者、领导者作出特殊规定，要求其在刑满释放后仍需在一定期限履行报告义务，防止其“重操旧业”，再度实施黑社会性质组织犯罪。

适用要点

适用本条时应特别注意黑社会性质组织的组织者、领导者报告制度的要求和程序：

第一，应准确把握适用对象。一是，必须为黑社会性质组织的组织者、领导者，既包括通过一定形式产生的有明确职务、称谓的组织者、领导者，也包括在该组织中被公认的事实上的组织者、领导者。二是，必须为被判处刑罚的黑社会性质组织的组织者、领导者，实践中也不排除对其不

〔1〕 参见郎胜主编：《中华人民共和国刑法释义》，法律出版社 2015 年版，第 521 页。

判处刑罚的特殊情形,必须予以精准把握。

第二,应准确把握决定主体。根据本条规定,“设区的市级以上公安机关可以决定”适用这一报告制度。设区的市即设立市辖区的市,不包括县级市。对决定主体作出这一要求也是考虑到这一制度涉及对他人人身自由进行限制,虽然基于预防和治理有组织犯罪的目的需要规定这一制度,但是也应慎重适用。此外,本条规定为“可以”适用,也是考虑到可能实践中存在不宜适用的情形。

第三,应准确把握报告要求。一是,该组织者、领导者须向公安机关报告个人财产及日常活动,也即无论是个人财产及变动情况,还是个人工作、生活、学习、参加社会活动等情况,均需向公安机关报告,不得隐瞒。二是,报告期限不超过5年,也即可以根据具体情况,要求组织者、领导者于5年或者5年以下的期限内予以报告。

第二十条 【从业监管】曾被判处刑罚的黑社会性质组织的组织者、领导者或者恶势力组织的首要分子开办企业或者在企业中担任高级管理人员的,相关行业主管部门应当依法审查,对其经营活动加强监督管理。

重点解读

本条是关于对有组织犯罪核心成员进行从业监管的规定。

随着我国对有组织犯罪的严厉打击,犯罪组织日益走向隐蔽化、“合法化”,往往“漂白”转型成为“租赁公司”“讨债公司”“调查公司”。如以成立公司为依托,纠集多人逐步形成骨干成员固定、层级分明的黑社会性质组织,有组织地实施一系列犯罪活动,攫取非法经济利益,欺压当地群众,严重破坏当地社会秩序、经济秩序;或通过设立公司形成恶势力组织,并有组织地实施一系列犯罪活动,严重破坏当地社会秩序,造成恶劣的社会影响。在此过程中,核心成员也成为企业中的高级管理人员,即便该犯罪组织已经依法被打击处理,但是该核心成员也可能涉足企业经营,实施有组织犯罪。因此,预防和治理有组织犯罪除了需要对行业加强监管,防止犯罪组织企业化外,还需要对有组织犯罪组织核心成员从业进行必要的监管,防止其再次实施有组织犯罪。

本条是防止黑社会性质组织的组织者、领导者或者恶势力组织的首要分子涉足企业经营的监管条款。理解本条需注意该规定系从业监管而非从业禁止条款,也即相关行业主管部门仅是对上述核心成员开办企业或者在企业中担任高级管理人员予以严格监管,而非禁止其从事相关职业。

适用要点

适用本条时应特别注意从业监管的具体范围、监管要求:

第一,应准确把握从业监管的对象和事项范围。一是,从业监管的对象范围为黑社会性质组织的组织者、领导者或者恶势力组织的首要分子。黑社会性质组织的组织者、领导者已在本法第 19 条的解读中予以释明。恶势力组织的首要分子,是指在恶势力犯罪集团中起组织、策划、指挥作用的犯罪分子。恶势力组织的其他成员,是指其知道或者应当知道该组织是为共同实施犯罪而组成的较为固定的犯罪组织,仍接受首要分子领导、管理、指挥,并参与该组织犯罪活动的犯罪分子。应注意,对于恶势力组织的从业监管仅适用于首要分子。二是,从业监管的事项范围为开办企业或者在企业中担任高级管理人员,因此如果其仅是参与企业经营管理,不作为主要出资人、管理者则不应适用本条规定。

第二,应准确把握从业监管的监管要求。一是,落实从业监管的相关行业主管部门,其在开展行业管理过程中应注重前述核心人员的从业监管。二是,相关行业主管部门具体应从两个方面进行监管,一方面是对前述核心人员开办企业或者在企业中担任高级管理人员进行依法审查,另一方面是对前述核心人员的经营活动加强监督和管理。

此外，我国不少现行法律和行政法规对受过刑事处罚人员从事相关职业作出禁止或者限制性规定，包括规定禁止或者限制担任一定公职，禁止或者限制从事特定职业，以及禁止或者限制从事特定活动等。这些其他法律、行政法规规定的禁止或者限制从事相关职业、活动，都属于行政性的预防性措施，与本条规定的从业限制在条件、要求等方面存在一定差异，应准确把握其与本条规定的区别。

关联法规

《中华人民共和国刑法》第三十七条之一 因利用职业便利实施犯罪，或者实施违背职业要求的特定义务的犯罪被判处刑罚的，人民法院可以根据犯罪情况和预防再犯罪的需要，禁止其自刑罚执行完毕之日或者假释之日起从事相关职业，期限为三年至五年。

被禁止从事相关职业的人违反人民法院依照前款规定作出的决定的，由公安机关依法给予处罚；情节严重的，依照本法第三百一十三条的规定定罪处罚。

其他法律、行政法规对其从事相关职业另有禁止或者限制性规定的，从其规定。

《中华人民共和国公司法》第一百四十六条 有下列情形之一的，不得担任公司的董事、监事、高级管理人员：

（一）无民事行为能力或者限制民事行为能力；

（二）因贪污、贿赂、侵占财产、挪用财产或者破坏社会主义市场经济秩序，被判处刑罚，执行期满未逾五年，或者因犯罪被剥夺政治权利，执行期满未逾五年；

（三）担任破产清算的公司、企业的董事或者厂长、经理，对该公司、企业的破产负有个人责任的，自该公司、企业破产清算完结之日起未逾三年；

（四）担任因违法被吊销营业执照、责令关闭的公司、企业的法定代表人，并负有个人责任的，自该公司、企业被吊销营业执照之日起未逾三年；

（五）个人所负数额较大的债务到期未清偿。

公司违反前款规定选举、委派董事、监事或者聘任高级管理人员的，该选举、委派或者聘任无效。

董事、监事、高级管理人员在任职期间出现本条第一款所列情形的，公司应当解除其职务。

《金融控股公司董事、监事、高级管理人员任职备案管理暂行规定》第十一条 有下列情形之一的，不得担任金融控股公司董事、监事、高级管理人员：

（一）因犯有危害国家安全、恐怖主义、贪污、贿赂、侵占财产、挪用财产、黑社会性质犯罪或者破坏社会主义经济秩序罪，被判处刑罚，自执行期满之日起未逾5年；或者因犯罪被剥夺政治权利，自执行期满之日起未逾5年；或者涉嫌从事重大违法活动、被相关部门调查尚未作出处理结论。

……

第二十一条 【防范境外黑社会组织】移民管理、海关、海警等部门应当会同公安机关严密防范境外的黑社会组织入境渗透、发展、实施违法犯罪活动。

出入境证件签发机关、移民管理机构对境外的黑社会组织的人员，有权决定不准其入境、不予签发入境证件或者宣布其入境证件作废。

移民管理、海关、海警等部门发现境外的黑社会组织的人员入境的，应当及时通知公安机关。发现相关人员涉嫌违反我国法律或者发现涉嫌有组织犯罪物品的，应当依法扣留并及时处理。

重点解读

本条是关于防范境外黑社会组织入境渗透、发展、实施违法犯罪活动的规定。

预防和治理有组织犯罪除了需要关注境内的黑社会性质组织、恶势力组织犯罪外,也需关注境外黑社会组织。我国有组织犯罪的出现,一方面来自境内犯罪组织的滋生,另一方面来自境外犯罪组织的渗透。境外犯罪组织采取多种渗透方式,如以投资者的身份掩护黑社会人员入境并骗取合法职业立稳脚跟,联络和培植境内黑社会势力的代表人物,在毒品、假币、枪支、色情业等领域开辟犯罪市场,通过多种媒体大量向境内传播有组织犯罪的方法、手段等。因此,除有效打击境内有组织犯罪外,也需严密防范境外有组织犯罪的渗透。

本条规定了责任部门防范境外黑社会组织入境渗透、发展,实施违法犯罪活动的各项要求。理解本条时应注意以下两点:第一,移民管理、海关、海警等部门应与公安机关配合,在防范境外黑社会组织和处置涉嫌有组织犯罪的人员、物品时做到有效协同。第二,国家移民管理局本身为出入境证件签发机关,其与移民管理机构共同组成移民管理部门。

适用要点

适用本条时应注意责任部门的范围和具体职责的履行:

第一,应准确把握责任部门的范围。一是,"移民管理"部门具体指国家移民管理局及其下属部门,其负责边境地区移民管理工作,依法组织实施出入境边防检查、边民往来管理和边境地区边防管理,有职责防范境外黑社会组织人员入境活动。二是,"海关"部门具体指海关总署及其下属部门,负责边境口岸等的进出境相关监督管理工作,依法组织实施进出境交通运输工具、货物、物品和人员的海关监管、检疫。三是,"海警"部门具体指人民武装警察部队海警部队,包括中国海警局及其海区分局和直属局、省级海警局、市级海警局、海警工作站。

第二，应注意责任部门共同职责与个别职责的履行。移民管理、海关、海警等部门共同负有两项职责，即协同防范职责，会同公安机关严密防范境外黑社会组织入境渗透、发展、实施违法犯罪活动，该项职责强调事前防范；处置和通知职责，即扣留、处置违法人员和物品，在发现境外黑社会组织的人员入境时通知公安机关，该项职责强调事后处置。此外，应注意前述对象范围的区别，防范职责针对境外黑社会组织，通知职责针对境外黑社会组织的人员，处置职责针对涉嫌违法人员或者涉嫌有组织犯罪物品，其中处置职责的对象范围较为广泛。

移民管理部门还履行出入境管理职责，可以视情形决定对境外黑社会组织的人员适用三种措施之一。一是决定不准其入境。这是指移民管理部门在边防检查工作中，发现境外黑社会组织人员，拒绝其提出的入境请求。二是不予签发入境证件。这是指移民管理部门在办理入境证件申请工作中，发现境外黑社会组织人员，拒绝为其发放入境证件。三是宣布其入境证件作废。这是指移民管理部门发现境外黑社会组织人员，将其相关入境证件予以作废，使其丧失入境许可。实践中第一种措施和第三种措施可以同时作出，即在不准其入境的同时，宣布其入境证件作废。

关联法规

《中华人民共和国陆地国界法》第六条　外交部负责陆地国界涉外事务，参与陆地国界管理相关工作，牵头开展对外谈判、缔约、履约及国际合作，处理需要通过外交途径解决的问题，组织开展国界线和界标维护管理。

国务院公安部门负责边境地区公安工作，指导、监督边境公安机关加强社会治安管理，防范和打击边境违法犯罪活动。

海关总署负责边境口岸等的进出境相关监督管理工作，依法组织实施进出境交通运输工具、货物、物品和人员的海关监管、检疫。

国家移民管理部门负责边境地区移民管理工作，依法组织实施出入境边防检查、边民往来管理和边境地区边防管理。

国务院其他有关部门按照各自职责分工，依法行使职权，开展相关工作。

《中华人民共和国海警法》第二条 人民武装警察部队海警部队即海警机构，统一履行海上维权执法职责。

海警机构包括中国海警局及其海区分局和直属局、省级海警局、市级海警局、海警工作站。

第十二条 海警机构依法履行下列职责：

……

（三）实施海上治安管理，查处海上违反治安管理、入境出境管理的行为，防范和处置海上恐怖活动，维护海上治安秩序；

……

第三章 案件办理

第二十二条 【办理原则】办理有组织犯罪案件，应当以事实为根据，以法律为准绳，坚持宽严相济。

对有组织犯罪的组织者、领导者和骨干成员，应当严格掌握取保候审、不起诉、缓刑、减刑、假释和暂予监外执行的适用条件，充分适用剥夺政治权利、没收财产、罚金等刑罚。

有组织犯罪的犯罪嫌疑人、被告人自愿如实供述自己的罪行，承认指控的犯罪事实，愿意接受处罚的，可以依法从宽处理。

重点解读

本条是关于对有组织犯罪贯彻宽严相济刑事政策以及认罪认罚从宽方面的规定。

在办理有组织犯罪案件过程中，要严格按照法律规定，坚决防止跑偏、走样，在案件定性和处理上既不能降格，也不能人为拔高，要强化证据意识、程序意识，严格把好事实关、证据关、程序关和法律适用关，严禁刑讯逼供，防止以非法方法收集证据。要坚持法定证明标准，严格办案程序，依法准确定性，保证案件质量。要将强化程序意识摆在重要位置，在侦查阶段，存在的审查强制措施、羁押情况、讯问笔录、涉案款物扣押等方面的瑕疵，在审查起诉和审判阶段应及时补正，该排除的非法证据要予以排除，有效降低办案阻力，确保办案质效。另外，相关办案机关要依法保障犯罪嫌疑人、被告人的诉讼权利，保障辩护律师依法执业，重视和耐心听取辩护律师的意见。

要把全面贯彻宽严相济刑事政策作为基本策略，一方面，要把握好严的一面，从严惩处重大有组织犯罪，形成对有组织犯罪的高压态势，严格掌握取保候审、不起诉、缓刑、假释、暂予监外执行的适用条件，依法从快批捕、起诉、审判、交付执行，充分运用《刑法》关于共同犯罪和犯罪集团的规定，对组织者、领导者、核心成员、骨干力量加大惩处力度，同时依法尽量适用剥夺政治权利、没收财产、罚金等刑罚。另一方面，要把握好宽的一面，对于初犯、偶犯、未成年人，犯罪情节较轻的涉案人员，以及配合司法机关查办案件、提供线索并起到协助侦破案件作用的一般参加者，其认罪认罚的，可以依法兑现政策，该依法从宽的要从宽。

适用要点

严格依法是办理有组织犯罪案件应当坚守的底线，有组织犯罪案件既不能降格处理，也不能人为拔高，是有组织犯罪的，一个也不放过，不是有组织犯罪的，一个也不能凑数。为确保依法、准确、有力惩处有组织犯罪，要完善实质化审查、健全执法裁量权等，针对非法证据排除、侦查活动违法等情形要以事实为根据，以法律为准绳。当事人提供的非法取证线索，要认真调查核实，对于不能合理说明或者不能排除非法取证嫌疑的，坚决予以排除，为依法办理有组织犯罪案件奠定基础，确保办理有组织犯罪案件在法治轨道内运行。对有组织犯罪案件要区别于普通刑事案件，充分运用共同犯罪和犯罪集团的规定从严惩处。严格把握取保候审，严格把握不起诉，严格把握缓刑、减刑、假释，严格把握暂予监外执行的适用条件，严格把握组织领导者、骨干成员和“保护伞”立功时的从轻幅度，严格把握赔偿从轻。充分运用《刑法》总则关于共同犯罪和犯罪集团的规定加大惩处力度，充分利用资格刑、财产刑（对首要分子应当并处没收个人全部财产）降低再犯可能性。

第一，严格依法。办理有组织犯罪案件，要既不能让黑恶势力漏网或降格处理，又不能人为拔高案件，在法律框架内、法治轨道上依法完成工作任务。要以“依法”为要求，用足用好用准《反有组织犯罪法》《刑法》以及相关司法解释等规范性文件，理解把握相较以往会议纪要的新调整，提升综合判断能力。审查判断有组织犯罪案件，要因案而异，在个案的具体特征、情节中判断，同时要领会立法本意、把握规律。对于涉黑社会性质组织案件，应准确理解和把握组织结构的严密性和稳定性，注意根据所在地区的经济发展水平等因素综合考量涉黑团伙经济实力，切实把握以暴力、威胁（或“软暴力”体现出的暴力、威胁的现实可能性）为基础的要求，同时要根据具体案情突出把握好危害性特征。对于恶势力组织犯罪案件，准确把握恶势力组织犯罪是否已形成一定的“势力”，要从行为手段、人数、违法犯罪次数以及“地域性特征”“行业性特征”来考量。要准确查明事实，坚持法定标准，依法准确定性，确保严格依法。努力避免办案中出现违法现象。实践中有案不立、有罪不究、以罚代刑、重罪轻判、有罪判无罪以及违法立案、非法取证、轻罪重判、无罪判有罪等问题时有发生，办案机关要努力杜绝此类现象，刑罚执行机关应严格掌握有组织犯罪罪犯减刑、假释、暂予监外执行的条件。有组织犯罪案件中犯罪组织的发展壮大往往有一个较长的过程，有些证据已经灭失，证人、被害人害怕遭受打击报复而不愿作证，侦查取证工作容易遇到各种隐形阻力，证据体系面临言词证据多且稳定性差等难题，给指控和证明犯罪增加了难度。在这方面，必须分类施策，采取有针对性措施。实践中，有的公安机关将侦查取证重点放在体现黑恶势力组织行为特征的具体违法犯罪活动上，而忽视黑社会性质组织“四个特征”证据的收集固定。检察机关要进一步加强与公安机关的沟通协调，完善提前介入侦查工作机制，对于重大疑难复杂的有组织犯罪案件，加大介入侦查、引导取证力度，最大限度地将证据不够确实、充分的问题解决在侦查环节。审判机关在审判过程中要严格审查上述方面的证据，做到不枉不纵。

应注意准确定性和区分组织、领导、参加黑社会性质组织犯罪以及黑社会性质组织、恶势力组织实施的犯罪。黑社会性质组织犯罪与恶势力组织犯罪案件在组织性、暴力性、经济性等特征都有所区别,但最本质的区别体现在危害性特征上。黑社会性质组织的危害性特征,是指通过实施违法犯罪活动,或者利用国家工作人员的包庇或纵容,称霸一方,在一定区域或者行业内,形成非法控制或者重大影响,严重破坏经济、社会生活秩序。非法控制性是黑社会性质组织区别于一般的犯罪集团最显著的特征,对社会形成非法控制是黑社会性质组织的本质所在。恶势力组织犯罪的危害性特征是扰乱经济、社会生活秩序,造成较为恶劣的社会影响。

第二,依法从快。既要"打准打实",又要"打早打小"。一是,及时对接侦查和捕诉环节。侦查机关和检察机关要及时对接,为快捕快诉做好充分准备。二是,做好提前介入侦查配合工作。对涉黑案件、造成严重危害后果的恶势力组织犯罪案件及其他定性上存在争议的案件,公安机关、检察机关要做好提前介入的配合工作。三是,组织好办案力量。原则由提前介入熟悉案件情况的人员办理;人数众多的案件可以分案办理,部分被告人事实清楚、证据确实充分的可以先行起诉。四是,提升补充侦查质效。审查中发现团伙组织架构不明晰、个罪证据标准不充分、侦查行为不恰当、个别证据有瑕疵的,公安机关同检察机关要及时沟通,同步进行补证工作。退回补充侦查的,指明需要补充侦查的事项、理由及补侦方向。

第三,宽严相济。既要坚持依法严惩方针,充分体现刑罚的威慑力,通过治标为治本打好基础,又要根据具体的犯罪事实、情节等情况体现处理的个别化。总体上,核心成员即使构成立功或者重大立功一般也不适用不捕不诉;底层和边缘人员、未成年人、犯罪情节较轻的涉案人员,以及配合司法机关查办案件、提供线索、帮助收集证据并起到协助侦破案件作用的犯罪组织一般参加者,可以依法从宽。在捕与不捕问题上,只要基本事实清楚、基本证据确凿,在有组织犯罪中起"组织、策划、指挥作用或者积极参加"作用的人员,应依法批准逮捕。对属于上述可以依法从宽范围的人员，但其可能有碍侦查的，也一律逮捕。现有证据不足以认定有组织犯罪事实，但有证据证明有其他犯罪事实的，应当予以逮捕，内心确信其涉嫌有组织犯罪的，要围绕有组织犯罪事实进一步补充取证。在诉与不诉问题上，既要在侦查阶段就通过协助解决事实、证据、定性等方面问题，防止出现绝对不起诉和存疑不起诉，又要在相对不起诉上严格把握。检察机关对犯罪组织的核心成员原则上不得作出相对不起诉决定；对犯罪组织的一般成员，仅具有认罪悔罪、自首坦白等从轻情节的，一般也不得作出相对不起诉决定；对属于可以依法从宽范围的人员作出相对不起诉决定的，应当经检察长或者检察委员会决定，必要时进行公开审查和听证，并要"一案一卡"层报省级院备案审查。

第四，深挖彻查。要用好各项法律手段，在办理案件过程中彰显司法权威、维护公平正义。要强化立案监督、追捕、追诉；检察机关对确有错误的法院裁判，包括检察机关认为适用缓刑、资格刑、财产刑错误的，依法提出抗诉；依法监督刑事执行机关是否严格掌握减刑、假释、暂予监外执行；在办理涉黑涉恶犯罪案件中要善于发现是否存在"保护伞"，真正做到除恶务尽。

案例指引

李某伟等人"套路贷"犯罪案[1]

2014年起，被告人李某伟开始在某市从事高利放贷业务，并通过诉讼手段索债。2015年李某伟结识了被告人袁某军、姜某辉、于某龙等人。在放贷过程中，李某伟等人逐渐发展到以签订空白合同、制造虚假银行流水、法院确认债权、肆意认定违约、恶意叠高借款金额、"软暴力"逼债为主要特征的"套路贷"犯罪活动。为扩大组织势力，增强犯罪活动的能力，谋

[1] 由于有组织犯罪案件办理的专业性、程序性强，因此本书第三章至第五章对相关案例进行更为详细的解读，尽可能为案件办理提供有益的参考。

取更高的非法利益，李某伟与袁某军先后吸纳崔某、袁某军的女朋友杜某洋、张某波、宋某民等人参与套路他人、催款讨债。其中袁某军按照李某伟指示负责实施具体“套路贷”犯罪活动，指挥崔某、张某波等人暴力讨债、虚假诉讼；于某龙利用自己虚假诉讼中与法官建立的关系，帮助李某伟在法院虚假诉讼环节沟通协调，快速立案调解，查封房产，冻结工资卡，使非法利益得到“合法”保障，李某伟以案为标准给付于某龙一定数额的费用。李某伟的朋友姜某辉负责提供部分放贷资金，以及提供法律咨询规避法律风险。为维系组织生存和发展，李某伟通过给袁某军等成员办保险、给其吃住费用、介绍放贷客户从而给成员钱财等方式进行利益分配，李某伟还租赁写字楼扩大组织规模。2015 年至 2017 年，李某伟等人在 A 市多地多次作案，采用诈骗、滋扰、跟随、寻衅滋事、敲诈勒索、非法拘禁、虚假诉讼等手段非法占有他人财产，共实施诈骗、敲诈勒索、寻衅滋事、虚假诉讼等 4 个罪名 27 起犯罪，非法占有他人车辆 4 台，给被害人造成损失达 310 余万元，给社会的稳定带来极大危害。该犯罪组织在被告人李某伟的组织、领导下，勾结法院审判人员，以查封保全他人财物为主要手段，同时以随意居住在他人家中、强制过户他人房屋、去单位闹事等滋扰手段相配合，造成他人心里恐惧进而形成心理强制，随后通过法院调解等方式，非法获取巨额财物。该恶势力组织通过实施违法犯罪活动，严重破坏了当地的社会秩序和经济秩序，严重危害了人民群众生命财产安全，严重损害了司法公信力，造成了极其恶劣的社会影响。2019 年，某区人民检察院以李某伟等人属恶势力集团，构成诈骗罪、敲诈勒索罪、寻衅滋事罪、虚假诉讼罪提起公诉。5 月，某区人民法院公开宣判，完全采纳了检察机关的指控意见，依法判处李某伟构成诈骗罪、敲诈勒索罪、寻衅滋事罪，数罪并罚，判处李某伟有期徒刑 20 年，并处罚金人民币 70 万元。袁某军、于某龙等判处有期徒刑 17 年至 1 年 1 个月不等刑期以及相应罚金。本案是一起案件定性认识有分歧的案件，审查起诉中，检察机关经过认真梳理证据，审查把关，发现该案涉黑社会性质组织罪的“四个特征”不是很明显，检察机关充分发挥职能作用，严把案件质量关，不拔高，不凑数,提出不构成涉黑罪名的意见和理由,取得了公安机关的理解与支持。案件最终以个罪起诉,保证了案件质量。本案由某公安局分局侦查终结,以李某伟等人涉嫌组织领导参加黑社会性质组织、诈骗、敲诈勒索、寻衅滋事、虚假诉讼等5个罪名19起事实移送审查起诉(后陆续移送起诉其他个案犯罪事实)。检察机关认为,根据现有证据,李某伟等人达不到黑社会性质组织罪的证据标准,宜以个案起诉。经某省委政法委扫黑办协调会议研究,采纳了检察机关的意见。主要理由是:

(1)尚未达到组织者、领导者明确,骨干成员基本固定的组织特征。本案各犯罪嫌疑人之间的组织领导关系缺乏必要证据证实,卷内证据显示,除袁某军听命于李某伟外,李某伟与于某龙属朋友关系,李某伟、袁某军借助于某龙在法院系统的人脉关系共同实施6起虚假诉讼犯罪,每次均向于某龙支付一定费用作为回报,更符合3人以上为实施犯罪组成的较为固定的犯罪组织的犯罪集团特征。姜某辉为李某伟提供放贷资金、法律咨询、保管借贷合同等帮助并得到相应回报,不具有领导关系,且仅参与1起诈骗犯罪,无法认定其为骨干成员。张某波、崔某受李某伟、袁某军指使对被害人跟随、看管迫使还钱。但两人只参与1起犯罪,且系临时纠集,对犯罪的组织性和违法性没有认识,未从"套路贷"犯罪中获得好处,无法认定为黑社会性质组织的参加者。杜某洋、宋某民与李某伟联系并不紧密,也没有接受李某伟指挥管理的意思,无法认定杜某洋、宋某民为黑社会性质组织的参加者。综合全案证据,李某伟实施犯罪的组织不紧密,黑社会性质组织的层级架构并未形成。

(2)缺乏将犯罪所得用于维系组织生存和发展的经济特征。卷内证据显示,李某伟组织实施诈骗犯罪15起,涉案数额263万元(既遂140.49万元,未遂122.51万元);敲诈勒索犯罪4起,涉案数额60.77万元(既遂45.77万元,未遂15万元),给被害人造成财物损失人民币310余万元。李某伟、袁某军供述相互印证,一致证实李某伟为袁某军办理了社保、医保,并定期支付费用,给袁某军配置手机及专用车辆,不定期给予其钱款。李某伟、于某龙供述一致证实,李某伟为于某龙联系沟通法院法官,快速办理债权调解、虚假诉讼的行为而按案件数支付好处费。李某伟、姜某辉供述一致证实，因姜某辉为李某伟提供法律咨询，规避法律风险，提供放贷资金，李某伟不定期给付钱款和礼品，提供车辆供姜某辉使用等。综上，李某伟所获得的经济利益都被其个人实际控制并隐匿，提供给袁某军、于某龙、姜某辉等人的少数财物系出于维系感情或获益回报，公安机关移送认定的一般参加者均未从中获利，获取经济利益用于维系组织生存和发展、豢养组织成员的特征不明显。

(3)实施暴力或以暴力相威胁的行为特征不明显。根据2018年1月19日最高人民法院、最高人民检察院、公安部、司法部《关于办理黑恶势力犯罪案件若干问题的指导意见》的规定，黑社会性质组织实施的违法犯罪活动包括非暴力性的违法犯罪活动，但暴力或以暴力相威胁始终是黑社会性质组织实施违法犯罪活动的基本手段，并随时可能付诸实施。本案中，李某伟等人在实施"套路贷"犯罪中，以非暴力性的违法犯罪活动为主，以暴力、威胁等手段实施犯罪的特征并不明显，该组织所实施的滋扰、跟随、看管李某雨的寻衅滋事行为中，李某雨报警，张某波、崔某因此被公安机关行政拘留，故该组织的"软暴力"行为未达到"以组织的势力、影响和犯罪能力为依托，以暴力、威胁的现实可能性为基础，足以使他人产生恐惧、恐慌进而形成心理强制或者足以影响、限制人身自由，危及人身财产安全或者影响正常生产、工作、生活的手段"的程度，行为特征不明显。

(4)缺乏形成非法控制或造成重大影响的危害性特征。卷内现有证据无法证实李某伟等人在当地的小额民间借贷行业形成了垄断地位，造成较大规模的社会影响力，也无证据支持李某伟等人控制了当地小额民间借贷市场，因此控制性危害特征难以达到。"套路贷"犯罪是近年来民间借贷领域发生的新类型犯罪，严重影响了民间金融市场的经济秩序。"套路贷"类犯罪随着时间的延长、人员的增加、放贷金额的扩大和犯罪手段的多样化(如诈骗、敲诈勒索、虚假诉讼、寻衅滋事、非法拘禁等)，往往会形成一个从单个人犯罪到团伙、集团犯罪再到黑社会性质组织犯罪的演进过程，因此，在审查办理此类犯罪中，应当结合案件事实和法律规定准确认定案件性质。本案最终未被认定为黑社会性质组织犯罪。

典型意义：

第一，准确区分认定恶势力组织与黑社会性质组织。2018年1月19日最高人民法院、最高人民检察院、公安部、司法部《关于办理黑恶势力犯罪案件若干问题的指导意见》对恶势力案件、恶势力犯罪集团的认定作出了明确规定。黑社会性质组织由恶势力团伙、恶势力犯罪集团渐进生成，形成过程中性质转变的节点并不明显，需要结合黑社会性质组织的"四个特征"审查认定。恶势力是对多人多起犯罪形态的一种概括表述，其行为性质还需结合具体个案审查认定，而黑社会性质组织犯罪是《刑法》明确规定的犯罪，只有具备组织特征、经济特征、行为特征、危害性特征时才能认定为黑社会性质组织犯罪。其中，组织特征要求成员之间形成组织管理关系，组织成员达到人数较多的程度，形成一定的规模。如果仅仅是一两个人结合在一起实施了多起违法犯罪，其他人仅仅是临时受纠集参与其中，并没有形成管理指挥的关系，则组织特征不宜认定。经济特征要求组织者将组织获得利益用于维系组织的生存和发展，如果组织头目与他人之间形成的对价交易关系，则不能认定为豢养组织成员。行为特征要求该组织以暴力性犯罪为基础，在组织发展到一定程度后，暴力性特征变弱，"软暴力"特征明显，但"软暴力"仍然是以暴力性犯罪为基础的。如果组织的整个犯罪过程中，暴力性犯罪缺失或者占极少的一部分，"软暴力"特征十分突出，则认定行为特征需要更加慎重。危害性特征要求该组织一定要达到在一定区域或者行业内产生非法控制或者形成重大影响的程度，这是认定黑社会性质组织的本质特征。如果没有达到非法控制或者重大影响的程度，则不宜认定形成黑社会性质组织。司法实践中，应当结合案件证据证实的案件事实紧扣黑社会性质组织的"四个特征"具体内容来分析认定案件性质。

第二，坚持法治思维办理案件。各政法单位要坚持法治思维和法治方式，坚持把严格依法办案贯穿刑事司法始终，把"依法"作为必须坚守的底线、不能逾越的红线，始终坚持"以事实为根据，以法律为准绳"，坚持

“事实清楚，证据确实、充分”的法定证明标准，严格把好事实关、证据关、程序关和法律适用关，在批捕、起诉工作中严格落实罪刑法定、疑罪从无、证据裁判、非法证据排除、程序公正等法律原则，坚决不搞下指标办案，绝不能因为战果不明显，就人为降低标准、办凑数案，坚决落实努力把每起案件办成经得起法律和历史检验的铁案。

关联法规

《中华人民共和国刑法》第二百六十六条 诈骗公私财物，数额较大的，处三年以下有期徒刑、拘役或者管制，并处或者单处罚金；数额巨大或者有其他严重情节的，处三年以上十年以下有期徒刑，并处罚金；数额特别巨大或者有其他特别严重情节的，处十年以上有期徒刑或者无期徒刑，并处罚金或者没收财产。本法另有规定的，依照规定。

第二百七十四条 敲诈勒索公私财物，数额较大或者多次敲诈勒索的，处三年以下有期徒刑、拘役或者管制，并处或者单处罚金；数额巨大或者有其他严重情节的，处三年以上十年以下有期徒刑，并处罚金；数额特别巨大或者有其他特别严重情节的，处十年以上有期徒刑，并处罚金。

第二百九十三条 有下列寻衅滋事行为之一，破坏社会秩序的，处五年以下有期徒刑、拘役或者管制：

（一）随意殴打他人，情节恶劣的；

（二）追逐、拦截、辱骂、恐吓他人，情节恶劣的；

（三）强拿硬要或者任意损毁、占用公私财物，情节严重的；

（四）在公共场所起哄闹事，造成公共场所秩序严重混乱的。

纠集他人多次实施前款行为，严重破坏社会秩序的，处五年以上十年以下有期徒刑，可以并处罚金。

第二百九十四条 组织、领导黑社会性质的组织的，处七年以上有期徒刑，并处没收财产；积极参加的，处三年以上七年以下有期徒刑，可以并处罚金或者没收财产；其他参加的，处三年以下有期徒刑、拘役、管制或者剥夺政治权利，可以并处罚金。

境外的黑社会组织的人员到中华人民共和国境内发展组织成员的，处三年以上十年以下有期徒刑。

国家机关工作人员包庇黑社会性质的组织，或者纵容黑社会性质的组织进行违法犯罪活动的，处五年以下有期徒刑；情节严重的，处五年以上有期徒刑。

犯前三款罪又有其他犯罪行为的，依照数罪并罚的规定处罚。

黑社会性质的组织应当同时具备以下特征：

（一）形成较稳定的犯罪组织，人数较多，有明确的组织者、领导者，骨干成员基本固定；

（二）有组织地通过违法犯罪活动或者其他手段获取经济利益，具有一定的经济实力，以支持该组织的活动；

（三）以暴力、威胁或者其他手段，有组织地多次进行违法犯罪活动，为非作恶，欺压、残害群众；

（四）通过实施违法犯罪活动，或者利用国家工作人员的包庇或者纵容，称霸一方，在一定区域或者行业内，形成非法控制或者重大影响，严重破坏经济、社会生活秩序。

第三百零七条之一　以捏造的事实提起民事诉讼，妨害司法秩序或者严重侵害他人合法权益的，处三年以下有期徒刑、拘役或者管制，并处或者单处罚金；情节严重的，处三年以上七年以下有期徒刑，并处罚金。

单位犯前款罪的，对单位判处罚金，并对其直接负责的主管人员和其他直接责任人员，依照前款的规定处罚。

有第一款行为，非法占有他人财产或者逃避合法债务，又构成其他犯罪的，依照处罚较重的规定定罪从重处罚。

司法工作人员利用职权，与他人共同实施前三款行为的，从重处罚；同时构成其他犯罪的，依照处罚较重的规定定罪从重处罚。

最高人民法院《关于审理黑社会性质组织犯罪的案件具体应用法律若干问题的解释》第一条　刑法第二百九十四条规定的“黑社会性质的组

织”,一般应具备以下特征:

(一)组织结构比较紧密,人数较多,有比较明确的组织者、领导者,骨干成员基本固定,有较为严格的组织纪律;

(二)通过违法犯罪活动或者其他手段获取经济利益,具有一定的经济实力;

(三)通过贿赂、威胁等手段,引诱、逼迫国家工作人员参加黑社会性质组织活动,或者为其提供非法保护;

(四)在一定区域或者行业范围内,以暴力、威胁、滋扰等手段,大肆进行敲诈勒索、欺行霸市、聚众斗殴、寻衅滋事、故意伤害等违法犯罪活动,严重破坏经济、社会生活秩序。

第二十三条 【其他犯罪手段】利用网络实施的犯罪,符合本法第二条规定的,应当认定为有组织犯罪。

为谋取非法利益或者形成非法影响,有组织地进行滋扰、纠缠、哄闹、聚众造势等,对他人形成心理强制,足以限制人身自由、危及人身财产安全,影响正常社会秩序、经济秩序的,可以认定为有组织犯罪的犯罪手段。

重点解读

本条是关于有组织犯罪其他手段的规定。

有组织地进行滋扰、纠缠、哄闹、聚众造势等,对他人形成心理强制,以及利用网络手段实施犯罪的,属于黑社会性质组织的“行为特征”中“以暴力、威胁或者其他手段,有组织地多次进行违法犯罪活动,为非作恶,欺压残害群众”中的“其他手段”,依法可以认定为组织、领导、参加黑社会性质组织犯罪和恶势力组织犯罪。

本条第 1 款规定,利用网络实施的犯罪,符合本法第 2 条规定的,应当认定为有组织犯罪。2019 年 4 月 9 日发布的最高人民法院、最高人民检察院、公安部、司法部《关于办理实施“软暴力”的刑事案件若干问题的意见》(以下简称《2019 年“软暴力”案件意见》)第 1 条规定,“软暴力”是指行为人为谋取不法利益或形成非法影响,对他人或者在有关场所进行滋扰、纠缠、哄闹、聚众造势等,足以使他人产生恐惧、恐慌进而形成心理强制,或者足以影响、限制人身自由、危及人身财产安全,影响正常生活、工作、生产、经营的违法犯罪手段。第 2 条规定,通过信息网络或者通讯工具实施,符合本意见第 1 条规定的违法犯罪手段,应当认定为“软暴力”。第 4 条规定,“软暴力”手段属于《刑法》第 294 条第 5 款第 3 项“黑社会性质组织行为特征”以及最高人民法院、最高人民检察院、公安部、司法部《关于办理黑恶势力犯罪案件若干问题的指导意见》第 14 条“恶势力”概念中的“其他手段”。由此可见,第一,“软暴力”属于“恶势力”犯罪的“其他手段”。最高人民法院、最高人民检察院、公安部、司法部《关于办理黑恶势力犯罪案件若干问题的指导意见》第 17 条规定,“黑恶势力为谋取不法利益或形成非法影响,有组织地采用滋扰、纠缠、哄闹、聚众造势等手段侵犯人身权利、财产权利,破坏经济秩序、社会秩序,构成犯罪的,应当分别依照《刑法》相关规定处理”。该规定有将“软暴力”纳入“恶势力”评价体系之意。

第二,“软暴力”包含“滋扰、纠缠、哄闹、聚众造势”等手段。该条并未明确要求“软暴力”需“以暴力作为后盾”或者“具备暴力转化的可能性”。本书认为,对于“软暴力”的认定无须设定以上附加条件,理由有五:一是,《2019 年“软暴力”案件意见》并未附加“以暴力为后盾”或“暴力转化可能”的条件。二是,《2019 年“软暴力”案件意见》第 1 条明确规定:“‘软暴力’是指行为人为谋取不法利益或形成非法影响,对他人或者在有关场所进行滋扰、纠缠、哄闹、聚众造势等,足以使他人产生恐惧、恐慌进而形成心理强制,或者足以影响、限制人身自由、危及人身财产安全,影响正常生活、工作、生产、经营的违法犯罪手段。”通过信息网络或者通讯工具实施,符合该意见第 1 条规定的违法犯罪手段,应当认定为“软暴力”。三是，上述条件均系可能性判断，在司法实践中对或然性事实往往难以举证，徒增办案压力。四是，有组织犯罪手段不断翻新，围而不打、打而不伤、伤而不重等方式较为普遍，“显暴力”特征被有意弱化。五是，“滋扰、纠缠、哄闹、聚众造势”等手段的危害性亦可与“硬暴力”相当，足以对人产生形成心理强制，足以影响、限制人身自由、危及人身财产安全或正常生活工作及生产经营。

适用要点

应重视“其他手段”在实践中的把握。恶势力“为非作恶、欺压百姓”，其行为当然需具备暴力特征，如主要实施的强迫交易、故意伤害、非法拘禁、敲诈勒索、故意毁坏财物、聚众斗殴、寻衅滋事等7类犯罪，其犯罪手段均有明显的暴力性，但其暴力既包括“硬暴力”，也包括“软暴力”。最高人民法院、最高人民检察院、公安部、司法部《关于办理恶势力刑事案件若干问题的意见》第8条在上述规定的基础上作出进一步强调：“恶势力实施的违法犯罪活动，主要为强迫交易、故意伤害、非法拘禁、敲诈勒索、故意毁坏财物、聚众斗殴、寻衅滋事，但也包括具有为非作恶、欺压百姓特征，主要以暴力、威胁为手段的其他违法犯罪活动。恶势力还可能伴随实施开设赌场、组织卖淫、强迫卖淫、贩卖毒品、运输毒品、制造毒品、抢劫、抢夺、聚众扰乱社会秩序、聚众扰乱公共场所秩序、交通秩序以及聚众‘打砸抢’等违法犯罪活动，但仅有前述伴随实施的违法犯罪活动，且不能认定具有为非作恶、欺压百姓特征的，一般不应认定为恶势力。”该规定表明坚持以法治精神设定“恶势力”的行为特征，力求杜绝机械对应“7+11”个罪名而不作“为非作恶、欺压百姓”的实质判断、从而导致降低“恶势力”认定标准的错误做法。综上所述，实践中，认定其他手段危害性虽然可以同“硬暴力”相当，但综合不能达到“为非作恶、欺压百姓”实质标准的，仍然不能认定为有组织犯罪。

案例指引

张某星等人组织、领导、参加黑社会性质组织抗诉案

2011年起，在甲新区的开发过程中，被告人张某星为使其与高某门承包的土石方工程增快进度并打压其他竞争者，授意被告人张某齐组建车队控制甲新区的土石方运输市场。张某齐则通过笼络乡邻、招纳小弟等途径，纠集刑满释放和社会闲散人员数十人，逐步建立起以张某星、张某齐为组织、领导者，以被告人高某门、张某喜等8人为积极参加者，被告人林某力等4人为一般参加者的黑社会性质组织。该组织骨干成员固定、层次结构明确、人数较多、势力庞大，在组织中张某齐和高某门服从张某星的领导，而其他组织成员则听命于张某齐，当张某星的工程队和当地村民产生纠纷时，张某星会指使张某齐带领组织成员用暴力驱赶村民以保障工程施工，组织成员还会对未经张某齐同意进入甲新区和不服从张某齐管理的运输车辆、人员实施拦截、打砸。该组织成立了运输车队，持械打砸、拦截不服从管理的运输车辆，控制甲新区的运输市场，还通过开枪唬人及作势摆场等方式巩固组织权威，逐渐形成了未经张某齐同意，运输车辆不得进出甲新区的局面。张某齐利用其在甲新区的强势地位，控制土方、石渣的运输，并利用其在甲新区运输市场的垄断地位保障张某星、高某门的工程队获得充足的运输车辆并限制其他工程队的运输，以便张某星、高某门在与其他工程队竞争中脱颖而出并承接更多工程。张某齐还插足建材供应及吊车等建筑领域，通过强行提高价格、强行抽取运费、强行承揽工程的方式，攫取巨额经济利益，其中张某齐的车队仅抽取A工程队的土石方运费就达人民币200余万元。张某星将获得的部分经济利益提供给张某齐等人，张某齐则将该组织的部分工程、车队管理交由骨干成员负责，非法获取的部分经济利益用于购买枪支、带领上述小弟一起吃喝玩乐、统一提供住宿，还不时分发钱款、安抚被判刑成员家属。2011年至2014年，以张某星、张某齐为首的黑社会性质组织，盘踞在甲新区，为

了壮大组织声威、巩固组织经济来源,购买并持有枪支实施了多起强迫交易、寻衅滋事、敲诈勒索、非法拘禁以及窝藏、包庇犯罪,张某星、高某门还通过向时任某街道办事处党工委副书记、甲新区建设指挥部成员的翁某某(另案处理)行贿的方式获得台地安排、工程进度款支付、现场施工协调处理等方面的帮助,严重破坏了当地的经济、社会生活秩序。

本案由B市人民检察院于2015年提起公诉,B市人民法院经审理认为本案在组织特征、经济特征、行为特征方面不符合黑社会性质组织犯罪的要求,于2017年以具体实施的个罪对被告人作出一审判决。判决宣告后,B市人民检察院以一审判决未认定组织、领导、参加黑社会性质组织罪确有错误为由提出抗诉,被告人张某星等被告人提出上诉。C市中级人民法院经审理,认为一审判决有误,于2018年二审改判该案构成黑社会性质组织犯罪,并对被告人增加判处相应刑罚。主要理由是:

第一,组织特征方面。B市人民检察院提起公诉、提出抗诉均将涉案的32人(同案33人,其中1人因涉个案起诉)以构成组织、领导、参加黑社会性质犯罪进行指控,而根据认定的事实,在案32名被告人均参与了该组织中的第一起敲诈勒索行为,即通过对区域内土石方运输车辆进行拦截、砸打、强行抽头等,最终形成未经张某齐许可,其他车辆不能在区域内运输的局面。在该起事实中,在案被告人均多次参与,但参与人员均有交叉,有的仅一同前往造势而无其他具体打砸、威胁行为,而且,多数成员除参与该起事实之外,未参与起诉指控的其他组织犯罪,造成一审法院认为,本案组织松散,成员纠集具有临时性的表象。C市人民检察院在支持抗诉时,针对检法两家的分歧意见,与B市人民检察院进行沟通交流,对组织成员进行了重新梳理,筛选出在组织中行为表现突出、经常纠集在一起,并参与多起组织犯罪事实的17名被告人,以涉黑支持抗诉,从该17人的相关供述及涉案行为表现,体现出该组织的组织纪律性和组织结构的稳定性。C市人民检察院的该意见与随后出台的最高人民法院、最高人民检察院、公安部、司法部《关于办理黑恶势力犯罪案件若干问题的指导意见》关于组织成员应当区别认定等规定的精神是一致的,二审法院采纳了C市人民检察院的支持抗诉意见，虽然被认定为黑社会性质组织成员的人员有所变动，但总体上与支持抗诉意见相同。

第二，经济特征方面。一审法院认为，该团伙组织者张某星、张某齐二人经济各自独立平行，在案证据无法证实该团伙的生存、壮大依赖于二人各自所获得的经济利益。在二审审理过程中，检察机关重点论证了张某星所获经济利益与张某齐成员行为之间的关系，张某齐组织团伙成员对车辆打砸、威胁车辆驾驶员、控制车队，根本目的是保证张某星在甲新区内的土石方工程有可靠、充足运输车辆，从而能加快进度，得到更多工程，以攫取更大经济利益，在后期组织声势壮大之后，二人配合更加紧密，一方面张某齐代表“黑”，出面打砸、威胁工程发包、施工方；另一方面张某星代表“白”，出面调停、谈判，“黑白”配合，从而最终使张某星能够根据自己的意愿获得相应工程获利，张某星获利后，张某齐等人除固定从张某星工程队每月拿2万元之外，自行实施对运输车辆抽头盈利，成立经济部插手基础建筑领域，其所获利大部分用于组织成员开销，在经济无法维持时，便从张某星处拿钱。检察机关通过出示相关证据来印证二者经济上存在互相依存关系。二审法院采纳了支持抗诉意见，认定该组织通过有组织地违法犯罪获取经济利益，具有一定经济实力以支持该组织活动。

第三，行为特征方面，一审法院以该组织行为未造成人员严重伤亡或财产重大损失，而认定团伙行为不符合黑社会性质组织的行为特征。在二审审理过程中，检察机关除指出该组织行为的暴力性之外，重点论证了该组织的“软暴力”行为特征，即该组织参与人员众多，纠集的对象多为刑释解教、社会闲散人员，行为特点为滋扰恐吓、造势摆场、暴力威胁等，迫于该组织的淫威，竞业对象只能屈服、当地百姓避而远之，因此不能以造成人员严重伤亡和财产重大损失的标准来衡量该组织行为的“暴力性”。最高人民法院、最高人民检察院、公安部、司法部《关于办理黑恶势力犯罪案件若干问题的指导意见》也对软暴力行为进行了规定，二审法院采纳了支持抗诉意见，认为该组织暴力色彩看似不明显，但由于该组织采取一些软暴力行为就能达到使对方屈服的目的，而一旦组织需要，随时可以付诸实施暴力，如非法拘禁一节，可迅速纠集十余人强行要挟并殴打被害人，在寻衅滋事一节中，张某星、张某齐可在短时间内纠集多人到位，参与打砸被害人，认定该组织行为具备了黑社会性质组织的行为特征。

关联法规

《中华人民共和国刑法》第二百九十四条第一款 组织、领导黑社会性质的组织的，处七年以上有期徒刑，并处没收财产；积极参加的，处三年以上七年以下有期徒刑，可以并处罚金或者没收财产；其他参加的，处三年以下有期徒刑、拘役、管制或者剥夺政治权利，可以并处罚金。

第二十四条 【信息技术与线索处置】公安机关应当依法运用现代信息技术，建立有组织犯罪线索收集和研判机制，分级分类进行处置。

公安机关接到对有组织犯罪的报案、控告、举报后，应当及时开展统计、分析、研判工作，组织核查或者移送有关主管机关依法处理。

重点解读

本条是关于公安机关利用信息技术进行有组织犯罪线索处置的规定。

当前，各类行为在网络空间留下了海量的数据痕迹，这些数据被存储在互联网企业、搜索引擎以及存储介质中，为预防和治理有组织犯罪提供了极具价值的数据基础。然而，这些数据并不会主动、全面、及时地被录入到相关数据库，公安机关要利用大数据技术，通过相关平台进行数据披露，对犯罪嫌疑人、被害人、犯罪活动等进行预测，使侦查活动启动时点前移。

适用要点

需要注意的是，在公安机关利用大数据预测技术对涉案物品、资金、账户、人员等进行预测分析、研判时，所获取的情报只能作为侦查线索而非执法依据或认定事实的证据基础。本条在宏观层面对此进行了授权，实践中需要设置明确的取证程序和证据规则，提升对相关线索的应用质效。具体而言，公安机关应该对公安内部网络信息资源的使用作出规定，对于数据获取、固定、保存乃至销毁等行为进行规范，对信息使用过程中的衍生责任和法律救济也应符合正当程序。获取的数据需要经过清洗，抽取，内容过滤、存储，消息服务，数据统计等预处理，汇入数据资源库。入池后数据经过再清洗，标记，分类分级，索引、存储、更新等数据处理过程后，实现数据目录管理，如将数据分别放置于内存数据库、基础数据库、专项数据库、关联数据库、共享数据库、决策数据库、资源数据库等目录中，以备之后的数据研判与挖掘。数据研判与挖掘子系统实现实时数据流挖掘，关联分析、统计、反演，态势预测分析、可视化展示等功能，并推向需要的业务系统。最终，通过综合分析研判，支持决策判定，移送有关主管机关依法处理。

关联法规

《公安机关办理刑事案件程序规定》第一百七十四条第一款　对接受的案件，或者发现的犯罪线索，公安机关应当迅速进行审查。发现案件事实或者线索不明的，必要时，经办案部门负责人批准，可以进行调查核实。

第二十五条　【线索移送】有关国家机关在履行职责时发现有组织犯罪线索，或者接到对有组织犯罪的举报的，应当及时移送公安机关等主管机关依法处理。

重点解读

本条是关于相关单位发现或者接到有组织犯罪线索后的处置的规定。

属于有组织犯罪线索的,应直接移送公安机关进行查处,发现有“保护伞”线索以及国家工作人员职务犯罪线索的,应移送相关纪检监察机关处置;发现有司法工作人员职务犯罪线索的,应移送相关人民检察院查处。

适用要点

实践中,公安机关、检察机关、审判机关、司法行政机关犯罪线索移送机制已经成熟完善,但其他国家机关对于犯罪线索发现缺乏敏感性。此次立法,将国家机关在履行职责过程中发现有组织犯罪线索后的职责予以明确,扩大了有组织犯罪线索来源。

适用本条时应注意:第一,应全面掌握有组织犯罪线索来源。无论有关国家机关是在履行职责时发现的线索,还是在接到举报时发现的线索,均应移送。实践中应注意线索渠道的统筹,防止遗漏线索。第二,应注意“及时”移送,确保第一时间对有组织犯罪案件进行查处,防止因线索移送延迟影响有组织犯罪案件办理效果。第三,移送对象是“公安机关等主管机关”,也包括公安机关以外的其他主管机关。例如,应注意将“保护伞”线索以及国家工作人员职务犯罪线索移送相关纪检监察机关处置。

第二十六条 【调查措施】公安机关核查有组织犯罪线索,可以按照国家有关规定采取调查措施。公安机关向有关单位和个人收集、调取相关信息和材料的,有关单位和个人应当如实提供。

重点解读

本条是关于公安机关核查有组织犯罪线索职责的规定。

对于相关线索，在有组织犯罪案件刑事立案前，公安机关即可以向相关单位和人员开展本条规定的各项工作。根据《刑事诉讼法》第 54 条第 1 款的规定，人民法院、人民检察院和公安机关有权向有关单位和个人收集、调取证据。有关单位和个人应当如实提供证据。本条不仅是对《刑事诉讼法》关于调取证据规定的强调，同时，本条也规定了公安机关在立案前具有核查有组织犯罪线索的职权，其他相关单位和个人应承担提供相关信息和材料的义务。

适用要点

适用本条时需要注意：第一，公安机关采取调查措施核查有组织犯罪线索，应按照国家有关规定进行，需强调合法性。第二，公安机关“可以”采取调查措施，并非核查有组织犯罪线索时均应采取调查措施。第三，公安机关向相关单位和个人调取、收集相关信息和材料的，仅限于核查有组织犯罪线索，对于调取刑事诉讼意义方面的证据，仍然需要立案后进行，两者的具体界限，需要进行细化和规范。

关联法规

《中华人民共和国刑事诉讼法》第五十四条第一款　人民法院、人民检察院和公安机关有权向有关单位和个人收集、调取证据。有关单位和个人应当如实提供证据。

第二十七条 【财产查询与紧急措施】公安机关核查有组织犯罪线索，经县级以上公安机关负责人批准，可以查询嫌疑人员的存款、汇款、债券、股票、基金份额等财产信息。

公安机关核查黑社会性质组织犯罪线索，发现涉案财产有灭失、转移的紧急风险的，经设区的市级以上公安机关负责人批准，可以对有关涉案财产采取紧急止付或者临时冻结、临时扣押的紧急措施，期限不得超过四十八小时。期限届满或者适用紧急措施的情形消失的，应当立即解除紧急措施。

重点解读

本条是关于查询有组织犯罪财产信息与紧急措施的规定。

公安机关在有组织犯罪案件刑事立案前，进行核查恶势力组织犯罪和黑社会性质组织犯罪线索时，可以查询嫌疑人员的存款、汇款、债券、股票、基金份额等财产信息。在核查黑社会性质组织犯罪线索时，如发现涉案财产有灭失、转移的紧急风险的，公安机关经过严格的审批手续，经设区的市级以上公安机关负责人批准，可以对有关涉案财产采取紧急止付或者临时冻结、临时扣押的紧急措施。本条内容属于法律上的特殊规定，基于对有组织犯罪从严处理的精神，赋予了公安机关在立案前可以进行查询甚至采取止付或者临时冻结、临时扣押的紧急措施的职权。此外，关于冻结等方面的规定，本条作出了突破性规定。

适用要点

适用本条时应注意以下问题：第一，为了防止犯罪组织在被查处过程中转移、隐匿财产，本条要求对犯罪组织和人员的涉案财产采取先行查封、扣押、冻结等措施，避免“黑财”被转移、隐匿。第二，本条规定对涉案财产采取措施，应当严格依照法定条件和程序进行，对紧急措施的审批、期限作了严格规定，对于期限届满或者适用紧急措施的情形消失的，应当及时解除，保护当事人合法权益。第三，针对核查黑社会性质组织犯罪线索，立案前可以采取查询和紧急止付或者临时冻结、临时扣押的紧急措施；对于恶势力组织犯罪线索，只能进行查询，不能采取紧急止付或者临时冻结、临时扣押的紧急措施。

关联法规

《公安机关办理刑事案件程序规定》第一百七十四条　对接受的案件，或者发现的犯罪线索，公安机关应当迅速进行审查。发现案件事实或者线索不明的，必要时，经办案部门负责人批准，可以进行调查核实。

调查核实过程中，公安机关可以依照有关法律和规定采取询问、查询、勘验、鉴定和调取证据材料等不限制被调查对象人身、财产权利的措施。但是，不得对被调查对象采取强制措施，不得查封、扣押、冻结被调查对象的财产，不得采取技术侦查措施。

第二十八条　【立案侦查】公安机关核查有组织犯罪线索，发现犯罪事实或者犯罪嫌疑人的，应当依照《中华人民共和国刑事诉讼法》的规定立案侦查。

重点解读

本条是关于有组织犯罪立案侦查适用《刑事诉讼法》的规定。

《刑事诉讼法》第109条规定，公安机关或者人民检察院发现犯罪事实或者犯罪嫌疑人，应当按照管辖范围，立案侦查。本条规定，对于有组织犯罪的立案侦查，除按照本法规定外，仍然严格适用《刑事诉讼法》的相关规定进行。

适用要点

适用本条时应注意以下问题:第一,公安机关发现有组织犯罪事实或者有组织犯罪嫌疑人,应当按照管辖范围立案侦查。第二,公安机关对于报案、控告、举报和自首的材料,应当按照管辖范围,迅速进行审查,认为有犯罪事实需要追究刑事责任的时候,应当立案;认为没有犯罪事实,或者犯罪事实显著轻微,不需要追究刑事责任的时候,不予立案,并且将不立案的原因通知控告人。控告人如果不服,可以申请复议。

关联法规

《中华人民共和国刑事诉讼法》第一百零九条 公安机关或者人民检察院发现犯罪事实或者犯罪嫌疑人,应当按照管辖范围,立案侦查。

第二十九条 【限制出境】公安机关办理有组织犯罪案件,可以依照《中华人民共和国出境入境管理法》的规定,决定对犯罪嫌疑人采取限制出境措施,通知移民管理机构执行。

重点解读

本条是关于对立案后的犯罪嫌疑人采取限制出境措施的规定。

本条中的表述为“犯罪嫌疑人”,只有立案以后才称行为人为“犯罪嫌疑人”,故采取限制出境措施的时间,只能是立案之后。其中犯罪嫌疑人既包括中国人,也包括外国人。

适用要点

适用本条时应注意区分对中国人和外国人的适用。

第一，中国公民有下列情形之一的，不准出境：(1)未持有效出境入境证件或者拒绝、逃避接受边防检查；(2)被判处刑罚尚未执行完毕或者属于刑事案件被告人、犯罪嫌疑人的；(3)有未了结的民事案件，人民法院决定不准出境的；(4)因妨害国(边)境管理受到刑事处罚或者因非法出境、非法居留、非法就业被其他国家或者地区遣返，未满不准出境规定年限的；(5)可能危害国家安全和利益，国务院有关主管部门决定不准出境的；(6)法律、行政法规规定不准出境的其他情形。

第二，外国人有下列情形之一的，不准出境：(1)被判处刑罚尚未执行完毕或者属于刑事案件被告人、犯罪嫌疑人的，但是按照中国与外国签订的有关协议，移管被判刑人的除外；(2)有未了结的民事案件，人民法院决定不准出境的；(3)拖欠劳动者的劳动报酬，经国务院有关部门或者省、自治区、直辖市人民政府决定不准出境的；(4)法律、行政法规规定不准出境的其他情形。

公安机关在办理有组织犯罪案件过程中，需要对犯罪嫌疑人采取限制出境措施的，可以依照《出境入境管理法》的相关规定进行处置。

关联法规

《中华人民共和国出境入境管理法》第二条　中国公民出境入境、外国人入境出境、外国人在中国境内停留居留的管理，以及交通运输工具出境入境的边防检查，适用本法。

第三十条　【特殊羁押措施】对有组织犯罪案件的犯罪嫌疑人、被告人，根据办理案件和维护监管秩序的需要，可以采取异地羁押、分别羁押或者单独羁押等措施。采取异地羁押措施的，应当依法通知犯罪嫌疑人、被告人的家属和辩护人。

重点解读

本条是关于对有组织犯罪案件的犯罪嫌疑人、被告人采取异地羁押、分别羁押或者单独羁押等措施的规定。

此前,尚未有相关法律规定异地羁押、分别羁押和单独羁押措施,本条系首次以法律的形式对此予以明确和规范。实践中,被羁押的有组织犯罪案件犯罪嫌疑人、被告人为达到串供、隐匿、毁灭证据而对抗侦查的目的,往往要千方百计进行各种非法联络。联络既有言词方式,如口头告知、转交信件,也有可视性观察的方式,如看见同案嫌疑人或某件物品等;既有监管人员、侦查人员直接帮助联络,也有其他人员帮助联络;等等。本地羁押过程中,由于犯罪嫌疑人及其关系人在羁押所在地关系网多、影响力大、空间距离短,彼此进行上述非法联络的机会多、可能性大。上述任何非法联络一旦发生,正常的侦查活动将会受到非法干扰。因此,为最大限度地切断各种非法联络,侦查机关不得不将那些可能或已经进行非法联络的犯罪嫌疑人、被告人进行异地羁押。侦查机关在侦办这些案件时必将更多地使用异地羁押方式,以有效阻止串供、隐匿、毁灭证据等有碍侦查的行为发生。国内学界对此也多持肯定态度,将异地羁押视为某些案件侦查中排除干扰和阻力的有效方法或策略而提倡加以运用。实践也不断证明,异地羁押确实能够有效发挥阻止各种非法联络的作用,因而得到了侦查机关的推广运用。此次立法,将上述做法予以了规定和规范。

适用要点

适用本条时应注意以下问题:第一,应准确把握特殊羁押措施的范围。可以采取异地羁押、分别羁押或单独羁押"等"措施,因此措施类型还可能包括上述三种之外的其他类型。第二,应准确把握异地羁押的通知要求。侦查机关实施异地羁押后不通知犯罪嫌疑人家属或有关人员的情况时有发生,导致犯罪嫌疑人家属或有关人员根本无法知悉犯罪嫌疑人的羁押地点,犯罪嫌疑人无法获得律师提供的咨询和帮助。由于异地羁押后易存在不及时提讯、不及时送达法律手续的情形，导致看守所和驻所检察室对犯罪嫌疑人情况掌握不准；有的看守所对于不是本管辖区的案件，一般也只作在押人数统计，对办案时限大多不作计算，超期羁押时有发生。对此，一定要严格保障犯罪嫌疑人、被告人的合法权益，杜绝超期羁押，保障犯罪嫌疑人、被告人及其家属的知情权，要依法及时通知犯罪嫌疑人、被告人的家属、律师羁押情况。

案例指引

A派出所所长檀某徇私枉法案

A派出所于2017年6月9日在B县秦某家查获一起聚众吸毒案，当场抓获秦某等12名吸毒人员，时任派出所所长檀某、辅警邓某恩（另案处理）接受刘某国的请托，在明知秦某涉嫌容留他人吸毒罪需要追究刑事责任的情况下，由邓某恩收受请托人刘某国送给的6万元好处费后交给檀某。檀某利用所长的职权将该案降格为行政案件处理，不再追究秦某涉嫌容留他人吸毒罪的刑事责任。2018年2月6日凌晨公安机关在B县查获一起赌博涉恶案，当场抓获姚某业等28名涉案人员。时任派出所所长檀某、辅警邓某恩（另案处理）接受姚某业的父亲姚某广的请托，在明知该案有人组织赌博，已经达到刑事立案标准，应当依法追究相关人员的刑事责任的情况下，由邓某恩收受姚某广11万元好处费后交给檀某，檀某利用职权将该案降格为行政案件处理，不再追究姚某业等人涉嫌开设赌场罪的刑事责任。C市人民检察院于2020年8月8日以涉嫌徇私枉法罪对檀某立案侦查。檀某于8月20日被采取指定居所监视居住措施，9月29日被刑事拘留，10月13日被执行逮捕。2021年1月6日，C市D区人民检察院向D区人民法院提起公诉。2021年3月29日，D区人民法院以犯受贿罪判处檀某有期徒刑3年，并处罚金人民币20万元；以徇私枉法罪判处有期徒刑3年；数罪并罚，决定执行有期徒刑5年，并处罚金人民币

20万元,檀某退出的违法所得款77万元予以没收。檀某服判不上诉,现判决已生效。人民检察院调取了姚某业等人赌博案等原案卷宗材料,获取关键证据,通过调取原案卷宗,得知姚某业等28名赌博人员赌博案以行政案件结案。通过询问案件的相关人员,如赌博案件当事人姚某业等人,派出所办案民警陈某华等人,通过证人证言掌握该案件在办理过程中的不合常理之处,锁定作为檀某在审批办理上述两个案件过程中存在违规违法线索。最终形成完整的证据链,证实了檀某、邓某恩收受案件相关人员的好处费而徇私枉法的犯罪事实。檀某、邓某恩到案后,刚开始接受讯问时均否认存在徇私枉法行为。

为全面突破案件,侦查人员采取以下侦查措施:一是及时采取强制措施,异地侦查羁押施加压力。侦查人员利用檀某从派出所所长到犯罪嫌疑人的身份落差,给其强大的心理震慑。对檀某、邓某恩分案侦查,各个突破。二是分组行动,讯问犯罪嫌疑人和侦查外围证据同时开展,充分利用侦查资源。侦查人员主要分成两组:一组搜集外围证据、询问相关的案件当事人;另一组人员集中力量讯问檀某,针对其长期从事公安工作,反侦查意识强等特点,侦查人员采用先发制人的讯问方式,开门见山、直奔主题,并认真听取其辩解理由,适时的出示另一组侦查人员查获的原案卷宗书面材料,送钱给檀某的请托人姚某广、刘某国的证言等关键证据,击垮其对抗调查的心理防线,并配合对其晓之以理、动之以情的劝解,运用认罪认罚从宽政策,开展思想工作。最终檀某放弃抵抗,如实供述了犯罪事实。三是统筹安排侦查力量,及时全面固定收集证据。在3个月时间内全面查实固定了檀某、邓某恩徇私枉法犯罪的证据。

典型意义:

第一,注重以证促供,各个突破。打破"重口供"的旧办案模式,及时核实固定外围证据,通过外围证据扎实入手"以证促供",突破犯罪嫌疑人的供述。同案两名犯罪嫌疑人分案调查,分化了侦查压力,采用各个突破方式,强化了检察机关的侦查力量,有效整合侦查资源,提高案件的侦办效率。

第二，注重统筹规划，科学分组协作。一组重点开展外围证据调查搜集，另一组集中精力重点攻防犯罪嫌疑人的心理防线，灵活运用侦查的外围证据促进犯罪嫌疑人的如实供述，形成完整的证据链，做到查无遗漏。

第三，注重法理研究，指导侦查实践。正确把握徇私枉法罪的认定标准。徇私枉法罪的表现形式为徇私利或徇私情，对明知是无罪的人而使他受追诉、明知是有罪的人而故意包庇不使他受追诉。檀某、邓某恩徇私枉法案中，两人明显是为了徇私利而包庇构成刑事犯罪的嫌疑人不受刑事处罚，犯罪动机明显，犯罪后果严重，极大地损害了司法公正。

第四，注重共犯形态，区别对待共同犯罪中的主从犯。在檀某、邓某恩徇私枉法案件中，檀某作为派出所所长掌握了派出所所有案件的审批权，能够利用职权对所内案件进行干涉；而邓某恩作为派出所辅警是听令行事。因此该案中主犯是檀某，从犯是邓某恩。检察机关在侦查过程中对他们采取不同的讯问策略。法院判决檀某有期徒刑5年、邓某恩有期徒刑1年很好地体现了在量刑上区别对待主从犯。

第三十一条 【特殊侦查措施】公安机关在立案后，根据侦查犯罪的需要，依照《中华人民共和国刑事诉讼法》的规定，可以采取技术侦查措施、实施控制下交付或者由有关人员隐匿身份进行侦查。

重点解读

本条是关于采取技术侦查措施、实施控制下交付或者有关人员隐匿身份进行侦查的规定。

关于采取技术侦查措施和有关人员隐匿身份进行侦查，《刑事诉讼法》已有相关规定，但本条规定的“控制下交付”则是对《刑事诉讼法》规定的“控制下交付”的补充。《刑事诉讼法》规定，控制下交付仅涉及给付毒品等违禁品或者财物的犯罪活动，而本条规定，只要是涉及有组织犯罪，根据侦查犯罪的需要，均可依照规定实施控制下交付，体现了依法从严打击有组织犯罪的态度。需要注意的是，技术侦查措施的适用对象是犯罪嫌疑人、被告人以及与有组织犯罪活动直接关联的人员，应当报设区的市一级以上公安机关负责人批准。为了查明案情，在必要的时候，经县级以上公安机关负责人决定，可以由侦查人员或者公安机关指定的其他人员隐匿身份实施侦查。根据侦查需要，经县级以上公安机关负责人决定，可以实施控制下交付。

适用要点

适用本条时应注意以下问题：第一，技术侦查措施、实施控制下交付以及由有关人员隐匿身份进行侦查收集的材料，在刑事诉讼中可以作为证据使用。采取技术侦查措施收集的材料，应当严格依照有关规定存放，只能用于对犯罪的侦查、起诉和审判，不得用于其他用途。采取技术侦查措施收集的与案件无关的材料，必须及时销毁，并制作销毁记录。第二，隐匿身份实施侦查时，不得使用促使他人产生犯罪意图的方法诱使他人犯罪，不得采用可能危害公共安全或者发生重大人身危险的方法。第三，使用隐匿身份侦查和控制下交付收集的材料作为证据时，可能危及隐匿身份人员的人身安全，或者可能产生其他严重后果的，应当采取不暴露有关人员身份等保护措施。

关联法规

《中华人民共和国刑事诉讼法》第一百五十条第一款　公安机关在立案后，对于危害国家安全犯罪、恐怖活动犯罪、黑社会性质的组织犯罪、重大毒品犯罪或者其他严重危害社会的犯罪案件，根据侦查犯罪的需要，经过严格的批准手续，可以采取技术侦查措施。

第一百五十三条　为了查明案情，在必要的时候，经公安机关负责人决定,可以由有关人员隐匿其身份实施侦查。但是,不得诱使他人犯罪,不得采用可能危害公共安全或者发生重大人身危险的方法。

对涉及给付毒品等违禁品或者财物的犯罪活动,公安机关根据侦查犯罪的需要,可以依照规定实施控制下交付。

第三十二条　【分案处理情形】犯罪嫌疑人、被告人检举、揭发重大犯罪的其他共同犯罪人或者提供侦破重大案件的重要线索或者证据,同案处理可能导致其本人或者近亲属有人身危险的,可以分案处理。

重点解读

本条是关于在何种情况下可以对有组织犯罪案件进行分案处理的具体规定。

近年来,分案处理现象屡屡见诸刑事诉讼活动及诉讼文书之中,我国刑事立法对共同犯罪案件分案处理没有较为系统的规定,而是散见于司法解释以及地方规范性文件中,其中,最早规定分案处理机制的是最高人民法院、最高人民检察院、公安部于 1982 年 4 月发布的《关于如何处理有同案犯在逃的共同犯罪案件的通知》。该通知规定,同案犯在逃,对在押犯的犯罪事实已查清并有确实、充分证据,应按照《刑事诉讼法》规定的诉讼程序,起诉、审判。之后,分案处理制度的适用主要集中在有在逃人员的共同犯罪案件和未成年人与成年人共同犯罪案件中。就在逃人员的分案处理而言,除上述解释外,最高人民法院、最高人民检察院、公安部等部门在《关于怎样认定和处理流氓集团的意见》《关于当前办理集团犯罪案件中具体应用法律的若干问题的解答》《关于办理流窜犯罪案件中一些问题的意见的通知》《办理骗汇、逃汇犯罪案件联席会议纪要》等规范性文件中,对在逃人员是否另案审理进行了规定。未成年人与成年人共同犯罪的分案处理方面，从1991年最高人民法院、最高人民检察院、公安部、司法部《关于办理少年刑事案件建立互相配套工作体系的通知》，再到最高人民法院《关于审理未成年人刑事案件的若干规定》、最高人民检察院《人民检察院办理未成年人刑事案件的规定》等规范性文件的陆续发布，逐步建立起未成年人与成年人共同犯罪案件分案处理机制。本条首次将有组织犯罪案件中需要分案处理的情形以法律的形式固定下来。

适用要点

根据本条规定，对于有组织犯罪案件，犯罪嫌疑人、被告人检举、揭发重大犯罪的其他共同犯罪人或者提供侦破重大案件的重要线索或者证据，同案处理可能导致其本人或者近亲属有人身危险的，可以分案处理，对分案处理机制进行了规范。由此可以看出，分案处理要有两个条件：第一，犯罪嫌疑人、被告人揭发重大犯罪的其他共同犯罪人，或者提供侦破重大案件重要线索或者证据；第二，同案处理可能导致本人或者近亲属有人身危险。具备上述两个条件，可以进行分案处理。

第三十三条　【宽严相济】犯罪嫌疑人、被告人积极配合有组织犯罪案件的侦查、起诉、审判等工作，有下列情形之一的，可以依法从宽处罚，但对有组织犯罪的组织者、领导者应当严格适用：

（一）为查明犯罪组织的组织结构及其组织者、领导者、首要分子的地位、作用提供重要线索或者证据的；

（二）为查明犯罪组织实施的重大犯罪提供重要线索或者证据的；

（三）为查处国家工作人员涉有组织犯罪提供重要线索或者证据的；

（四）协助追缴、没收尚未掌握的赃款赃物的；

（五）其他为查办有组织犯罪案件提供重要线索或者证据的情形。

对参加有组织犯罪组织的犯罪嫌疑人、被告人不起诉或者免予刑事处罚的，可以根据案件的不同情况，依法予以训诫、责令具结悔过、赔礼道歉、赔偿损失，或者由主管部门予以行政处罚或者处分。

重点解读

本条是关于有组织犯罪案件中犯罪嫌疑人、被告人坦白和立功可以从宽处理的具体情形的规定。本条也是宽严相济刑事政策在有组织犯罪案件中的具体运用。

对于本条具体规定的5种情形，结合案件其他情况，可以不起诉或者免予刑事处罚。宽严相济是我国重要刑事政策，既包括刑事立法政策也包括刑事司法政策，是各司法机关正确执行国家法律的重要指针。理解该政策时应注意：第一，贯彻宽严相济的刑事司法政策，就是要根据社会治安形势和犯罪分子的不同情况，实行区别对待，注重宽与严的有机统一，该严则严，当宽则宽，宽严互补，宽严有度，对严重犯罪依法从严打击，对轻微犯罪依法从宽处理，对严重犯罪中的从宽情节和轻微犯罪中的从严情节也要依法分别予以宽严体现，对犯罪的实体处理和适用诉讼程序都要体现宽严相济的精神。第二，宽严相济刑事司法政策中的"宽"与"严"是一个有机统一的整体，二者相辅相成，必须全面理解，全面把握，全面落实。既要防止只讲严而忽视宽，又要防止只讲宽而忽视严，防止一个倾向掩盖另一个倾向。第三，宽严相济刑事司法政策的核心是区别对待。应当综合考虑犯罪的社会危害性（包括犯罪客体、情节、手段、后果等）、犯罪人的主观恶性（包括犯罪时的主观方面、犯罪后的态度、平时表现等）以及案件的社会影响，根据不同时期、不同地区犯罪与社会治安的形势，具体情况具体分析，依法予以从宽或者从严处理。本条对于有组织犯罪案件如何贯彻宽严相济的刑事政策作了系统规定。

适用要点

适用本条时应注意以下问题：

第一，要严格依法处理。处理有组织犯罪案件，应当坚持惩治少数，争取、团结、教育大多数的原则。对极少数策划、组织、指挥的严重犯罪分子以及首要分子或者骨干分子，要依法严厉打击。

在审查起诉工作中，要严格依法掌握起诉条件，充分考虑起诉的必要性。对可诉可不诉的不诉，对于符合不起诉条件的初犯、从犯、预备犯、中止犯，可以依法适用不起诉，并可以根据案件的不同情况，对被不起诉人予以训诫或者责令具结悔过、赔礼道歉、赔偿损失。确需提起公诉的，可以依法向人民法院提出从宽处理、适用缓刑等量刑方面的意见。

第二，要妥善掌握“严”与“宽”的标准。在审判中，要根据经济社会的发展和治安形势的变化，尤其要根据有组织犯罪情况的变化，在法律规定的范围内，适时调整从宽和从严的对象、范围和力度。要全面、客观把握不同时期不同地区的经济社会状况和社会治安形势，充分考虑人民群众的安全感以及惩治犯罪的实际需要，注重从严打击严重犯罪。对于犯罪性质尚不严重，情节较轻和社会危害性较小的犯罪，以及被告人认罪、悔罪，从宽处罚更有利于社会和谐稳定的，依法可以从宽处理。严惩严重刑事犯罪，必须充分考虑有组织犯罪被告人的主观恶性和人身危险性。对于事先精心预谋、策划犯罪的被告人，具有惯犯、职业犯等情节的被告人，或者因故意犯罪受过刑事处罚、在缓刑、假释考验期内又犯罪的被告人，要依法严惩，以实现刑罚的特殊预防功能。

第三，要妥善掌握“相济”。宽严相济刑事政策中的“相济”，主要是指在对有组织犯罪依法处罚时，要善于综合运用“宽”和“严”两种手段，对不同的犯罪和犯罪分子区别对待，做到严中有宽、宽以济严；宽中有严、严以济宽。对于有组织犯罪活动的犯罪集团，在处理时要根据情况，区别对待：对犯罪组织或集团中的组织者、指挥者、策划者和骨干分子，要依法从严惩处，该判处重刑或死刑的要坚决判处重刑或死刑；对受欺骗、胁迫参加犯罪组织、犯罪集团的或只是一般参加者，在犯罪中起次要、辅助作用的从犯，依法应当从轻或减轻处罚，符合缓刑条件的，可以适用缓刑。在有组织犯罪案件中，对于主犯或首要分子检举、揭发同案中地位、作用较次的犯罪分子，构成立功的，从轻或者减轻处罚应当从严掌握，如果从轻处罚可能导致全案量刑失衡，一般不予从轻处罚；如果检举、揭发的是其他犯罪案件中罪行同样严重的犯罪分子，或者协助抓获的是同案中的其他主犯、首要分子，原则上应依法从轻或者减轻处罚。对于从犯或犯罪集团一般成员的立功，特别是协助抓获主犯、首要分子的，应当充分体现政策，依法从轻、减轻或者免除处罚。对于免予刑事处罚的，依法予以训诫、责令具结悔过、赔礼道歉、赔偿损失，或者由主管部门予以行政处罚或者处分。

案例指引

林某彬等人组织、领导、参加黑社会性质组织案

被告人林某彬系A市某投资有限公司法定代表人，某金融服务外包有限公司实际控制人。被告人林某彬自2013年9月至2018年10月，以实际控制的某投资有限公司、某金融服务外包有限公司，通过招募股东、吸收业务员的方式，逐步形成了以林某彬为核心，被告人曾某、胡某凯等9人为骨干，被告人林某强、杨某明等9人为成员的黑社会性质组织。该组织以老年人群体为主要目标，专门针对房产实施系列“套路贷”犯罪活动，勾结个别公安民警、公证员、律师以及暴力清房团伙，先后实施了诈骗、敲诈勒索、寻衅滋事、虚假诉讼等违法犯罪活动，涉及A市等11个区、72名

被害人、74套房产，造成被害人经济损失人民币1.8亿余元。林某彬黑社会性质组织拉拢公安民警被告人庞某天入股，利用其身份查询被害人信息，利用其专业知识为暴力清房人员谋划支招。拉拢律师被告人李某杰以法律顾问身份帮助林某彬犯罪组织修改“套路贷”合同模板、代为应诉，并实施虚假诉讼处置房产。公证员被告人王某等人为获得费用提成或收受林某彬黑社会性质组织给予的财物，出具虚假公证文书。在A市人民检察院第三分院主持下，全案52名被告人中先后有36名签署了《认罪认罚具结书》。2019年12月30日，A市第三中级人民法院依法判决，全部采纳检察机关量刑建议。林某彬等人上诉后，2020年7月16日，A市高级人民法院二审裁定驳回上诉，维持原判。

对于黑社会性质组织犯罪等共同犯罪案件，适用认罪认罚从宽制度有助于提升指控犯罪质效。检察机关应当注重认罪认罚从宽制度的全流程适用，通过犯罪嫌疑人、被告人认罪认罚，有针对性地收集、完善和固定证据，同时以点带面促使其他被告人认罪认罚，完善指控犯罪的证据体系。对于黑社会性质组织等涉案人数众多的共同犯罪案件，通过对被告人开展认罪认罚教育转化工作，有利于分化瓦解犯罪组织，提升指控犯罪的效果。将认罪认罚与追赃挽损有机结合，彻底清除有组织犯罪的经济基础，尽力挽回被害人损失。检察机关应当运用认罪认罚从宽制度深挖涉案财产线索，将退赃退赔情况作为是否认罚的考察重点，灵活运用量刑建议从宽幅度激励被告人退赃退赔，通过认罪认罚成果巩固和扩大追赃挽损的效果。区别对待，准确贯彻宽严相济刑事政策。认罪认罚从宽制度可以适用于所有案件，但“可以”适用不是一律适用，被告人认罪认罚后是否从宽，要根据案件性质、情节和对社会造成的危害后果等具体情况，坚持罪责刑相适应原则，区分情况、区别对待，做到该宽则宽，当严则严，宽严相济，罚当其罪。对犯罪性质恶劣、犯罪手段残忍、危害后果严重的犯罪分子，即使认罪认罚也不足以从宽处罚的，依法可不予以从宽处罚。

关联法规

《中华人民共和国刑事诉讼法》第十五条　犯罪嫌疑人、被告人自愿如实供述自己的罪行，承认指控的犯罪事实，愿意接受处罚的，可以依法从宽处理。

第一百七十三条　人民检察院审查案件，应当讯问犯罪嫌疑人，听取辩护人或者值班律师、被害人及其诉讼代理人的意见，并记录在案。辩护人或者值班律师、被害人及其诉讼代理人提出书面意见的，应当附卷。

犯罪嫌疑人认罪认罚的，人民检察院应当告知其享有的诉讼权利和认罪认罚的法律规定，听取犯罪嫌疑人、辩护人或者值班律师、被害人及其诉讼代理人对下列事项的意见，并记录在案：

（一）涉嫌的犯罪事实、罪名及适用的法律规定；

（二）从轻、减轻或者免除处罚等从宽处罚的建议；

（三）认罪认罚后案件审理适用的程序；

（四）其他需要听取意见的事项。

人民检察院依照前两款规定听取值班律师意见的，应当提前为值班律师了解案件有关情况提供必要的便利。

第一百七十四条　犯罪嫌疑人自愿认罪，同意量刑建议和程序适用的，应当在辩护人或者值班律师在场的情况下签署认罪认罚具结书。

犯罪嫌疑人认罪认罚，有下列情形之一的，不需要签署认罪认罚具结书：

（一）犯罪嫌疑人是盲、聋、哑人，或者是尚未完全丧失辨认或者控制自己行为能力的精神病人的；

（二）未成年犯罪嫌疑人的法定代理人、辩护人对未成年人认罪认罚有异议的；

（三）其他不需要签署认罪认罚具结书的情形。

第一百七十六条　人民检察院认为犯罪嫌疑人的犯罪事实已经查

清，证据确实、充分，依法应当追究刑事责任的，应当作出起诉决定，按照审判管辖的规定，向人民法院提起公诉，并将案卷材料、证据移送人民法院。

犯罪嫌疑人认罪认罚的，人民检察院应当就主刑、附加刑、是否适用缓刑等提出量刑建议，并随案移送认罪认罚具结书等材料。

第三十四条 【没收财产】对黑社会性质组织的组织者、领导者，应当依法并处没收财产。对其他组织成员，根据其在犯罪组织中的地位、作用以及所参与违法犯罪活动的次数、性质、违法所得数额、造成的损失等，可以依法并处罚金或者没收财产。

重点解读

本条是关于对犯罪组织成员没收财产的具体规定。

预防和治理有组织犯罪需要彻底摧毁其经济基础，防止其死灰复燃。对犯罪组织的组织者、领导者应当并处没收个人全部财产。对于确属骨干成员或者为该组织转移、隐匿资产的积极参加者，可以并处没收个人全部财产。对于其他组织成员，应当根据其参与实施违法犯罪活动的次数、性质、地位、作用、违法所得数额以及造成损失的数额等情节，依法决定财产刑的适用。

适用要点

实践中，适用本条应注意以下几点，确保依法全面查清、打击有组织犯罪涉案财产、利益链条。第一，要全面调查犯罪组织及其成员的财产状况，依法采取措施。从严打击有组织犯罪，必须要彻底全面调查其涉黑恶财产，同时强调要深挖细查依法打击有组织犯罪转变涉案财产性质的关联犯罪。第二，处置的范围既包括组织的财产也包括成员的财产，既可以扣押在案财产,也可以根据案件情况处置等值财产。第三,适用本条应综合统筹财产刑、追缴没收有组织犯罪涉案财产和等值财产的方式,彻底摧毁有组织犯罪经济基础,绝不允许其死灰复燃。

案例指引

成某某等人组织、领导、参加黑社会性质组织案

2015 年 9 月,被告人成某某、黄某某、王某甲共同出资成立“某甲”厅子(供“陪酒、陪唱妹”等候的场所),后更名为“某乙”厅子,通过向 A 市工业园区的 KTV 歌厅、音乐茶座等娱乐场所,提供“陪酒、陪唱妹”等有偿陪侍的方式牟取经济利益。为抢占“陪酒、陪唱妹”市场,扩张势力范围,树立非法权威,成某某先后纠集被告人黄某某、王某甲、唐某某、李某某等 10 余名刑满释放人员、社会闲散人员,在 A 市某街道、某工业园区等地有组织地实施聚众斗殴、故意杀人、故意伤害、寻衅滋事、贩卖毒品、开设赌场等多起违法犯罪活动,逐步形成以被告人成某某为组织者、领导者,被告人黄某某、王某甲、唐某某为积极参加者,被告人李某某、洪某某、杨某甲、郭某某、费某某、曹某甲、杨某乙、陈某某、曹某乙、王某乙等人为一般参加者的黑社会性质组织。2015 年 9 月以来,被告人成某某等人租赁房屋,为该组织部分成员提供免费食宿,经常安排该组织成员聚餐、娱乐,并将“表现好”的成员安排到某区某水库担任保安,领取固定工资;购置了数十把一米多长的砍刀及气枪、钢管、铁质伸缩棍、橡胶棍、“辣椒水”等作案工具,分别放置在租住房内和汽车内;组建“不是一家人,不进一家门”和“有难同当”等微信群,利用微信群发布从事违法犯罪活动的信息;制定该组织成员要听从指挥,做到打架就要打赢,不能“吃里扒外”,不能内讧,未经“老大”准许不能在外面惹事等纪律规定,对违反“组织纪律”者要进行责骂、棒打臀部等惩罚。该组织通过向 KTV 歌厅、音乐茶座等娱乐场所提供“陪酒、陪唱妹”的方式牟取经济利益达人民币 217 万余元,用于支持

该组织的活动。同时,被告人成某某等人还通过贩卖毒品、开设赌场、非法插手他人纠纷、为请托人站台助势聚敛钱财。成某某安排被告人唐某某统一收取、管理该组织经费,为在违法犯罪活动中受伤的成员支付治疗费,向受害人支付赔偿费,为被关押的成员到看守所"上账",由该组织出资帮助成员躲藏、逃避司法打击。2015 年 11 月至 2017 年 12 月期间,被告人成某某、黄某某等人通过有组织地实施聚众斗殴、故意伤害、寻衅滋事、贩卖毒品、开设赌场等 13 起违法犯罪行为,造成 1 人死亡、1 人重伤、3 人轻伤、5 人轻微伤的严重后果,在 A 市某街道、某工业园区等地形成了"敢打敢杀、动则刀枪、势力强大"的恶名,严重破坏了当地经济、社会生活秩序。

2018 年 8 月 15 日,A 市公安局将犯罪嫌疑人成某某、黄某某、杨某乙 3 人以涉嫌聚众斗殴罪、贩卖毒品罪、故意伤害罪移送审查起诉,并认定为恶势力组织犯罪。2018 年 11 月 14 日,公安机关补充移送审查起诉成某某、黄某某等 9 人涉嫌组织、领导、参加黑社会性质组织等犯罪,同时将唐某某、陈某某、洪某某等 5 人涉嫌参加黑社会性质组织等犯罪移送审查起诉。11 月 23 日,A 市人民检察院以组织、领导、参加黑社会性质组织罪等对被告人成某某、黄某某、唐某某等人依法提起公诉。法院经审理认为,本案现有证据已形成完整证据链,足以认定成某某等 14 人构成组织、领导、参加黑社会性质组织罪。2019 年 1 月 17 日,法院以被告人成某某犯组织、领导黑社会性质组织罪、故意杀人罪、聚众斗殴罪、故意伤害罪、寻衅滋事罪、贩卖毒品罪、开设赌场罪,判处死刑,缓期二年执行,剥夺政治权利终身,并处没收个人全部财产,并对被告人成某某限制减刑;以被告人黄某某犯参加黑社会性质组织罪、故意杀人罪、故意伤害罪、寻衅滋事罪,判处死刑,缓期二年执行,剥夺政治权利终身,并处罚金 30 万元,并对被告人黄某某限制减刑;对被告人王某甲、唐某某等 12 人按照各自所犯罪行,分别判处 2 年 3 个月至 17 年有期徒刑。

关联法规

最高人民法院 最高人民检察院 公安部 司法部《关于办理黑恶势力犯罪案件若干问题的指导意见》13. 对于组织者、领导者一般应当并处没收个人全部财产。对于确属骨干成员或者为该组织转移、隐匿资产的积极参加者，可以并处没收个人全部财产。对于其他组织成员，应当根据所参与实施违法犯罪活动的次数、性质、地位、作用、违法所得数额以及造成损失的数额等情节，依法决定财产刑的适用。

第三十五条 【异地执行】对有组织犯罪的罪犯，执行机关应当依法从严管理。

黑社会性质组织的组织者、领导者或者恶势力组织的首要分子被判处十年以上有期徒刑、无期徒刑、死刑缓期二年执行的，应当跨省、自治区、直辖市异地执行刑罚。

重点解读

本条是关于在何种情形下对有组织犯罪罪犯异地执行的具体规定。

异地（易地）执行刑罚，是指将犯有特定罪刑的罪犯或是认罪却拒不执行监规秩序有可能在服刑期间继续犯罪的顽危罪犯，由甲地遣送至乙地进行监管改造的刑罚执行措施。在国外，异地矫正属于罪犯分类矫正的举措之一，在多数国家的行刑实践中被广为采用。司法部于 2006 年 11 月下发《关于收押黑恶势力罪犯工作有关问题的通知》明确规定，对同一黑恶势力团伙的罪犯不得在同一监狱关押；对被判处有期徒刑 10 年以上的黑社会性质组织头目应当实行跨省（区、市）异地关押。本法首次将异地执行刑罚以法律的形式予以明确。

适用要点

适用本条时应注意以下两点：

第一，注意通过异地执行实现刑罚目的。刑罚的目的具有两重性，报应以及犯罪预防。法律报应就是要求对已经发生犯罪的报应性刑罚，以恢复被破坏的社会秩序，以实现刑罚、改造罪犯、防止再犯为目的。应确保有组织犯罪的异地执行刑罚有助于合理配置罪犯改造资源，提高行刑效应，调整和改善罪犯原有的不良心理结构，促进罪犯改造，减少和杜绝罪犯原有社会关系对监狱公正执法的干扰，贯彻实现刑罚执行的个别化原则。

第二，应注意把握适用的条件。(1)适用的对象必须为黑社会性质组织的组织者、领导者或者恶势力组织的首要分子，对于犯罪组织其他成员不得适用。(2)必须被判处 10 年以上有期徒刑、无期徒刑、死刑缓期二年执行。

关联法规

最高人民法院、最高人民检察院、公安部、司法部《关于办理黑恶势力犯罪案件若干问题的指导意见》33. 监狱应当从严管理组织、领导、参加黑社会性质组织的罪犯，严格罪犯会见、减刑、假释、暂予监外执行等执法活动。对于判处十年以上有期徒刑、无期徒刑，判处死刑缓期二年执行减为有期徒刑、无期徒刑的黑社会性质组织的组织者、领导者，实行跨省、自治区、直辖市异地关押。积极开展黑恶势力犯罪线索排查，教育引导服刑人员检举揭发。社区矫正机构对拟适用社区矫正的黑恶势力犯罪案件的犯罪嫌疑人、被告人，应当认真开展调查评估，为准确适用非监禁刑提供参考，社区矫正机构对组织、领导、参加黑社会性质组织的社区服刑人员要严格监管教育。公安机关、人民检察院、人民法院、司法行政机关要加强协调联动，完善应急处置工作机制，妥善处理社区服刑人员脱管漏管和重新违法犯罪等情形。

第三十六条 【减刑假释适用】对被判处十年以上有期徒刑、无期徒刑、死刑缓期二年执行的黑社会性质组织的组织者、领导者或者恶势力组织的首要分子减刑的，执行机关应当依法提出减刑建议，报经省、自治区、直辖市监狱管理机关复核后，提请人民法院裁定。

对黑社会性质组织的组织者、领导者或者恶势力组织的首要分子假释的，适用前款规定的程序。

重点解读

本条是关于对有组织犯罪罪犯减刑、假释的程序方面的规定。

本条特别强调对判处10年以上有期徒刑的黑社会性质组织的组织者、领导者或者恶势力组织的首要分子减刑，应当由省级监狱管理机关复核后，报请人民法院裁定。对黑社会性质组织的组织者、领导者或者恶势力组织的首要分子假释，亦应当由省级监狱管理机关复核后，报请人民法院裁定。2014年6月1日施行的最高人民法院《关于减刑、假释案件审理程序的规定》规定，对被判处有期徒刑和被减为有期徒刑的罪犯的减刑、假释，由罪犯服刑地的中级人民法院在收到执行机关提出的减刑、假释建议书后1个月内作出裁定，案情复杂或情况特殊的，可以延长1个月。可以看出，本条对于被判处10年以上有期徒刑的有组织犯罪的首要分子的减刑、假释提升改为省级监狱管理机关复核，增加并提升了复核机关的层级，对此类案件及人员的减刑予以严格把握。

适用要点

对判处10年以上有期徒刑的黑社会性质组织的组织者、领导者或者恶势力组织的首要分子减刑，以及对黑社会性质组织的组织者、领导者或者恶势力组织的首要分子假释，虽然复核机关为省级监狱管理机关，审理机关仍由罪犯服刑地的中级人民法院负责。但对被判处无期徒刑、死刑缓期二年执行的黑社会性质组织的组织者、领导者或者恶势力组织的首要分子减刑，应由罪犯服刑地的高级人民法院负责审理。

对此，最高人民法院《关于减刑、假释案件审理程序的规定》第1条规定："对减刑、假释案件，应当按照下列情形分别处理：（一）对被判处死刑缓期执行的罪犯的减刑，由罪犯服刑地的高级人民法院在收到同级监狱管理机关审核同意的减刑建议书后一个月内作出裁定；（二）对被判处无期徒刑的罪犯的减刑、假释，由罪犯服刑地的高级人民法院在收到同级监狱管理机关审核同意的减刑、假释建议书后一个月内作出裁定，案情复杂或者情况特殊的，可以延长一个月；（三）对被判处有期徒刑和被减为有期徒刑的罪犯的减刑、假释，由罪犯服刑地的中级人民法院在收到执行机关提出的减刑、假释建议书后一个月内作出裁定，案情复杂或者情况特殊的，可以延长一个月；（四）对被判处拘役、管制的罪犯的减刑，由罪犯服刑地中级人民法院在收到同级执行机关审核同意的减刑、假释建议书后一个月内作出裁定。对暂予监外执行罪犯的减刑，应当根据情况，分别适用前款的有关规定。"

案例指引

陈某某徇私舞弊减刑案

2000年9月21日至2006年4月20日，罪犯张某辉因犯组织、领导黑社会性质组织罪，非法拘禁罪，寻衅滋事罪，在A监狱服刑。2001年上半年至2004年中秋节，陈某某在任A监狱教育改造科科长期间，先后7次收受张某辉的特定关系人甘某的贿赂共计12,000元，为张某辉违规减刑提供帮助。陈某某作为教育改造科科长和监狱减刑（假释）评审委员会成员，明知张某辉有行贿行为、奖励分为135分未达到减刑条件、违规用电被通报、稿件有抄袭剽窃等违反监规的行为，不符合减刑条件，在减刑（假释）评审会上隐瞒张某辉违反监规的行为，同意减刑，导致张某辉得以获得3次减刑，共计减刑7年。张某辉于2006年4月出狱后再犯组织、领导黑社会性质组织罪，于2019年4月被判处有期徒刑25年。2019年5月29日，B市监察委员会对陈某某涉嫌受贿的违纪违法问题立案调查，同年7月25日以陈某某涉嫌受贿罪移送审查起诉。2019年9月29日，B市某区人民检察院提起公诉。B市某区人民法院开庭审理后认为，陈某某涉嫌徇私舞弊减刑犯罪。2020年6月3日，B市人民检察院以涉嫌徇私舞弊减刑罪对陈某某立案侦查。2020年6月15日，侦查终结移送审查起诉。2020年7月21日，提起公诉。2020年9月22日，B市某区人民法院作出一审判决，以陈某某犯徇私舞弊减刑罪，判处有期徒刑3年10个月，与前罪（陈某某犯受贿罪被判处有期徒刑3年6个月）数罪并罚，决定执行有期徒刑6年6个月。2020年11月26日，B市中级人民法院二审裁定，维持一审判决。

关联法规

最高人民法院《关于减刑、假释案件审理程序的规定》第一条第一款第三项 对被判处有期徒刑和被减为有期徒刑的罪犯的减刑、假释，由罪犯服刑地的中级人民法院在收到执行机关提出的减刑、假释建议书后一个月内作出裁定，案情复杂或情况特殊的，可以延长一个月。

第三十七条 【减刑、假释的审理】人民法院审理黑社会性质组织犯罪罪犯的减刑、假释案件，应当通知人民检察院、执行机关参加审理，并通知被报请减刑、假释的罪犯参加，听取其意见。

重点解读

本条是关于人民法院审理黑社会性质组织犯罪罪犯的减刑、假释案件的规定。

本条特别强调应当通知相关单位以及罪犯参加，同时听取罪犯的意见。

适用要点

被报请减刑、假释的罪犯系职务犯罪罪犯、组织（领导、参加、包庇、纵容）黑社会性质组织犯罪罪犯、金融诈骗犯罪罪犯及其他在社会上有重大影响或社会关注度高的罪犯的，案件应当开庭审理。人民法院开庭审理减刑、假释案件，应当通知人民检察院、执行机关及被报请减刑、假释罪犯参加庭审。减刑、假释案件的开庭审理由审判长主持，检察人员发表检察意见，被报请减刑、假释罪犯作最后陈述。

本条内容系对现行司法解释的强调，首次以法律的形式予以了规定。适用时应注意：第一，本条规定“应当”通知人民检察院、执行机关参加审理，具有强行效力。第二，本条不仅要求通知被报请减刑、假释的罪犯参加，更要求听取其意见。

案例指引

A市人民检察院认为监狱提请涉黑涉恶罪犯刘某某减刑不当案

罪犯刘某某，男，1982年11月26日出生，汉族，初中文化。2010年12月16日因组织、领导、参加黑社会性质组织罪，寻衅滋事罪，故意伤害罪，非法拘禁罪，聚众扰乱社会秩序罪被B省高级人民法院终审判处有期徒刑14年，于2011年1月20日被交付到C监狱服刑改造。

办理涉黑罪犯减刑案件，应当比照一般罪犯依法从严掌握。对涉黑罪犯的减刑，除审查一般罪犯减刑要点外，还要针对涉黑罪犯监管中的特殊要求进行审查，严格审查其原判法律文书，并注重调查谈话。2019年9月，C监狱就罪犯刘某某提请减刑征求检察机关意见，提请意见为“该犯在减刑间隔期内获得表扬4次，核定应减去有期徒刑9个月。该犯系涉黑类罪犯；系间隔期内违纪一次，消费较高，下调减刑幅度4个月，建议减去有期徒刑5个月”。A市人民检察院审查后发现，罪犯刘某某符合减刑条件，但该犯系原所在黑社会性质组织的骨干成员，且减刑间隔期内因违反监规监纪被给予警告处罚，月均消费高达1262.46元。经初步审查，人民检察院认为，C监狱对刘某某提请减刑建议可能不当。为了确保监督意见的准确性，A市人民检察院对罪犯刘某某减刑建议书及卷宗进行了审查，并深入执行机关和罪犯改造监区开展实地调查。2019年10月24日，A市中级人民法院开庭审理罪犯刘某某减刑案。A市人民检察院提出下调减刑幅度意见时，执行机关认为罪犯刘某某已因涉黑罪犯、消费较高、间隔期内违纪下调减刑幅度4个月（下调后呈报减刑5个月），检察机关提出继续下调减刑幅度监督意见依据不足。A市中级人民法院采纳了检察机关“下调罪犯刘某某减刑幅度1～2个月”的监督意见，2019年10月28日以（2019）吉02刑更914号刑事裁定书裁定减去罪犯刘某某有期徒刑4个月。

减刑案件的办理要点，审查涉黑恶罪犯减刑案件时，既要审查服刑人员是否符合法定减刑条件，又要注意与全国总体形势、工作要求相结合。审查涉黑恶罪犯减刑案件，要针对涉黑恶减刑案件特点进行相应审查。

第一，审查涉黑恶罪犯是否符合执行机关监管中的特殊要求。比如，涉黑恶犯罪首犯、主犯不能担任互包组组长等。

第二，严格审查涉黑恶服刑人员原判法律文书，通过审查了解犯罪事实、犯罪性质、社会危害等情况，审查其是不是主犯、黑社会性质团体骨干成员或积极分子，以及具体的犯罪情节，综合判断服刑人员的主观恶性、社会危害程度，作为是否提出下调减刑幅度检察监督意见的考虑因素。

第三，注重审查涉黑恶罪犯的财产性判项执行情况，结合会见、存汇款及月消费情况综合推断其履行财产性判项的能力，推动涉黑恶罪犯财产性判项得到切实执行，打财断血，铲除黑恶势力组织滋生土壤。

关联法规

《人民检察院办理减刑、假释案件规定》第七条 人民检察院可以采取调阅复制有关材料、重新组织诊断鉴别、进行文证鉴定、召开座谈会、个别询问等方式，对下列情况进行调查核实：

（一）拟提请减刑、假释罪犯在服刑期间的表现情况；

（二）拟提请减刑、假释罪犯的财产刑执行、附带民事裁判履行、退赃退赔等情况；

（三）拟提请减刑罪犯的立功表现、重大立功表现是否属实，发明创造、技术革新是否系罪犯在服刑期间独立完成并经有关主管机关确认；

（四）拟提请假释罪犯的身体状况、性格特征、假释后生活来源和监管条件等影响再犯罪的因素；

（五）其他应当进行调查核实的情况。

第三十八条 【考虑财产判项】执行机关提出减刑、假释建议以及人民法院审理减刑、假释案件，应当充分考虑罪犯履行生效裁判中财产性判项、配合处置涉案财产等情况。

重点解读

本条是关于有组织犯罪减刑、假释案件考虑财产判项的规定。

执行机关提出减刑、假释建议以及人民法院审理减刑、假释案件时，应考虑罪犯履行生效裁判中财产性判项、配合处置涉案财产等情况，这是对以往相关司法解释的强调，并首次以法律的形式予以明确。我国《刑法》中有200多个罪名可以单独或者选择适用财产刑，财产性判项和自由刑一样，都属于罪犯应当履行的刑罚。对于生效判决中有财产性判项，罪犯确有履行能力而不履行或者不全部履行的，不予假释。对于组织、领导、参加、包庇、纵容黑社会性质组织犯罪等罪犯，不积极退赃、协助追缴赃款赃物、赔偿损失，或者服刑期间利用个人影响力和社会关系等不正当手段意图获得减刑、假释的，不认定其“确有悔改表现”。对符合减刑条件的组织、领导、参加、包庇、纵容黑社会性质组织犯罪罪犯，确有履行能力而不履行或者不全部履行生效裁判中财产性判项的罪犯，被判处10年以下有期徒刑的，执行2年以上方可减刑，减刑幅度应当从严掌握，一次减刑不超过1年有期徒刑，两次减刑之间应当间隔1年以上。对被判处无期徒刑的组织、领导、参加、包庇、纵容黑社会性质组织犯罪罪犯，确有履行能力而不履行或者不全部履行生效裁判中财产性判项的罪犯，数罪并罚被判处无期徒刑的罪犯，符合减刑条件的，执行3年以上方可减刑，减刑幅度应当从严掌握，减刑后的刑期最低不得少于20年有期徒刑；减为有期徒刑后再减刑时，减刑幅度应当从严掌握，一次不超过1年有期徒刑，两次减刑之间应当间隔2年以上。对被判处死刑缓期二年执行的组织、领导、参加、包庇、纵容黑社会性质组织犯罪罪犯，确有履行能力而不履行或者不全部履行生效裁判中财产性判项的罪犯，数罪并罚被判处死刑缓期执行的罪犯，减为无期徒刑后，符合减刑条件的，执行3年以上方可减刑，一般减为25年有期徒刑，有立功表现或者重大立功表现的，可以减为23年以上25年以下有期徒刑；减为有期徒刑后再减刑时，减刑幅度从严掌握，一次不超过1年有期徒刑，两次减刑之间应当间隔2年以上。人民法院作出的刑事判决、裁定发生法律效力后，在将罪犯交付执行刑罚时，如果生效裁判中有财产性判项，人民法院应当将反映财产性判项执行、履行情况的有关材料一并随案移送刑罚执行机关。罪犯在服刑期间本人履行或者其亲属代为履行生效裁判中财产性判项的，应当及时向刑罚执行机关报告。刑罚执行机关报请减刑时应随案移送以上材料。人民法院办理减刑、假释案件时，可以向原一审人民法院核实罪犯履行财产性判项的情况。原一审人民法院应当出具相关证明。

适用要点

适用本条时应注意相关程序、实体要求：

第一，标准掌握。对于有组织犯罪案件罪犯，刑罚执行机关提请减刑、假释，“要考察罪犯财产性判项履行情况，对于确有履行能力而不履行或者不全部履行生效裁判中财产性判项的，不予假释，减刑应当从严掌握”。罪犯申辩无履行能力的，应当提交书面申辩材料向原一审人民法院提出，由原一审人民法院认定。申辩材料包括对赃款、赃物去向的解释与说明，财产情况，困难证明等，罪犯也可以委托亲属代为向原一审人民法院申辩。刑罚执行机关如果发现罪犯有隐匿、转移财产等情况，应向法院或驻监检察室通报有关情况。罪犯履行财产性判项情况、有无履行能力情况等刑罚执行机关可以通过发函方式向原一审法院了解，对回函内容无法认定的，刑罚执行机关要将情况说明报监狱管理机关。人民法院提供的反映财产性判项执行、履行情况的材料或罪犯及其亲属提供的财产性判项履行情况材料，刑罚执行机关在报请减刑、假释时应随案移送人民法院，并抄送派驻检察机构。如有证据证明罪犯全部履行财产性判项，符合减刑、假释条件的，可以提请减刑、假释。减刑幅度可以根据其所得奖励对应的减刑幅度确定。

第二，综合适用。未履行财产性判项或履行部分财产性判项但经法院出具材料证明其目前无履行能力，且符合其他减刑、假释条件的，可以提请减刑，一般不得提请假释。对被判处没收个人全部财产（其他财产性判项已全部履行）的罪犯，法院出具材料证明未查到可供执行财产的，可以提请减刑，一般不得提请假释。

第三，“财产性判项”，是指判决罪犯承担的附带民事赔偿义务判项，以及追缴、责令退赔、罚金、没收财产等判项。

案例指引

张某某减刑案

罪犯张某某,男,曾因犯抢劫罪于1992年12月18日被D市人民法院判处有期徒刑5年,1996年12月9日刑满释放。A市中级人民法院于2012年10月11日作出刑事附带民事判决,被告人张某某犯参加黑社会性质组织罪,判处有期徒刑3年;犯故意伤害罪,判处有期徒刑10年,剥夺政治权利1年;犯寻衅滋事罪,判处有期徒刑3年6个月,决定执行有期徒刑14年6个月,剥夺政治权利1年;赔偿被害人经济损失人民币2万元,并对赔偿总额人民币2,244,505元承担连带责任。被告人张某某不服,提出上诉。B省高级人民法院驳回上诉,维持原判,刑期自2011年10月1日至2026年3月1日。该犯于2014年2月25日送至C监狱服刑改造。2017年4月28日,E市中级人民法院作出刑事裁定对罪犯张某某减刑8个月,刑期自2011年10月1日至2025年7月1日。2019年4月29日,C监狱提请建议对罪犯张某某予以减刑5个月15天,征求检察机关意见。E市人民检察院审查认为,罪犯张某某系涉黑罪犯,对涉黑涉恶罪犯减刑假释应当从严把握,严厉打击黑恶势力组织。该犯符合法定减刑条件,应结合犯罪的具体情节、原判刑罚情况、刑罚执行中的表现等因素综合认定提出监督意见,切实维护罪犯公平适用刑事法律的权利。但经对涉黑组织犯罪财产性判项进行核实,查明罪犯张某某服刑期间消费额较高,却仅履行部分原判附带民事赔偿责任。2019年5月24日,E市中级人民法院开庭审理罪犯张某某减刑案,鉴于罪犯张某某系涉黑组织积极参加者,在犯罪活动中作用突出,且部分财产性判项未履行完毕,提出依法从严把握减刑的监督意见,同时应正确引导罪犯积极参与劳动教育改造,督促罪犯履行财产性判项还未履行的部分,促进罪犯认罪悔罪,促进改造成为守法公民。2019年5月28日,E市中级人民法院采纳检察机关监督意见,作出刑事裁定,认为罪犯张某某在刑罚执行期间确有悔改表现,符合减刑的法定条件,但其服刑期间消费额高,却仅履行部分原判附带民事赔偿责任,且系涉黑犯罪,综合其他犯罪性质、情节和服刑表现考量,裁定对罪犯张某某减去有期徒刑4个月。对涉黑涉恶罪犯提请减刑假释,虽然符合减刑假释条件,但应当综合罪犯服刑期间的表现、财产刑履行情况等,从严把控,体现刑罚执行严肃性。

关联法规

《中华人民共和国刑法》第七十八条 被判处管制、拘役、有期徒刑、无期徒刑的犯罪分子,在执行期间,如果认真遵守监规,接受教育改造,确有悔改表现的,或者有立功表现的,可以减刑;有下列重大立功表现之一的,应当减刑:

(一)阻止他人重大犯罪活动的;

(二)检举监狱内外重大犯罪活动,经查证属实的;

(三)有发明创造或者重大技术革新的;

(四)在日常生产、生活中舍己救人的;

(五)在抗御自然灾害或者排除重大事故中,有突出表现的;

(六)对国家和社会有其他重大贡献的。

减刑以后实际执行的刑期不能少于下列期限:

(一)判处管制、拘役、有期徒刑的,不能少于原判刑期的二分之一;

(二)判处无期徒刑的,不能少于十三年;

(三)人民法院依照本法第五十条第二款规定限制减刑的死刑缓期执行的犯罪分子,缓期执行期满后依法减为无期徒刑的,不能少于二十五年,缓期执行期满后依法减为二十五年有期徒刑的,不能少于二十年。

《中华人民共和国刑事诉讼法》第二百七十三条 罪犯在服刑期间又犯罪的,或者发现了判决的时候所没有发现的罪行,由执行机关移送人民检察院处理。

被判处管制、拘役、有期徒刑或者无期徒刑的罪犯,在执行期间确有悔改或者立功表现，应当依法予以减刑、假释的时候，由执行机关提出建议书，报请人民法院审核裁定，并将建议书副本抄送人民检察院。人民检察院可以向人民法院提出书面意见。

最高人民法院《关于办理减刑、假释案件具体应用法律的规定》第二条 对于罪犯符合刑法第七十八条第一款规定“可以减刑”条件的案件，在办理时应当综合考察罪犯犯罪的性质和具体情节、社会危害程度、原判刑罚及生效裁判中财产性判项的履行情况、交付执行后的一贯表现等因素。

第四章 涉案财产认定和处置

第三十九条 【查封扣押】办理有组织犯罪案件中发现的可用以证明犯罪嫌疑人、被告人有罪或者无罪的各种财物、文件，应当依法查封、扣押。

公安机关、人民检察院、人民法院可以依照《中华人民共和国刑事诉讼法》的规定查询、冻结犯罪嫌疑人、被告人的存款、汇款、债券、股票、基金份额等财产。有关单位和个人应当配合。

重点解读

本条是关于对有组织犯罪涉案财物、文件进行查封、扣押，对涉案财产查询、冻结以及相关单位或个人配合义务的规定。

办理涉黑恶案件，对涉案财产、文件进行查封、扣押，对涉案财产进行查询、冻结是一种重要措施。从严打击犯罪组织，要彻底全面调查其涉黑恶财产，核查犯罪组织及其成员的财产状况，依法采取措施，同时，要深挖细查依法打击犯罪组织转变涉案财产性质的关联犯罪。要贯彻执法办案与保障当事人合法权益相统一的原则。为了防止犯罪组织在被查处过程中转移、隐匿财产，要及时对犯罪组织和人员的涉案财产采取查封、扣押、冻结等措施，避免“黑财”被转移、隐匿。

适用要点

适用本条时应注意以下几点：

第一，公安机关、人民检察院、人民法院在办理有组织犯罪案件时，在查明犯罪组织违法犯罪事实并对犯罪组织成员依法定罪量刑的同时，要全面调查犯罪组织及其成员的财产状况，依法对涉案财产采取查询、查封、扣押、冻结等措施，并根据查明的情况，依法作出处理。

第二，有关单位和个人应当配合查询、查封、扣押、冻结等措施，积极履行协助义务。

关联法规

《中华人民共和国刑事诉讼法》第一百四十四条 人民检察院、公安机关根据侦查犯罪的需要，可以依照规定查询、冻结犯罪嫌疑人的存款、汇款、债券、股票、基金份额等财产。有关单位和个人应当配合。

犯罪嫌疑人的存款、汇款、债券、股票、基金份额等财产已被冻结的，不得重复冻结。

第四十条 【全面调查】公安机关、人民检察院、人民法院根据办理有组织犯罪案件的需要，可以全面调查涉嫌有组织犯罪的组织及其成员的财产状况。

重点解读

本条是关于公安机关、人民检察院、人民法院全面调查涉案财产状况的规定。

全面调查涉嫌有组织犯罪的组织及成员的财产状况，要求公安机关、人民检察院、人民法院在每个诉讼环节都充分履行各自的职责，依法查清财产状况，本条对此予以规定。

适用要点

适用本条时应注意以下两点：

第一，应准确把握调查涉案财产的地位。犯罪组织盘踞多年，财产成分、类型和流转情况相当复杂，一定的经济实力是犯罪组织坐大成势、称霸一方的基础，要彻底摧毁其财产基础，不仅要查“已采取措施的涉案财产”的“财产属性”并决定如何处理，还要审查认定犯罪所得，查“财产去向”等，并判断是否需要“追缴、没收其他等值财产”。将两种方法相结合，就能有效解决司法实践中存在的“涉案财产属性难以认定”等困难，才能依法有效地对已采取措施的财产作出处理，必要时没收等值财产，最大限度地保证依法摧毁犯罪组织的经济基础。本条规定在每一个诉讼环节中，公安机关、人民检察院、人民法院均应对涉有组织犯罪的犯罪组织的财产处置担当责任，强调不同诉讼阶段相关机关的任务。

第二，应注意各部门之间的配合。本条主要是解决基层办案中对涉黑涉恶财产的处置存在各部门责任不到位的问题。实践中发现，各部门虽对犯罪组织出重拳、下重手，严打不放松，但在财产处置方面相关机关尚未形成合力，往往到审判环节，存在扣押财产不到位、财产属性不清晰等情况，法院难以作出财产处理的判决。为此，本条对公安机关、人民检察院、人民法院均明确了责任。

关联法规

最高人民法院、最高人民检察院、公安部、司法部《关于办理黑恶势力犯罪案件若干问题的指导意见》26. 公安机关、人民检察院、人民法院根据黑社会性质组织犯罪案件的诉讼需要，应当依法查询、查封、扣押、冻结全部涉案财产。公安机关侦查期间，要会同工商、税务、国土、住建、审计、人民银行等部门全面调查涉黑组织及其成员的财产状况。

……

第四十一条　【依法处置涉案财物】查封、扣押、冻结、处置涉案财物，应当严格依照法定条件和程序进行，依法保护公民和组织的合法财产权益，严格区分违法所得与合法财产、本人财产与其家属的财产，减少对企业正常经营活动的不利影响。不得查封、扣押、冻结与案件无关的财物。经查明确实与案件无关的财物，应当在三日以内解除查封、扣押、冻结，予以退还。对被害人的合法财产，应当及时返还。

查封、扣押、冻结涉案财物，应当为犯罪嫌疑人、被告人及其扶养的家属保留必需的生活费用和物品。

重点解读

本条是关于查封、扣押、冻结、处置涉案财物时的相关条件和程序，以及同时要保留必需的生活费用和物品的规定。本条具体规定了对涉案财产采取措施，应当严格依照法定条件和程序进行，保护当事人合法权益。

适用要点

适用本条时应注意以下三点：

第一，涉案财产主要是指：(1)犯罪组织的财产；(2)犯罪嫌疑人个人所有的财产；(3)犯罪嫌疑人实际控制的财产；(4)犯罪嫌疑人出资购买的财产；(5)犯罪嫌疑人转移至他人名下的财产；(6)犯罪嫌疑人涉嫌洗钱以及掩饰、隐瞒犯罪所得、犯罪所得收益等犯罪涉及的财产；(7)其他与犯罪组织及其违法犯罪活动有关的财产。

第二，证明涉案财产来源、性质、用途、权属及价值的有关证据一般包括：(1)犯罪嫌疑人、被告人关于财产来源、性质、用途、权属、价值的供述；

(2)被害人、证人关于财产来源、性质、用途、权属、价值的陈述、证言;(3)财产购买凭证、银行往来凭据、资金注入凭据、权属证明等书证;(4)财产价格鉴定、评估意见;(5)可以证明财产来源、性质、用途、权属、价值的其他证据。

第三,涉案财产符合下列情形之一的,应当依法返还:(1)有证据证明确属被害人合法财产;(2)有证据证明确与犯罪组织及其违法犯罪活动无关。有关违法犯罪事实查证属实后,对于有证据证明权属明确且无争议的被害人、善意第三人或者其他人员的合法财产及其孳息,凡返还不损害其他利害关系人的利益,不影响案件正常办理的,应当在登记、拍照或者录像后,依法及时返还。

关联法规

最高人民法院、最高人民检察院、公安部、司法部《关于办理黑恶势力犯罪案件若干问题的指导意见》31. 对于依法查封、扣押、冻结的涉案财产,有证据证明确属被害人合法财产,或者确与黑社会性质组织及其违法犯罪活动无关的,应当予以返还。

第四十二条　【配合查询】公安机关可以向反洗钱行政主管部门查询与有组织犯罪相关的信息数据,提请协查与有组织犯罪相关的可疑交易活动,反洗钱行政主管部门应当予以配合并及时回复。

重点解读

本条是关于有组织犯罪涉案财产配合查询的规定。

根据本条,公安机关在办理有组织犯罪案件时,查询与有组织犯罪相关的信息数据,反洗钱行政主管部门应当予以配合并及时回复,建立完善行刑衔接机制。

适用要点

适用本条时应注意以下两点：

第一，准确把握相关部门及职权。国务院反洗钱行政主管部门负责全国的反洗钱监督管理工作。国务院有关部门、机构在各自的职责范围内履行反洗钱监督管理职责。国务院反洗钱行政主管部门、国务院有关部门、机构和司法机关在反洗钱工作中应当相互配合。

第二，注意相关信息的保密。对依法履行反洗钱职责或者义务获得的客户身份资料和交易信息，应当予以保密，非依法律规定，不得向任何单位和个人提供，司法机关依照本法获得的客户身份资料和交易信息，只能用于刑事诉讼。

关联法规

《金融机构反洗钱规定》第十四条第一款　金融机构及其工作人员应当依法协助、配合司法机关和行政执法机关打击洗钱活动。

第四十三条　【财产先行处置】对下列财产，经县级以上公安机关、人民检察院或者人民法院主要负责人批准，可以依法先行出售、变现或者变卖、拍卖，所得价款由扣押、冻结机关保管，并及时告知犯罪嫌疑人、被告人或者其近亲属：

（一）易损毁、灭失、变质等不宜长期保存的物品；

（二）有效期即将届满的汇票、本票、支票等；

（三）债券、股票、基金份额等财产，经权利人申请，出售不损害国家利益、被害人利益，不影响诉讼正常进行的。

重点解读

本条是关于对涉案财产先行处置的规定。

对于对易损毁、灭失、变质等不宜长期保存的物品，有效期即将届满的汇票、本票、支票等，经权利人申请的债券、股票、基金份额等财产，并经县级以上公安机关、人民检察院或者人民法院主要负责人批准，可以依法出售、变现或者先行变卖、拍卖，所得价款由扣押、冻结机关保管，并及时告知当事人或者其近亲属。

适用要点

适用本条时应注意把握本条与相关规定的异同。本条对最高人民法院、最高人民检察院、公安部、司法部《关于办理黑恶势力刑事案件中财产处置若干问题的意见》第 12 条的内容进行了修正和优化。前述意见第 12 条规定的是对易损毁、灭失、变质等不宜长期保存的物品，易贬值的汽车、舰艇等物品，或者市场价格波动大的债券、股票、基金等财产，有效期即将届满的汇票、本票、支票等，经权利人同意或者申请，并经县级以上公安机关、人民检察院或者人民法院主要负责人批准，可以依法出售、变现或者先行变卖、拍卖，所得价款由扣押、冻结机关保管，并及时告知当事人或者其近亲属。本条对于先行处置的财产对象，去除了"易贬值的汽车、舰艇等物品，或者市场价格波动大的债券、股票、基金等财产"的表述，在执行过程中要注意区分。

第四十四条　【审查处理】公安机关、人民检察院应当对涉案财产审查甄别。在移送审查起诉、提起公诉时，应当对涉案财产提出处理意见。

在审理有组织犯罪案件过程中，应当对与涉案财产的性质、权属有关的事实、证据进行法庭调查、辩论。人民法院应当依法作出判决，对涉案财产作出处理。

重点解读

本条是关于有组织犯罪案件审查处理的规定。

根据本条,在不同诉讼阶段,各机关要加强审查甄别,要依法处理涉案财产。本条强调公检法机关在打击涉有组织犯罪、处置涉有组织犯罪财产时要形成合力。

适用要点

适用本条时应注意以下两点:

第一,公安机关、人民检察院、人民法院在办案时,要依法运用查封、扣押、冻结、追缴、没收等手段摧毁有组织犯罪基础,本条强调了不同诉讼阶段公安机关、人民检察院、人民法院各自的任务。

第二,公安机关、人民检察院尤其应加强对在案财产的审查甄别。在侦查和审查起诉阶段,要逐步甄别组织及其成员的财产性质和有效剥离其“黑化”部分,明确权属关系,坚持抓捕涉案人员和查清涉案财产同步进行,在移送审查起诉、提起公诉时,要“提出处理意见建议”,对继续追缴的尚未被足额查封、扣押的其他违法所得同样处理。真正做到部门联动、整体发力,彻底摧毁有组织犯罪的经济基础。

案例指引

熊某组织、领导黑社会性质组织案

2009年至2016年,熊某在担任某村党支部书记期间,组织、领导黑社会性质组织,依仗宗族势力长期把持村基层政权,垄断村周边工程攫取高额利润,以暴力、威胁及其他手段,有组织地实施故意伤害、寻衅滋事、聚众斗殴、非国家工作人员受贿等一系列违法犯罪活动,称霸一方,严重扰乱当地正常的政治、经济、社会生活秩序。熊某因犯组织、领导黑社会性质组织罪、故意伤害罪、寻衅滋事罪、聚众斗殴罪、非国家工作人员受贿罪、对非国家工作人员行贿罪被判处执行有期徒刑23年，剥夺政治权利2年，并处没收个人全部财产。

2014年，银某房地产开发有限公司(以下简称银某公司)为低价取得某村157.475亩土地使用权进行房地产开发，多次向熊某行贿，曾某以提供银行账户、转账、取现等方式，帮助熊某转移受贿款共计3700万元。其中，2014年1月29日，曾某受熊某指使，利用众某公司银行账户接收银某公司行贿款500万元，然后转账至其侄女曾某琴银行账户，再拆分转账至熊某妻子及黑社会性质组织其他成员银行账户。2月13日，在熊某帮助下，银某公司独家参与网上竞拍，并以起拍价取得上述土地使用权。4月至12月，熊某利用其实际控制的江西雅某实业有限公司(以下简称雅某公司)银行账户，接收银某公司以工程款名义分4次转入的行贿款，共计3200万元。后曾某受熊某指使，多次在雅某公司法定代表人陈某陪同下，通过银行柜台取现、直接转账或者利用曾某个人银行账户中转等方式，将上述3200万元转移给熊某及其妻子、黑社会性质组织其他成员。上述3700万元全部用于以熊某为首的黑社会性质组织的日常开支和发展壮大。2016年11月16日，熊某因另案被检察机关立案侦查，曾某担心其利用众某公司帮助熊某接收、转移500万元受贿款的事实暴露，以众某公司名义与银某公司签订虚假土方平整及填砂工程施工合同，将上述500万元受贿款伪装为银某公司支付给众某公司的项目工程款。

2018年11月28日，A市公安局以涉嫌组织、领导、参加黑社会性质组织罪等6个罪名将熊某等18人移送起诉。检察机关审查发现在案查封、扣押、冻结的财产与该黑社会性质组织经济规模严重不符，大量犯罪所得去向不明，随即依法向中国人民银行A市中心支行调取该黑社会性质组织所涉账户资金去向相关证据材料，并联同公安机关、人民银行反洗钱部门对本案所涉大额取现、频繁划转、使用关联人账户等情况进行追查、分析，查明曾某及其关联账户与熊某等黑社会性质组织成员的账户之间有大额频繁的异常资金转移。2019年3月30日，A市某区人民检察院向A市公安局发出《补充移送起诉通知书》，要求对曾某以涉嫌洗钱罪补充移送起诉。A 市公安局立案侦查后，于5 月 13 日移送起诉。曾某到案后，辩称对熊某黑社会性质组织犯罪不知情，不具有洗钱犯罪主观故意。A 市某区人民检察院介入侦查，引导公安机关进一步查证曾某协助转移资金的主观心态：一是收集曾某、熊某二人关系的证据，结合曾某对二人交往情况的相关供述，证明曾某、熊某二人同是某镇本地人，交往频繁，是好友关系，曾某知道熊某在当地称霸并实施多种违法犯罪活动。二是收集曾某身份及专业背景的证据，结合曾某对工程建设的相关供述，证明曾某长期从事工程承揽、项目建设等业务，知道银某公司在工程未开工的情况下付给熊某 3700 万元工程款不符合工程建设常规，实际上是在拿地、拆迁等事项上有求于熊某。

根据上述证据，A 市某区人民检察院认定曾某主观上应当知道其帮助熊某转移的 3700 万元系黑社会性质组织的犯罪所得，于 2019 年 6 月 28 日以洗钱罪对曾某提起公诉。A 市某区人民法院于同年 11 月 15 日作出判决，认定曾某犯洗钱罪，判处有期徒刑 3 年 6 个月，并处罚金 300 万元。曾某未上诉，判决已生效。

典型意义：

第一，办理涉黑案件时，要对与黑社会性质组织及其违法犯罪活动有关的财产进行深入审查，深挖为黑社会性质组织转移、隐匿财产的洗钱犯罪线索，打财断血，摧毁其死灰复燃的经济基础。发现洗钱犯罪线索的，应当通知公安机关立案侦查；发现遗漏应当移送起诉的犯罪嫌疑人和犯罪事实的，应当要求公安机关补充移送起诉；犯罪事实清楚，证据确实、充分的，可以直接提起公诉。黑社会性质组织的犯罪所得及其产生的收益，包括在黑社会性质组织的形成、发展过程中，该组织及组织成员通过违法犯罪活动或其他不正当手段聚敛的全部财物、财产性权益及其孳息、收益。认定黑社会性质组织及其成员实施的各种犯罪所得及其产生的收益，可以从涉案财产是否为该组织及其成员通过违法犯罪行为获取、是否系利用黑社会性质组织影响力和控制力获取、是否用于黑社会性质组织的日常开支和发展壮大等方面综合判断。对上游犯罪所得及其产生的收益的主观心理认识,包括知道或者应当知道。

第二,办理涉黑洗钱案件,要注意审查洗钱犯罪嫌疑人与黑社会性质组织成员交往细节、密切程度、身份背景、从业经历等证据,补强其了解、知悉黑社会性质组织及具体犯罪行为的证据;对黑社会性质组织称霸一方实施违法犯罪的事实知情,辩称对相关行为的法律定性不知情的,不影响主观故意的认定。

第三,发挥行政、司法职能作用,做好行刑衔接与配合。人民银行是反洗钱行政主管部门,要加强对大额交易和可疑交易信息的收集分析监测,发现重大嫌疑主动开展反洗钱调查,并向司法机关提供洗钱犯罪线索和侦查协助。人民检察院办案中发现洗钱犯罪线索,可以主动向人民银行调取所涉账户资金来源、去向的证据,对大额取现、频繁划转、使用关联人账户等异常资金流转情况可以联同公安机关、人民银行反洗钱部门等进行分析研判,及时固定洗钱犯罪主要证据。

关联法规

《中华人民共和国刑法》第一百九十一条 为掩饰、隐瞒毒品犯罪、黑社会性质的组织犯罪、恐怖活动犯罪、走私犯罪、贪污贿赂犯罪、破坏金融管理秩序犯罪、金融诈骗犯罪的所得及其产生的收益的来源和性质,有下列行为之一的,没收实施以上犯罪的所得及其产生的收益,处五年以下有期徒刑或者拘役,并处或者单处罚金;情节严重的,处五年以上十年以下有期徒刑,并处罚金:

(一)提供资金账户的;

(二)将财产转换为现金、金融票据、有价证券的;

(三)通过转账或者其他支付结算方式转移资金的;

(四)跨境转移资产的;

(五)以其他方法掩饰、隐瞒犯罪所得及其收益的来源和性质的。

单位犯前款罪的,对单位判处罚金,并对其直接负责的主管人员和其他直接责任人员，依照前款的规定处罚。

第四十五条　【准确判定财产】有组织犯罪组织及其成员违法所得的一切财物及其孳息、收益，违禁品和供犯罪所用的本人财物，应当依法予以追缴、没收或者责令退赔。

依法应当追缴、没收的涉案财产无法找到、灭失或者与其他合法财产混合且不可分割的，可以追缴、没收其他等值财产或者混合财产中的等值部分。

被告人实施黑社会性质组织犯罪的定罪量刑事实已经查清，有证据证明其在犯罪期间获得的财产高度可能属于黑社会性质组织犯罪的违法所得及其孳息、收益，被告人不能说明财产合法来源的，应当依法予以追缴、没收。

重点解读

本条是关于综合运用财产刑、追缴没收有组织犯罪涉案财产和等值财产的方式，彻底摧毁犯罪组织经济基础的规定。

依法应当追缴、没收的涉案财产主要包括犯罪组织及其成员个人实施违法犯罪、其他不正当手段聚敛的财产，还包括其他单位、组织、个人支持犯罪组织开展犯罪活动，或者利用犯罪组织获取的财产，本条具体划清了界限，便于实践中的操作。

适用要点

适用本条时应注意以下两点：

第一，全面适用本条规定。对本条规定的依法予以追缴、没收或者责令退赔，追缴、没收其他等值财产，依法予以追缴、没收高度可能涉黑社会性质组织犯罪财产这三种情形，应准确把握其区别。

第二，妥当适用推定条款。“有证据证明其在犯罪期间获得的财产高度可能属于黑社会性质组织犯罪的违法所得及其孳息、收益，被告人不能说明财产合法来源的，应当依法予以追缴、没收。”这一规定属于刑事推定，其最大可能实现了有组织犯罪所得及其收益的充分没收，对于严厉惩处有组织犯罪起到关键作用。如办案机关无直接证据证明财产性质，可以从间接证据证明犯罪嫌疑人、被告人的收入情况、生活状态等情况，从“高度盖然性”的角度证明相关材料并非犯罪嫌疑人、被告人的合法所得，最终形成一种司法上的事实推定，如果犯罪嫌疑人、被告人有充分的相反证据推翻前述证明，则不能对其财产予以没收。

关联法规

最高人民法院、最高人民检察院、公安部、司法部《关于办理黑恶势力刑事案件中财产处置若干问题的意见》19. 有证据证明依法应当追缴、没收的涉案财产无法找到、被他人善意取得、价值灭失或者与其他合法财产混合且不可分割的，可以追缴、没收其他等值财产。

对于证明前款各种情形的证据，公安机关或者人民检察院应当及时调取。

第四十六条　【涉案财产】涉案财产符合下列情形之一的，应当依法予以追缴、没收：

（一）为支持或者资助有组织犯罪活动而提供给有组织犯罪组织及其成员的财产；

（二）有组织犯罪组织成员的家庭财产中实际用于支持有组织犯罪活动的部分；

（三）利用有组织犯罪组织及其成员的违法犯罪活动获得的财产及其孳息、收益。

重点解读

本条是关于应当依法予以追缴、没收的涉案财产的情形的规定。

实践中，对有组织犯罪案件涉案财产进行依法处理关系公民合法财产权益的保障，同时也有利于实现依法惩处有组织犯罪目标的实现。有组织犯罪案件中涉案财物形式多样，处理难度大，加之以前缺乏可操作性强的有针对性的专门法律规定，导致实践中适用标准乱、差异大、问题多。我国《刑法》《刑事诉讼法》未对有组织犯罪财产的认定、处理作出专门规定，相关规定多见于内部文件、会议纪要或相关指导意见之中。最高人民法院《关于审理黑社会性质组织犯罪的案件具体应用法律若干问题的解释》第 7 条首先明确，对黑社会性质组织与组织、领导、参加黑社会性质组织的犯罪分子所聚敛财物及其收益、以及用于犯罪的工具等，应当依法追缴、没收。最高人民法院、最高人民检察院、公安部联合出台的《办理黑社会性质组织犯罪案件座谈会纪要》规定，对于涉黑犯罪财物及其收益以及犯罪工具，均应按照《刑法》第 64 条和最高人民法院《关于审理黑社会性质组织犯罪的案件具体应用法律若干问题的解释》第 7 条的规定予以追缴、没收。最高人民法院、最高人民检察院、公安部、司法部联合制定的《关于办理黑恶势力犯罪案件若干问题的指导意见》，就涉案财产的处置进行了专门规定。2019 年 4 月，最高人民法院、最高人民检察院、公安部、司法部《关于办理黑恶势力刑事案件中财产处置若干问题的意见》的出台使涉案财产的处置更为有章可循。此次立法，以法律的形式将应当依法追缴、没收的涉案财产的情形予以明确，并进一步优化。

适用要点

在办理有组织犯罪案件过程中，依法适用本条追缴、没收涉案财产时要注意以下几点：

第一，要准确区分追缴、没收和罚金刑、没收财产刑。有组织犯罪案件可能被处以追缴、没收、罚金刑与没收财产刑等不同的刑事处分措施。《刑法修正案（八）》对黑社会性质组织犯罪增加规定财产刑，对这类犯罪可以并处罚金、没收财产。增设财产刑有利于摧毁黑社会性质组织的再生基础。追缴、没收，在属性上并非刑罚，属于《刑法》第64条规定的一种独立的刑罚后果，性质上不具有惩罚性，而是具有恢复性，因此其不同于罚金刑和没收财产刑所具有的刑罚属性。但是，在具体案件中，无论是追缴、没收还是没收财产刑，针对的都是涉案财产本身。由于追缴犯罪所得及其收益计算困难，标准不一，往往会出现以罚金代追缴、没收的问题，对此要予以准确判断。

根据最高人民法院、最高人民检察院、公安部、司法部《关于办理黑恶势力刑事案件中财产处置若干问题的意见》第15条的规定，涉案财产符合下列情形之一的，应当依法追缴、没收：（1）黑恶势力组织及其成员通过违法犯罪活动或者其他不正当手段聚敛的财产及其孳息、收益；（2）黑恶势力组织成员通过个人实施违法犯罪活动聚敛的财产及其孳息、收益；（3）其他单位、组织、个人为支持该黑恶势力组织活动资助或者主动提供的财产；（4）黑恶势力组织及其成员通过合法的生产、经营活动获取的财产或者组织成员个人、家庭合法财产中，实际用于支持该组织活动的部分；（5）黑恶势力组织成员非法持有的违禁品以及供犯罪所用的本人财物；（6）其他单位、组织、个人利用黑恶势力组织及其成员违法犯罪活动获取的财产及其孳息、收益；（7）其他应当追缴、没收的财产。

第二，要准确区分合法财产和涉案财产。刑事没收与没收财产刑的适用均应建立在能够区分财产性质的基础上，而现实中财产性质“黑白”难分的现象是客观存在的，如何处理两者的交叉是实践所要重视的问题。

对此，有学者认为对待黑社会性质组织犯罪这种严重犯罪，可以依照巨额财产来源不明罪适用推定机制，当无法查明财产性质时，推定某一时段内所获取财物、生活花费系违法所得，同时允许被告举证推翻该推定，若被告人无法证明其财物系合法所得，则推定为犯罪所得，并予以没收、追缴。在之前立法无明文规定情况下，在有组织犯罪中实行举证责任倒置，难免有人疑虑这是否与疑罪从无这一基本刑事诉讼规则相矛盾。此次立法解决了这一疑难问题，以列举的方式将应依法追缴、没收的涉案财产予以了明确，极具操作性。

第三，要充分保障当事人合法权益。保障当事人合法权益的前提是要严格依照法律程序处置涉案财产。法律程序的初衷便是通过限制国家公权力的行使，从而保障公民的私权利。而对涉案财产处置，便是国家对当事人权益干预的一个过程，因此在对相关财产处置时，严格依照法律程序进行对保障权益有着重要意义。财产处置过程中，要及时告知当事人，在对涉案财产进行处置时，其涉及的相关人不仅包括犯罪嫌疑人，还涉及其他诉讼参与人或未参加诉讼的人。因此，应及时通知相关人员，告知处置财产的名称、性质、涉案理由、所在位置、相关物权以及相应的诉讼权利和义务，以便相关人员及时有效地维护其权利。

第四十七条　【违法所得没收程序】黑社会性质组织犯罪案件的犯罪嫌疑人、被告人逃匿，在通缉一年后不能到案，或者犯罪嫌疑人、被告人死亡，依照《中华人民共和国刑法》规定应当追缴其违法所得及其他涉案财产的，依照《中华人民共和国刑事诉讼法》有关犯罪嫌疑人、被告人逃匿、死亡案件违法所得的没收程序的规定办理。

重点解读

本条是关于违法所得没收程序的参照适用的规定。

本条规定，犯罪嫌疑人、被告人逃匿，在通缉1年后不能到案，或者犯罪嫌疑人、被告人死亡的，依照有关犯罪嫌疑人、被告人逃匿、死亡案件违法所得的没收程序的规定办理。

《刑事诉讼法》只规定了贪污贿赂犯罪、恐怖活动犯罪等重大犯罪的犯罪嫌疑人、被告人逃匿、死亡案件违法所得没收程序，本条以法律的形式对有组织犯罪的犯罪嫌疑人、被告人逃匿、死亡案件违法所得没收程序予以明示，强调有组织犯罪案件依然应当按照相关程序办理。

适用要点

适用本条时应注意不同部门的职责：

第一，公安机关。公安机关依照《刑法》规定应当追缴其违法所得及其他涉案财产的，经县级以上公安机关负责人批准，公安机关应当制作没收违法所得意见书，连同相关证据材料一并移送同级人民检察院。犯罪嫌疑人死亡，现有证据证明其存在违法所得及其他涉案财产应当予以没收的，公安机关可以进行调查。公安机关进行调查，可以依法进行查封、扣押、查询、冻结。没收违法所得意见书应当包括以下内容：(1)犯罪嫌疑人的基本情况；(2)犯罪事实和相关的证据材料；(3)犯罪嫌疑人逃匿、被通缉或者死亡的情况；(4)犯罪嫌疑人的违法所得及其他涉案财产的种类、数量、所在地；(5)查封、扣押、冻结的情况等。公安机关将没收违法所得意见书移送人民检察院后，在逃的犯罪嫌疑人自动投案或者被抓获的，公安机关应当及时通知同级人民检察院。

犯罪嫌疑人、被告人为逃避侦查和刑事追究潜逃、隐匿，或者在刑事诉讼过程中脱逃的，应当认定为“逃匿”。犯罪嫌疑人、被告人因意外事故下落不明满2年，或者因意外事故下落不明，经有关机关证明其不可能生存的，也认定为“逃匿”。犯罪嫌疑人、被告人通过实施犯罪直接或者间接产生、获得的任何财产,应当认定为“违法所得”。违法所得已经部分或者全部转变、转化为其他财产的,转变、转化后的财产应当视为“违法所得”。来自违法所得转变、转化后的财产收益,或者来自已经与违法所得相混合财产中违法所得相应部分的收益,也应当视为违法所得。犯罪嫌疑人、被告人非法持有的违禁品、供犯罪所用的本人财物,应当认定为“其他涉案财产”。

第二,人民检察院。人民检察院审查公安机关移送的没收违法所得意见书,向人民法院提出没收违法所得的申请。没收违法所得的申请,应当由有管辖权的中级人民法院的同级人民检察院提出。人民检察院向人民法院提出没收违法所得的申请,应当制作没收违法所得申请书。没收违法所得申请书应当载明以下内容:(1)犯罪嫌疑人、被告人的基本情况,包括姓名、性别、出生年月日、出生地、户籍地、公民身份号码、民族、文化程度、职业、工作单位及职务、住址等;(2)案由及案件来源;(3)犯罪嫌疑人、被告人的犯罪事实及相关证据材料;(4)犯罪嫌疑人、被告人逃匿、被通缉或者死亡的情况;(5)申请没收的财产种类、数量、价值、所在地以及查封、扣押、冻结财产清单和相关法律手续;(6)申请没收的财产属于违法所得及其他涉案财产的相关事实及证据材料;(7)提出没收违法所得申请的理由和法律依据;(8)有无近亲属和其他利害关系人以及利害关系人的姓名、身份、住址、联系方式;(9)其他应当写明的内容。材料需要翻译件的,人民检察院应当随没收违法所得申请书一并移送人民法院。对于公安机关移送的没收违法所得案件,经审查认为不符合《刑事诉讼法》《反有组织犯罪法》规定条件的,应当作出不提出没收违法所得申请的决定,并向者公安机关书面说明理由;认为需要补充证据的,应当书面要求公安机关补充证据,必要时也可以自行调查。公安机关补充证据的时间不计入人民检察院办案期限。人民检察院发现公安机关应当启动违法所得没收程序而不启动的,可以要求公安机关在 7 日以内书面说明不启动的理由。经审查,认为公安机关不启动理由不能成立的,应当通知公安机关启动程序。在公安机关移送没收违法所得意见书的过程中,在逃的犯罪嫌疑人、被告人自动投案或者被抓获的,人民检察院应当终止审查,并将案卷退回公安机关处理。在人民检察院审查起诉过程中,犯罪嫌疑人死亡,或者犯罪嫌疑人逃匿,在通缉 1 年后不能到案,依照《刑法》规定应当追缴其违法所得及其他涉案财产的,人民检察院可以直接提出没收违法所得的申请。在人民法院审理案件过程中,被告人死亡而裁定终止审理,或者被告人脱逃而裁定中止审理,人民检察院可以依法另行向人民法院提出没收违法所得的申请。人民法院对没收违法所得的申请进行审理,人民检察院应当承担举证责任。人民法院对没收违法所得的申请开庭审理的,人民检察院应当派员出席法庭。人民检察院认为同级人民法院按照违法所得没收程序所作的第一审裁定确有错误的,应当在 5 日以内向上一级人民法院提出抗诉。最高人民检察院、省级人民检察院认为下级人民法院按照违法所得没收程序所作的已经发生法律效力的裁定确有错误的,应当按照审判监督程序向同级人民法院提出抗诉。

第三,人民法院。犯罪嫌疑人、被告人逃匿、死亡的,依照《刑法》规定应当追缴其违法所得及其他涉案财产,人民检察院提出没收违法所得申请的,人民法院应当依法受理。对申请没收违法所得的案件,人民法院审理后,应当按照下列情形分别处理:(1)申请没收的财产属于违法所得及其他涉案财产的,除依法返还被害人的以外,应当裁定没收;(2)不符合《刑事诉讼法》《反有组织犯罪法》规定的条件的,应当裁定驳回申请,解除查封、扣押、冻结措施。申请没收的财产很可能属于违法所得及其他涉案财产的,应当认定为“申请没收的财产属于违法所得及其他涉案财产”。对没收违法所得或者驳回申请的裁定,犯罪嫌疑人、被告人的近亲属和其他利害关系人或者人民检察院可以在 5 日以内提出上诉、抗诉。没收违法所得裁定生效后,犯罪嫌疑人、被告人到案并对没收裁定提出异议,人民检察院向原作出裁定的人民法院提起公诉的,可以由同一审判组织审理。人民法院经审理,应当按照下列情形分别处理:(1)原裁定正确的,予以维持,不再对涉案财产作出判决;(2)原裁定确有错误的,应当撤销原裁定,并在判决中对有关涉案财产一并作出处理。其他人民法院生效的没收裁定确有错误的，应当依照审判监督程序予以纠正。

关联法规

《中华人民共和国刑事诉讼法》第二百九十八条第一款　对于贪污贿赂犯罪、恐怖活动犯罪等重大犯罪案件，犯罪嫌疑人、被告人逃匿，在通缉一年后不能到案，或者犯罪嫌疑人、被告人死亡，依照刑法规定应当追缴其违法所得及其他涉案财产的，人民检察院可以向人民法院提出没收违法所得的申请。

第四十八条　【洗钱犯罪】监察机关、公安机关、人民检察院发现与有组织犯罪相关的洗钱以及掩饰、隐瞒犯罪所得、犯罪所得收益等犯罪的，应当依法查处。

重点解读

本条是关于有组织犯罪相关的洗钱犯罪查处的规定。

根据本条，监察机关、公安机关、人民检察院在办理有组织犯罪案件过程中，发现与此有关的洗钱以及掩饰、隐瞒犯罪所得、犯罪所得收益等犯罪的，应当依照各自管辖的范围依法查处。

适用要点

适用本条时应注意以下两点：

第一，注意相关罪名、条款的衔接适用。实践中，有组织犯罪以及相关职务犯罪往往伴随着洗钱和掩饰、隐瞒犯罪所得、犯罪所得收益等犯罪。各机关应当按照《刑事诉讼法》《监察法》的相关规定，依法予以查处。我国《刑法》对洗钱犯罪采用“多条文规定、多罪名规范”的立法模式,洗钱罪与掩饰、隐瞒犯罪所得、犯罪所得收益罪均为洗钱犯罪,是特别法和一般法的法条竞合关系。

第二,着重把握洗钱罪的构成要件。洗钱罪在主观上要求行为人明知涉案财物系特殊类型犯罪所得,但这种明知包括确定性认识和可能性认识,而且不限于具体的上游犯罪罪名。洗钱罪客观行为的行为性质属于掩饰、隐瞒犯罪所得的来源和性质,行为方式具有多样性,具体方式上的差异不影响行为性质的认定,但行为方式的外延仍小于掩饰、隐瞒犯罪所得、犯罪所得收益罪。对于不具有掩饰、隐瞒犯罪所得的来源和性质的获取、占有和使用行为,以掩饰、隐瞒犯罪所得、犯罪所得收益罪认定。

关联法规

《中华人民共和国刑法》第一百九十一条 为掩饰、隐瞒毒品犯罪、黑社会性质的组织犯罪、恐怖活动犯罪、走私犯罪、贪污贿赂犯罪、破坏金融管理秩序犯罪、金融诈骗犯罪的所得及其产生的收益的来源和性质,有下列行为之一的,没收实施以上犯罪的所得及其产生的收益,处五年以下有期徒刑或者拘役,并处或者单处罚金;情节严重的,处五年以上十年以下有期徒刑,并处罚金:

(一)提供资金账户的;

(二)将财产转换为现金、金融票据、有价证券的;

(三)通过转账或者其他支付结算方式转移资金的;

(四)跨境转移资产的;

(五)以其他方法掩饰、隐瞒犯罪所得及其收益的来源和性质的。

单位犯前款罪的,对单位判处罚金,并对其直接负责的主管人员和其他直接责任人员,依照前款的规定处罚。

第四十九条　【财产处置异议】利害关系人对查封、扣押、冻结、处置涉案财物提出异议的，公安机关、人民检察院、人民法院应当及时予以核实，听取其意见，依法作出处理。

公安机关、人民检察院、人民法院对涉案财物作出处理后，利害关系人对处理不服的，可以提出申诉或者控告。

重点解读

本条是关于利害关系人对查封、扣押、冻结、处置涉案财物提出异议的处理的规定。

适用要点

适用本条时应注意以下两点：

第一，对涉案财产采取措施，应当严格依照法定条件和程序进行。严禁在立案之前查封、扣押、冻结财物。凡查封、扣押、冻结的财物，都应当及时进行审查，防止因程序违法、工作瑕疵等影响案件审理以及涉案财产处置。

第二，依法对涉案财产处置作出处理。如利害关系人提出异议、申诉或者控告的，在有关违法犯罪事实查证属实后，对于有证据证明权属明确且无争议的被害人、善意第三人或者其他人员合法财产及其孳息，凡返还不损害其他利害关系人的利益，不影响案件正常办理的，应当在登记、拍照或者录像后，依法及时返还。

关联法规

《中华人民共和国刑事诉讼法》第一百一十七条　当事人和辩护人、诉讼代理人、利害关系人对于司法机关及其工作人员有下列行为之一的，有权向该机关申诉或者控告：

（一）采取强制措施法定期限届满，不予以释放、解除或者变更的；

（二）应当退还取保候审保证金不退还的；

（三）对与案件无关的财物采取查封、扣押、冻结措施的；

（四）应当解除查封、扣押、冻结不解除的；

（五）贪污、挪用、私分、调换、违反规定使用查封、扣押、冻结的财物的。

受理申诉或者控告的机关应当及时处理。对处理不服的，可以向同级人民检察院申诉；人民检察院直接受理的案件，可以向上一级人民检察院申诉。人民检察院对申诉应当及时进行审查，情况属实的，通知有关机关予以纠正。

第五章　国家工作人员涉有组织犯罪的处理

第五十条　【相关职务犯罪】国家工作人员有下列行为的，应当全面调查，依法作出处理：

（一）组织、领导、参加有组织犯罪活动的；

（二）为有组织犯罪组织及其犯罪活动提供帮助的；

（三）包庇有组织犯罪组织、纵容有组织犯罪活动的；

（四）在查办有组织犯罪案件工作中失职渎职的；

（五）利用职权或者职务上的影响干预反有组织犯罪工作的；

（六）其他涉有组织犯罪的违法犯罪行为。

国家工作人员组织、领导、参加有组织犯罪的，应当依法从重处罚。

重点解读

本条是关于国家工作人员涉有组织犯罪的处理的规定。

本条涉及多个罪名。实践中，本条涉及的罪名主要有包庇、纵容黑社会性质组织罪，滥用职权罪，玩忽职守罪，徇私枉法罪，民事、行政枉法裁判罪，执行判决、裁定失职罪，执行判决、裁定滥用职权罪，徇私舞弊减刑、假释、暂予监外执行罪等。

适用要点

适用本条应重点关注包庇、纵容黑社会性质组织罪：

第一，准确把握“包庇”“纵容”。“包庇”，是指国家工作人员为使黑社会性质组织及其成员逃避查禁，而通风报信，隐匿、毁灭、伪造证据，阻止他人作证、检举揭发，指使他人作伪证，帮助逃匿，或者阻挠其他国家机关工作人员依法查禁等行为。“纵容”，是指国家机关工作人员不依法履行职责，放纵黑社会性质组织进行违法犯罪活动的行为。国家工作人员包庇、纵容黑社会性质的组织，有下列情形之一的，属于《刑法》第 294 条第 3 款规定的“情节严重”：(1)包庇、纵容黑社会性质组织跨境实施违法犯罪活动的；(2)包庇、纵容境外黑社会组织在境内实施违法犯罪活动的；(3)多次实施包庇、纵容行为的；(4)致使某一区域或者行业的经济、社会生活秩序遭受黑社会性质组织特别严重破坏的；(5)致使黑社会性质组织的组织者、领导者逃匿，或者致使对黑社会性质组织的查禁工作严重受阻的；(6)具有其他严重情节的。

第二，准确把握包庇、纵容黑社会性质组织罪主观要件的认定。该罪主观方面要求必须是出于故意，过失不能构成该罪。只要行为人知道或者应当知道是从事违法犯罪活动的组织，仍对该组织及其成员予以包庇，或者纵容其实施违法犯罪活动，才可认定为该罪。至于行为人是否明知该组织系黑社会性质组织，不影响该罪的成立。

案例指引

侯某发等人组织、领导、参加黑社会性质组织案、景某民包庇、纵容黑社会性质组织案

2009 年到 2011 年，被告人侯某发、侯某海、侯某亮等侯氏兄弟分别通过实施开设赌场、盗掘古墓葬、倒卖文物、强迫交易、非法采矿等违法犯罪活动，为该组织聚敛了大量钱财，随着组织成员张某民等人的先后加入，

促成了犯罪组织的发展壮大。与此同时,该犯罪组织以家族为纽带的犯罪成员受到当地执法机关个别领导的包庇纵容,如侯某亮与原A县公安局党委委员、副局长景某民相识,景某民与被告人侯某亮共同承包荒山开发旅游,共同开发某宾馆,侯某亮将宾馆房间用于开设赌场,景某民对此视而不见,明知其犯罪不进行查处,组织成员侯某海、张某民在被公安机关追究刑事责任时,都得到景某民的"关照"。正是因为景某民的包庇、纵容和直接参与盗掘古墓葬犯罪,助长了该犯罪组织称霸一方、大肆实施违法犯罪的嚣张气焰,使该涉黑组织得以长期存在。自2010年之后,侯氏兄弟为维系和强化其犯罪组织成员的关系,逃避司法机关的打击,成立了多种经济实体,将团伙成员安排到其成立的三家公司,并担任主要职务。通过吸纳、招募社会闲散人员和刑释解教人员进入所开办的实体,在侯氏兄弟的组织指挥下,该组织实施各种违法犯罪活动88起,通过一系列的违法犯罪活动,利用该组织的势力将某县境内的毒品、赌博等行业实行控制,在当地造成恶劣社会影响。景某民虽然对其案发前与该犯罪组织的首要分子及该组织成员交往辩解主观不明知,但其身为国家机关工作人员,最高职务为当地县公安局副局长,肩负打击犯罪的职责,特别是自2007年担任当地公安局领导职务后,与侯某亮合伙做生意,利益共享。对于侯氏兄弟开设的赌场,不仅不予以打击,甚至在发现有其他国家工作人员因赌博挪用公款的线索后,采取与该犯罪组织的成员进行谈判的方式,要回该笔款项,对侯氏兄弟经营赌场的犯罪行为不闻不问。至案发,侯氏兄弟在当地构筑了一个庞大的赌博网络。因景某民的包庇纵容或直接参与盗掘古墓葬犯罪,致使以侯氏兄弟为组织领导者的涉黑犯罪组织在当地大肆实施多起有组织的违法犯罪活动,造成极为恶劣的社会影响,起到了涉黑犯罪的"保护伞"作用。2018年2月,B市中级人民法院分别作出一审判决,认定侯氏兄弟等人犯黑社会性质组织犯罪,景某民犯包庇、纵容黑社会性质组织等犯罪,分别判处死缓、无期徒刑、有期徒刑20年至8年不等刑罚。被告人上诉后,C省高级人民法院进行了审理,2018年9月,C省高级人民法院依法作出终审裁定,维持原判。

本案是以血缘关系维系的黑社会性质犯罪组织，侯氏兄弟在一定时间内实施的犯罪活动中，依托血缘关系进行维系，组织成员依仗侯氏家族势力进行有组织的违法犯罪活动，组织结构较为稳定，具有严密性和层级性，有一定的规模，使侯氏兄弟对该涉黑犯罪组织发展、掌控起到了决定性作用。在办理案件过程中，准确把握涉黑罪名要义，厘清思路，透过现象看本质，最终确定该案系以血缘关系为基础、以家族势力为支撑的黑社会性质组织犯罪。随着社会的发展和司法机关不断加大对黑社会性质组织犯罪的惩治力度，黑社会性质组织在犯罪过程中也不断地对其犯罪行为进行掩盖和伪装。实践中，许多黑社会性质组织的“四个特征”并不明显，特别是组织特征往往被合法的外衣所掩盖。在具体审查认定时，应根据立法本意，认真审查，分析黑社会性质组织“四个特征”相互间的内在联系，对以公司、企业、行业协会形式存在，或以地域、聚居、血缘、行业等社会关系为依托，在一定区域或行业严重破坏经济、社会生活秩序的黑社会性质组织坚决予以打击。同时，注意深挖黑社会性质组织犯罪背后的“保护伞”，对于国家机关工作人员，只要行为人知道或者应当知道是从事违法犯罪活动的组织，仍对该组织及其成员予以包庇，或者纵容其实施违法犯罪活动的，即应认定为包庇纵容黑社会性质组织罪，依法进行严惩。

关联法规

《中华人民共和国刑法》第二百九十四条第三款 国家机关工作人员包庇黑社会性质的组织，或者纵容黑社会性质的组织进行违法犯罪活动的，处五年以下有期徒刑；情节严重的，处五年以上有期徒刑。

第五十一条　【线索移送】监察机关、人民法院、人民检察院、公安机关、司法行政机关应当加强协作配合，建立线索办理沟通机制，发现国家工作人员涉嫌本法第五十条规定的违法犯罪的线索，应当依法处理或者及时移送主管机关处理。

任何单位和个人发现国家工作人员与有组织犯罪有关的违法犯罪行为，有权向监察机关、人民检察院、公安机关等部门报案、控告、举报。有关部门接到报案、控告、举报后，应当及时处理。

重点解读

本条是关于监察机关、人民法院、人民检察院、公安机关、司法行政机关建立线索办理沟通机制的规定。

上述机关应积极参与对涉有组织犯罪问题的综合治理，促进有关部门堵漏建制，强化管理，严格执法，加强基层组织建设，最大限度挤压、铲除有组织犯罪组织滋生的空间和土壤。

适用要点

适用本条时应注意以下两点：

第一，应注重监察机关、政法机关等办案机关的协同。应建立有组织犯罪办理刑事司法与行政执法的衔接机制，以及各政法部门线索办理沟通机制，坚决防止和纠正有案不移、有案不立、有罪不究、以罚代刑。对办理有组织犯罪案件中发现的收受贿赂、渎职侵权等违纪违法或者职务犯罪线索，及时移送纪检监察机关、人民检察院。

第二，应注重监察机关、政法机关与其他党政部门的协同。各级党委政府要进一步加强对综合治理、重点治乱的组织领导，推动各部门各司其职、齐抓共管，各部门对有组织犯罪及相关线索加强沟通协调，紧盯非法借贷、建筑工程、矿产资源，娱乐场所、城乡接合部、工业园区等重点行业领域地区，综合运用各种手段预防和解决有组织犯罪组织违法犯罪突出问题。政法机关和相关部门要强化信息共享、工作联动，切实加强线索移送工作。任何单位和个人举报国家工作人员有与有组织犯罪有关的违法犯罪行为的，监察机关、人民检察院、公安机关等要及时受理并按照相关规定予以查办或移送。

第五十二条　【规范司法行为】依法查办有组织犯罪案件或者依照职责支持、协助查办有组织犯罪案件的国家工作人员，不得有下列行为：

（一）接到报案、控告、举报不受理，发现犯罪信息、线索隐瞒不报、不如实报告，或者未经批准、授权擅自处置、不移送犯罪线索、涉案材料；

（二）向违法犯罪人员通风报信，阻碍案件查处；

（三）违背事实和法律处理案件；

（四）违反规定查封、扣押、冻结、处置涉案财物；

（五）其他滥用职权、玩忽职守、徇私舞弊的行为。

重点解读

本条是关于国家工作人员在办理案件、协助办理案件时应依法规范行为的规定。

理解本条时应注重把握各项要求的具体内容，全面防范各类不当司法行为，防止国家工作人员滥用职权、玩忽职守、徇私舞弊行为影响预防和治理有组织犯罪的效果。

适用要点

适用本条时应注意以下两点：

第一，准确把握本条的规制对象。根据本条依法查办有组织犯罪案件，以及依照职责支持、协助查办有组织犯罪案件的国家工作人员，均适用本条规定。

第二，应注重本条与保密规定的协调适用。在依法查办有组织犯罪案件或者依照职责支持、协助查办有组织犯罪案件过程中，相关国家工作人员要严格遵守保密规定，切实做好案件的管理和保密工作，杜绝"跑风漏气"，坚决防止相关情况信息外泄，对于失密、泄密，造成严重后果或者不良影响的，依规依纪依法追究相关人员责任。

第五十三条　【执法保护】有关机关接到对从事反有组织犯罪工作的执法、司法工作人员的举报后，应当依法处理，防止犯罪嫌疑人、被告人等利用举报干扰办案、打击报复。

对利用举报等方式歪曲捏造事实，诬告陷害从事反有组织犯罪工作的执法、司法工作人员的，应当依法追究责任；造成不良影响的，应当按照规定及时澄清事实，恢复名誉，消除不良影响。

重点解读

本条是关于政法工作人员受到恶意举报干扰办案、打击报复后，如何恢复名誉、澄清事实，消除不良影响，保护政法干警合法权益的规定。

实践中，政法干警合法权益受损事件时有发生，恶意举报屡见不鲜。政法干警合法权益受损不仅是个人权益被侵害，也会造成国家公权力权威性下降，以及对社会法治环境的不良影响。因此，在查办有组织犯罪案件过程中，如何有效维护政法干警合法权益，减少干警权益受损现象，极为重要。部分犯罪组织成员在受到或轻或重的打击处理后，心理失衡，恶意向相关机关举报控诉干警，发泄自身的不满，还有假借举报干警，实则干扰干警执法办案，以达到规避法律，逃避惩处的目的。这些行为不仅对干警的心理造成影响，而且严重挫伤了干警的执法积极性。为此，本条以法律的形式，为政法干警合法权益提供坚实法律保护。

适用要点

实践中，各政法机关可以采取以下具体措施依法保障干警的合法权益，顺利开展反有组织犯罪工作，确保公平正义得以实现。

第一，建立专业维权权利救济机制以维护政法干警的人身及执法权益。比如，公安部发布的《公安机关维护民警执法权威工作规定》第 4 条规定，县级以上人民政府公安机关应当成立由督察长为主任，警务督察和法制、警令指挥、警务保障、政工人事、教育训练、新闻宣传及执法办案等部门为成员的维护民警执法权威工作委员会。维护民警执法权威工作委员会办公室设在警务督察部门，具体负责协调督办侵犯民警执法权威案件，受理调查相关民警的申请申诉，为受到侵犯的民警提供救济、恢复名誉、挽回损失。公安机关的规定对其他各政法单位极具借鉴意义。

第二，做好撑腰正名维权保障。诽谤、诬告严重损害了政法机关的执法形象和干警名誉。各政法机关要树立“干警声誉无小事”的维权理念，建立澄清正名维权制度，要实事求是、客观公正进行调查，澄清事实真相，同时，采取向被诬告的单位及民警出具《维权正名通知书》等方式，公开宣读澄清正名，为受侵害干警消除影响。

第三，做好法律援助保障。政法干警维权工作是一个系统工程，绝非某一家机关一己之力可以完成，需要协同相关单位共同努力。公安机关、检察机关、审判机关、司法行政机关要同纪检监察机关、宣传部门等建立维护干警执法权威工作协调联动机制，加强工作沟通与协作。多部门实行联动机制，更大程度保障干警权益，为其提供多渠道的救济机制。比如，建立维权法律顾问机制，聘请精通法律业务的法律工作人员，成为维权工作法律顾问。通过法律渠道维权，运用专业法律知识、专业党纪素能，精准维权，彰显法律的权威性和体现法律的震慑力。

第四，建立完善依法履职免责和容错纠错工作机制。中共中央印发《关于新形势下加强政法队伍建设的意见》，明确提出要健全依法履职保护机制，依法严惩妨害执法司法的违法犯罪行为。政法干警履行职权，是代表国家执法，依法正当的职务行为，各单位应为其撑腰正名，为其提供坚实的"大后方"。要建立政法干警依法履职免责和容错纠错制度，对应该免责容错的具体情形要详细列举，明确受理、执行、审批、复议等减免责工作流程。组建干警履职责任认定专家库，对干警履职行为开展调查论证，客观公正评价民警行为性质，对符合相关情形的，应当及时对民警作出免责、容错决定，激励政法干警履职担当勇为，依法履职尽责。

案例指引

公安机关保护干警权益的实践〔1〕

2018年12月19日，赵克志同志签署中华人民共和国公安部第153号令，正式发布《公安机关维护民警执法权威工作规定》，并于2019年2月1日正式施行。自2月1日该规定施行以来，全国各级警务督察部门共受理侵犯民警执法权威案件1.96万余起，其中督促依法查处暴力袭警案件7700余起，追究刑事责任8300余人、治安行政处罚1.4万余人，为2.25万余名民警提供救济、恢复名誉、挽回损失。

党的十九大以来，全国各级公安机关认真贯彻落实中央和部党委决策部署，将维护民警执法权威工作作为事关队伍稳定和凝聚力、战斗力的基础性工作，纳入全局重点任务同研究同谋划同部署，切实加强组织领导

〔1〕 参见王传宗：《保障民警依法履职　维护国家法律尊严》，载 https://rmh.pdnews.cn/Pc/ArtInfoApi/article?id=8961596，2022年1月18日访问。

保障、协调推进落实。各级警务督察部门全面贯彻落实习近平总书记重要讲话和全国公安工作会议精神,充分发挥牵头职能作用,认真推进落实上述规定,忠实履行职责,务实高效工作,努力构建维护民警执法权威工作体系,推动维护民警执法权威工作迈上新台阶。

据介绍,目前各地公安厅局普遍成立或改建了由主要领导任主任的维护民警执法权威工作委员会,切实加强组织领导,全面推动工作落地落实。

上述规定出台后,北京市公安局立即在2019年元旦假期期间召开党委会,研究学习贯彻工作。据了解,截至2018年12月底,天津、山西、河南、重庆、西藏等地公安厅局召开党委会议,专题学习并研究贯彻实施意见;河北、吉林、江苏、江西、安徽、四川等地公安厅则将执行上述规定纳入党委年度工作要点和全省公安工作绩效综合考评,加大推进力度;浙江、湖南、海南、宁夏、青海、陕西等地公安厅专门下发通知,组织全省公安机关认真学习贯彻;内蒙古、辽宁、江西、福建、山东、湖北、广西、云南、甘肃等地公安厅组织专门力量专题调研、座谈,并积极向党委政府汇报、走访检察机关,深入调查研究、收集意见建议、争取重视支持。“本规定出台后,各地公安厅局高度重视,将执行本规定作为从优待警、从严治警,温暖警心、鼓舞士气的重要举措,严格贯彻落实,坚决做到严格规范公正文明执法,坚决维护民警执法权威。”如北京市公安局海淀分局负责人表示:在海淀,最大限度地保障民警合法权益,绝不能让民警流血又流泪。警察执法代表着法律尊严,如果警察的执法权威都受到挑战,谁还能来保护咱们老百姓? 要依法治国,建设法治社会,就要为正当执法的民警撑腰,维护警察的执法权威,严惩暴力抗法的犯罪行为。只有保障了民警的合法权益,才能营造更加正气、正义的执法环境。在全面推进依法治国的新时代,维护民警执法权威既需要全警努力,也需要全社会理解支持,努力形成人人遵法守法、自觉配合执法的良好社会氛围。

第六章 国 际 合 作

第五十四条 【国际合作的对象与依据】中华人民共和国根据缔结或者参加的国际条约,或者按照平等互惠原则,与其他国家、地区、国际组织开展反有组织犯罪合作。

重点解读

本条是关于开展反有组织犯罪国际合作的对象、依据的规定。

打击有组织犯罪是一项世界性命题,需要国际社会共同应对。当前,许多犯罪组织呈现国际化的特点,借助信息网络,有组织犯罪往往跨国实施,参加犯罪组织的人员也可能来自不同国家。面临跨国有组织犯罪的严重威胁,任何一个国家仅靠自己的力量都难以有效地控制跨国有组织犯罪,只有加强国际合作才能切实打击跨国有组织犯罪。对我国而言,加强国际合作也是预防和治理有组织犯罪,维护国家安全、社会秩序、经济秩序,保护公民和组织的合法权益的必要措施。

本条具体规定了开展反有组织犯罪国际合作的对象范围和各项依据。理解本条时应注意以下两点:第一,在反有组织犯罪国际法律文件中,只有国际条约可以作为开展国际合作的依据,不包括一般性法律准则、示范法等。第二,我国开展国际合作的对象具有广泛性,不仅包括其他国家,而且包括地区和国际组织。

适用要点

适用本条时应注意反有组织犯罪国际合作的对象范围和具体依据：

第一，反有组织犯罪国际合作的对象范围。反有组织犯罪国际合作的对象是其他国家、地区和国际组织。这里的“国际组织”，既包括联合国这样的全球性国际组织，也包括欧盟、上海合作组织、反洗钱金融行动特别工作组等区域性、专门性的国际组织。合作的内容由本章后续的条文作具体规定。

第二，反有组织犯罪国际合作的具体依据。一是，依据我国缔结或者参加的国际条约。根据本条的规定，我国与其他国家、地区、国际组织开展反有组织犯罪合作的依据首先是我国缔结或者参加的国际条约。“缔结”是指我国作为初始缔约国参加条约的制定。“参加”是指我国加入由其他国家、国际组织制定的条约。这里的“国际条约”应当作广义的理解，包括双边的条约、协定，也包括多边的条约、公约。其中，最为重要的国际条约为《联合国打击跨国有组织犯罪公约》，该公约由联合国大会2000年11月15日第55/25号决议通过，旨在促进合作，以便更有效地预防和打击跨国有组织犯罪，并于2003年对我国生效。[1] 之后，我国加入了《联合国打击跨国有组织犯罪公约关于预防、禁止和惩治贩运人口特别是妇女和儿童行为的补充议定书》。[2] 二是，依据平等互惠原则。平等互惠原则也是我国与其他国家、地区、国际组织开展反有组织犯罪合作的依据。平等互惠原则的含义首先是平等，即合作双方的地位平等，互相尊重；其次是互惠，即在没有共同缔结或者参加的国际条约规定的情况下，双方彼此相互协作。如我国被请求向外国提供协助时，应当要求请求国作出将来在我国向其提出协助请求的情况下向我国提供协助的承诺。与

〔1〕 我国于2000年12月12日签署了该公约，2003年8月27日第十届全国人民代表大会常务委员会第四次会议批准公约，并声明对公约第35条第2款关于通过仲裁和国际法院解决争议条款做出保留。

〔2〕 我国同时声明不受该补充议定书第15条第2款规定的约束。

依据条约的机制性合作相比，依据互惠原则的合作往往需要逐个案件进行磋商。

此外，应注意适用反有组织犯罪国际合作依据的顺位。我国在与其他国家、地区、国际组织开展反有组织犯罪合作时，共同缔结或者参加的国际条约对合作事项有规定的，应当根据条约规定进行；没有条约规定的，再按照互惠原则进行协商。

关联法规

《中华人民共和国刑事诉讼法》第十八条 根据中华人民共和国缔结或者参加的国际条约，或者按照互惠原则，我国司法机关和外国司法机关可以相互请求刑事司法协助。

《中华人民共和国国际刑事司法协助法》第四条 中华人民共和国和外国按照平等互惠原则开展国际刑事司法协助。

国际刑事司法协助不得损害中华人民共和国的主权、安全和社会公共利益，不得违反中华人民共和国法律的基本原则。

非经中华人民共和国主管机关同意，外国机构、组织和个人不得在中华人民共和国境内进行本法规定的刑事诉讼活动，中华人民共和国境内的机构、组织和个人不得向外国提供证据材料和本法规定的协助。

第五十五条 【国际合作的部门和事项】国务院有关部门根据国务院授权，代表中国政府与外国政府和有关国际组织开展反有组织犯罪情报信息交流和执法合作。

国务院公安部门应当加强跨境反有组织犯罪警务合作，推动与有关国家和地区建立警务合作机制。经国务院公安部门批准，边境地区公安机关可以与相邻国家或者地区执法机构建立跨境有组织犯罪情报信息交流和警务合作机制。

重点解读

本条是关于开展反有组织犯罪国际合作的部门和事项的规定。

国务院公安部门、有关部门以及边境地区公安机关开展反有组织犯罪国际合作，是我国开展反有组织犯罪国际合作的组成部分。就国际合作的部门和事项予以明确，对于防范和打击有组织犯罪具有重要意义，也是我国履行国际责任和义务的重要方面。

本条具体规定了中央、地方开展反有组织犯罪国际合作的具体要求，包括开展国际合作的主体、授权主体、对象、范围等问题，为国际合作的具体开展提供了法律依据。理解本条需注意以下两点：第一，结合本法第54条的规定，开展反有组织犯罪国际合作的方式具有多样性和全面性，可以根据双边或者多边反有组织犯罪条约进行合作，也可以按照平等互惠原则开展合作。第二，之所以授权边境地区公安机关经批准可以与相邻国家或者地区执法机构开展反有组织犯罪国际合作，主要是考虑到我国国土辽阔，疆界漫长，加强与相邻国家或者地区交流，加强与边境国家合作，有利于及时防范打击有组织犯罪，是进行国际反有组织犯罪合作的有效补充方式。

适用要点

适用本条时应注意中央和地方相关部门开展反有组织犯罪国际合作的不同要求：

第一，根据本条第1款的规定，准确把握开展反有组织犯罪的部门和事项范围。一是，开展反有组织犯罪国际合作的主体是国务院有关部门。这里的有关部门包括公安部、外交部、中国人民银行等，实践当中由哪个部门负责该合作的实施应当根据合作的具体内容来确定：如果进行的是情报信息交流方面的合作，根据我国关于各部门在反有组织犯罪工作中职责的规定，一般情况下主要由公安部负责对外进行合作，法律、行政法规及国务院另有规定的依规定。二是，授权主体是国务院，即中央人民政府。作为我国最高国家权力机关的执行机关和我国最高国家行政机关，国务院有权代表我国政府对外开展活动。国务院有关部门开展反有组织犯罪国际合作是代表我国政府进行的，应当经作为中央人民政府的国务院授权，有关部门未经国务院授权不得擅自代表我国政府或者以本部门名义对外开展反有组织犯罪国际合作。三是，合作对象包括外国政府和有关国际组织。有关国际组织包括联合国、上海合作组织、欧洲联盟、非洲联盟、东南亚国家联盟、国际刑警组织、欧洲刑警组织等。四是，合作范围限于反有组织犯罪情报信息交流和执法合作两个方面。

第二，根据本条第 2 款的规定，准确把握公安部门开展跨境反有组织犯罪警务合作的具体要求。

(1)公安部是国务院主管全国公安工作的职能部门，也即本款中规定的“国务院公安部门”。其具体负责两项职责：一是加强跨境反有组织犯罪警务合作，二是推动与有关国家和地区建立警务合作机制。无论是“警务合作”还是“警务合作机制”均强调宏观性，应注重从国家层面、体系层面推进这一工作。

(2)边境地区公安机关经公安部批准，可以与相邻国家或者地区执法机构建立跨境有组织犯罪情报信息交流和警务合作机制。一是，边境地区公安机关经公安部批准，有权对外开展具体跨境反有组织犯罪警务合作。边境地区公安机关对外开展反有组织犯罪国际合作，需要经公安部批准，不能擅自决定。而且许多犯罪组织隐藏较深、组织严密、活动范围广，需要中央统揽全局，协调各方面力量，特别是与有关国家或者地区进行沟通，才能保证工作的顺利进行。地方虽然具备相应经验，对当地情况较为熟悉，但掌握了解全面的信息有限，合作不当还可能延误对有组织犯罪的打击或应对处置。因此，边境地区公安机关必须得到公安部批准才能从事具体反有组织犯罪国际合作工作。二是，合作对象是相邻国家或者地区，一般是相邻国家或者地区相应级别的执法机构。三是，合作范围包括建立跨境有组织犯罪情报信息交流和警务合作机制。

第五十六条　【刑事司法协助和引渡】涉及有组织犯罪的刑事司法协助、引渡，依照有关法律的规定办理。

重点解读

本条是关于开展反有组织犯罪刑事司法协助和引渡的规定。

有组织犯罪的跨国化是世界各国共同面临的问题。很多有组织犯罪行为涉及多国领域，犯罪组织的成员也往往不限于某一国家，而是来自世界不同国家，因此各国需要加强刑事领域的有效合作，积极形成打击有组织犯罪的合力。我国积极参与国际反有组织犯罪事务，不断加强与其他国家、地区和国际组织的协作配合，通过缔结和参加的国际条约与有关国家进行刑事司法协助和引渡，在打击有组织犯罪方面发挥了重要作用。

本条对打击有组织犯罪中的刑事司法协助和引渡问题作出规定。理解本条需注意以下两点：第一，本条为衔接性规定，即明确有组织犯罪中的刑事司法协助和引渡“依照有关法律的规定办理”，为相应刑事协助事项提供了规范指引。第二，本条规定的系狭义“刑事司法协助”。刑事司法协助有广义与狭义之分，广义的刑事司法协助包括引渡、被判刑人移管、诉讼转移、外国刑事判决的承认和执行以及其他诉讼行为。狭义的刑事司法协助是指一国应另一国的请求，通过本国司法机关的活动为使请求国的刑事诉讼顺利进行而提供有关案件的证据、文书送达等帮助，不包括引渡、被判刑人移管、诉讼转移、外国刑事判决的承认和执行等。本条所规定的刑事司法协助与引渡并列，是指狭义的刑事司法协助。

适用要点

适用本条时应注意刑事司法协助、引渡事项与相关法律的衔接适用：

第一，刑事司法协助。根据《刑事诉讼法》的规定，进行刑事司法协助的依据是我国缔结、参加的国际条约，与有关国家没有签订刑事司法协助条约，也没有共同参加规定刑事司法协助内容的国际公约的，按照互惠原则进行刑事司法协助，相互之间给予对等的司法协助。刑事司法协助是不同国家的司法机关之间相互协作，为对方代为一定诉讼方面的行为。刑事司法协助的具体内容，双边条约一般会作出具体规定，如我国与加拿大签订的《关于刑事司法协助的条约》规定的刑事司法协助主要内容有代为送达文书、代为调查取证、允许请求国人员在调查取证时在场、被请求国提供在押人员或者其他人员作证、对证人和鉴定人的保护、进行搜查和扣押、移交赃款赃物、领事官员直接送达文书和调查取证、通报刑事诉讼结果、提供犯罪记录等。

第二，引渡。引渡，是指一国向另一国提出请求，要求另一国将在其境内的某一刑事逃犯移交给请求国，以便请求国对其提起刑事诉讼或者执行刑罚的活动。目前世界上许多国家通过签订双边或者多边引渡条约等形式，确定了打击犯罪的国际合作。我国自改革开放以来，随着对外交往的增多，涉外刑事案件也日益增多，这其中就包括有组织犯罪案件。为了有效地打击这些犯罪活动，我国于2000年制定了《引渡法》，对外国向我国请求引渡中的引渡条件、引渡请求的提出、对引渡请求的审查、为引渡而采取的强制措施、引渡的执行、暂缓引渡和临时引渡、引渡的过境以及我国向外国请求引渡等问题作出了明确规定，并先后与多个国家签订了双边引渡条约。《引渡法》和引渡条约为我国和其他国家在打击包括有组织犯罪在内的犯罪活动中开展引渡工作提供了法律依据。

案例指引

朱利等九人拐卖妇女、诈骗案[1]

被告人朱利多年前收买被告人韦氏粉，双方以夫妻名义共同生活，并

〔1〕 参见最高人民检察院：《第一批国际刑事司法协助典型案例》，载 https://n.eastday.com/pnews/1605373299023698，2021年12月10日访问。

育有子女。自2016年年初，被告人武氏乔、朱文贡等多名越南人与韦氏粉、朱利联系，以介绍婚姻为名，将阮氏静春等多名越南女子带至韦氏粉与朱利居住地暂住，再通过被告人陈安春、王建永等当地媒人寻找当地需要收买越南妇女为妻的未婚男青年，多名当地未婚男青年以3万至5万元不等价格收买越南女为妻，其中大部分越南妇女与收买者共同生活后不久即逃离。2018年6月19日，因越南妇女柯小玲被收买人看管太严，找不到机会逃跑，遂报警称自己被拐卖，导致案发。

检察机关审查发现，涉案外籍妇女的身份以及她们是被拐卖的还是来骗婚的难以判断；朱文贡、武氏乔涉嫌组织偷越国边境罪的证据严重不足。按照检察机关退查提纲的要求，侦查机关请求越南驻华大使馆协助提供相关涉案人员身份信息，并根据使馆提供的信息，查明朱文贡、武氏乔等8名人员具有越南国籍。

2019年12月25日，蚌埠市蚌山区人民法院判决认定被告人朱利、韦氏粉、陈安春、王建永犯拐卖妇女罪、诈骗罪，分别判处有期徒刑5年至18年6个月，并处罚金；被告人武氏乔、朱文贡、阮氏静春等人犯诈骗罪，分别被判处2年3个月至4年6个月不等的有期徒刑，刑满释放后驱逐出境。

中国和越南之间已签署刑事司法协助条约，最高人民检察院是该条约规定的中方中央机关，因此，在案件侦查阶段，检察机关可以指导侦查机关层报公安部，并由公安部通过最高人民检察院联系越南最高人民检察院，请求查明越南犯罪嫌疑人的身份；在审查起诉阶段，检察机关可以直接层报最高人民检察院联系越南最高人民检察院，请求查明越南犯罪嫌疑人的身份。

关联法规

《中华人民共和国国际刑事司法协助法》第二条 本法所称国际刑事司法协助，是指中华人民共和国和外国在刑事案件调查、侦查、起诉、审判和执行等活动中相互提供协助，包括送达文书，调查取证，安排证人作证或者协助调查，查封、扣押、冻结涉案财物，没收、返还违法所得及其他涉案财物，移管被判刑人以及其他协助。

第五条 中华人民共和国和外国之间开展刑事司法协助，通过对外联系机关联系。

中华人民共和国司法部等对外联系机关负责提出、接收和转递刑事司法协助请求，处理其他与国际刑事司法协助相关的事务。

中华人民共和国和外国之间没有刑事司法协助条约的，通过外交途径联系。

第六条 国家监察委员会、最高人民法院、最高人民检察院、公安部、国家安全部等部门是开展国际刑事司法协助的主管机关，按照职责分工，审核向外国提出的刑事司法协助请求，审查处理对外联系机关转递的外国提出的刑事司法协助请求，承担其他与国际刑事司法协助相关的工作。在移管被判刑人案件中，司法部按照职责分工，承担相应的主管机关职责。

办理刑事司法协助相关案件的机关是国际刑事司法协助的办案机关，负责向所属主管机关提交需要向外国提出的刑事司法协助请求、执行所属主管机关交办的外国提出的刑事司法协助请求。

第六十七条 中华人民共和国与有关国际组织开展刑事司法协助，参照本法规定。

《中华人民共和国引渡法》第二条 中华人民共和国和外国之间的引渡，依照本法进行。

第四条 中华人民共和国和外国之间的引渡，通过外交途径联系。中华人民共和国外交部为指定的进行引渡的联系机关。

引渡条约对联系机关有特别规定的，依照条约规定。

第五十七条 【通过国际合作取得的材料的使用】通过反有组织犯罪国际合作取得的材料可以在行政处罚、刑事诉讼中作为证据使用,但依据条约规定或者我方承诺不作为证据使用的除外。

重点解读

本条是关于通过反有组织犯罪国际合作取得的材料如何使用的规定。

追究犯罪组织及其人员的行政或者刑事法律责任,需要有证据支持。随着有组织犯罪的国际化,在我国境内发生的有组织犯罪或者在我国境外发生的针对我国公民、财产等的有组织犯罪,有的是境内外犯罪组织相互勾结策划实施的,有的是外国籍的犯罪组织人员具体实施的,在追究这些组织和人员法律责任的时候,有些证据材料需要通过反有组织犯罪国际合作取得。一般来说,可以用于证明案件事实的材料都可以作为证据使用。但是,不同于在国内调查取得的证据,通过国际合作取得的材料具有一定的特殊性,因为涉及其他国家,因此要受到国际惯例和与相关国家的条约或者协议的约束。

本条对通过反有组织犯罪国际合作取得的材料能否在行政处罚、刑事诉讼中作为证据使用的问题作了规定,为执法和司法提供了法律依据。理解本条时应注意:第一,通过国际合作取得的材料可以作为证据使用,但是必须满足附加条件,排除依据条约规定或者我方承诺不作为证据使用这两种特殊情形。第二,通过反有组织犯罪国际合作取得的材料既可以是用于证明构成犯罪的证据,也可以是用于证明构成违法行为的证据。

适用要点

适用本条时应注意把握通过国际合作取得的材料使用时的一般和特殊情形:

第一,通过反有组织犯罪国际合作取得的材料原则上可以在行政处罚、刑事诉讼中作为证据使用。我国法律对行政处罚和刑事诉讼的证据要求作出了明确规定,追究任何人的行政或者刑事责任,包括犯罪组织及其人员,都要依法进行。行政处罚,是指行政机关依法对违反行政管理秩序的公民、法人或者其他组织给予一定的惩罚。公民、法人或者其他组织违反行政管理秩序的行为,依法应当给予行政处罚的,行政机关必须查明事实,违法事实不清的不得给予行政处罚。行政机关发现公民、法人或者其他组织有依法应当给予行政处罚的行为的,必须全面、客观、公正地调查,收集有关证据,决定给予行政处罚的应当制作行政处罚决定书,行政处罚决定书应当载明违反法律、法规或者规章的事实和证据。刑事诉讼,是指依法追究违反《刑法》规定、构成犯罪的人的刑事责任的诉讼活动。根据《刑事诉讼法》的规定,案件事实清楚,证据确实、充分,依据法律认定被告人有罪的,应当作出有罪判决;证据不足,不能认定被告人有罪的,应当作出证据不足、指控的犯罪不能成立的无罪判决。可以用于证明案件事实的材料,都是证据。证据包括:物证,书证,证人证言,被害人陈述,犯罪嫌疑人、被告人供述和辩解,鉴定意见,勘验、检查、辨认、侦查实验等笔录,视听资料、电子数据。明确通过反有组织犯罪国际合作取得的材料原则上可以在行政处罚、刑事诉讼中作为证据使用,有利于依法打击犯罪组织及其人员。

第二,特殊情形下,通过反有组织犯罪国际合作取得的材料不可以在行政处罚、刑事诉讼中作为证据使用。具体包括两种特殊情形:一是,“依据条约规定”不作为证据使用。例如,《联合国打击跨国有组织犯罪公约》第 18 条第 19 款规定:“未经被请求缔约国事先同意,请求缔约国不得将被请求缔约国提供的资料或证据转交或用于请求书所述以外的侦查、起诉或审判程序。本款规定不妨碍请求缔约国在其诉讼中披露可证明被告人无罪或罪轻的资料或证据。就后一种情形而言,请求缔约国应在披露之前通知被请求缔约国,并依请求与被请求缔约国磋商。如在例外情况下不可能事先通知时,请求缔约国应毫不迟延地将披露一事通告被请求缔约国。”依据该规定，应对披露证明有罪或无罪（罪轻）的证据区别处理。二是，“我方承诺”不作为证据使用。根据国际惯例，或者是为了得到有关国家的配合获取相关证据而与其签订的条约或者协议，我国有时会对通过国际合作取得的证据在使用方面作出一些承诺，主要是限制证据使用方面的承诺。这些承诺对于通过反有组织犯罪国际合作取得的材料同样适用。

此外，如果某一通过反有组织犯罪国际合作取得的材料也能证明其他案件的相关事实，而外国主管机关将该证据材料的使用限制于特定案件或者附加其他限制，我国行政机关和司法机关在办理案件中就应当遵守有关约定或者承诺。

关联法规

《中华人民共和国国际刑事司法协助法》第六十八条 向中华人民共和国提出的刑事司法协助请求或者应中华人民共和国请求提供的文件和证据材料，按照条约的规定办理公证和认证事宜。没有条约或者条约没有规定的，按照互惠原则办理。

第七章　保障措施

第五十八条　【保障措施的一般规定】国家为反有组织犯罪工作提供必要的组织保障、制度保障和物质保障。

重点解读

本条是关于反有组织犯罪保障措施的一般规定。

反有组织犯罪是一项系统工程，特别是在预防和治理有组织犯罪的层面，需要强有力的支持与保障。各项反有组织犯罪工作的开展离不开组织领导和统筹协调，需要做好协调督促、总结评估、复制推广等工作，加强政策措施衔接配套，依法依规抓好落实，这需要组织、制度、物质等方面的全面保障。

本条明确了组织保障、制度保障和物质保障在反有组织犯罪保障措施中的基础地位。理解本条需注意组织保障、制度保障和物质保障往往不是孤立的，而是需要协同推进。比如，关于反有组织犯罪专项资金的管理，也需要建设配套的具体制度，抓好落实。

适用要点

适用本条时应注意把握不同类型的保障措施：

第一，反有组织犯罪工作的组织保障。强调组织保障既是我国反有组织犯罪工作的特色所在，也是优势所在。各项反有组织犯罪举措的实施，均需要多个方面的组织保障。一是，各级党组织、各级政府的保障。应强化党委领导、政府主导、部门协同、社会参与的反有组织犯罪领导体制，将反有组织犯罪工作开展情况作为党务和管理建设的重要指标，纳入工作绩效评价。此外，应特别重视基层党组织建设，整顿软弱涣散基层党组织，净化村（社区）“两委”队伍，不断完善城乡基层治理体系，有效铲除滋生有组织犯罪的土壤。二是，反有组织犯罪工作的机制保障。反有组织犯罪工作相关部门要落实主体责任，构建政策支持，强化监督检查，确保各项举措得到不折不扣地落实。同时应建立健全部门协同机制，加强反有组织犯罪工作的统筹协调，建立分工协作、齐抓共管、协调有效的工作机制。

第二，反有组织犯罪工作的制度保障。反有组织犯罪工作需要全面、体系的制度保障，推进相关制度和本法各项规定的衔接协调，共同推进有组织犯罪的预防和治理。一是相关立法制度的保障。反有组织犯罪工作牵涉方方面面，需要和《刑法》《刑事诉讼法》《治安管理处罚法》《社区矫正法》《监察法》《人民警察法》《网络安全法》《反洗钱法》《监狱法》《国际刑事司法协助法》等众多法律衔接，因此需要做好相关立法的制定、修改、解释等工作，切实促进本法和相关立法相协调。二是其他相关制度的保障。除全国层面立法制度的协调外，反有组织犯罪工作也需要与其他制度衔接协调。各部门、各地区要根据实际情况制定和完善相关管理规范，为各项反有组织犯罪举措的顺利落实提供保障。特别是关于本法确立的一些新制度、新规定，要制定出台细化措施，切实规范和保障相关执法行为。

第三，反有组织犯罪工作的物质保障。反有组织犯罪工作各项工作的开展同样离不开坚实的物质保障。一是专项资金的保障。在加强投入的基础上，加强预算执行监督，全面实施预算绩效管理，促进管理协调，提高专项资金使用效率。二是其他资金的保障。加强与财政、发改委等部门的协调，为反有组织犯罪工作的基础设施建设、信息化建设、教育培训等方面争取资金扶持,并且适当、妥善地吸引社会资金助力反有组织犯罪工作。三是装备建设的保障。加大反有组织犯罪装备建设投入,对反有组织犯罪工作所需的业务技术装备、综合保障装备、专项执法装备等优先列入装备配备规划和年度实施计划,有计划地对各项设备进行充实、更新。

第五十九条 【反有组织犯罪专业力量】公安机关和有关部门应当依照职责,建立健全反有组织犯罪专业力量,加强人才队伍建设和专业训练,提升反有组织犯罪工作能力。

重点解读

本条是关于反有组织犯罪专业力量的规定。

推进反有组织犯罪工作的深入开展,切实预防和治理有组织犯罪,需要建立一支强大、高效的专业队伍。本法总则第 4 条针对有组织犯罪社会危害大、组织性严密等情况,规定反有组织犯罪工作应当坚持专门工作与群众路线相结合。本条是对总则这一规定的落实,对有关部门和单位的反有组织犯罪专门队伍建设提出了明确要求,以保障法律赋予的反有组织犯罪工作职责得以有效履行,切实取得实效。

本条对于反有组织犯罪专业力量相关事项作出全面规定。理解本条需注意以下两点:第一,公安机关和有关部门需依照法律规定的职责建立健全反有组织犯罪专业力量。公安机关和有关部门必须依照职责开展这一工作,不能任意设立、扩大。第二,本条仅规定公安机关和有关部门是负责反有组织犯罪的专业力量,其他参与力量不在本条规定之列。反有组织犯罪的社会力量也是反有组织犯罪力量的有机组成部分,特别是依靠群众开展反有组织犯罪工作也是经实践检验行之有效的方法,这些社会力量可依法在相关部门指导下有序参与反有组织犯罪工作。

适用要点

适用本条时应注意把握反有组织犯罪力量的专业性、负责部门、人才建设和训练要求：

第一，应注意反有组织犯罪力量的专业性。反有组织犯罪专业力量是防范、打击和应对处置有组织犯罪的主要力量，是有关部门和单位反有组织犯罪职责的具体实施者，在情报信息搜集、防范违法犯罪、应对紧急处置反有组织犯罪国际合作等方面发挥着重要作用。犯罪组织往往掌握一定的暴力手段，并且具有相当程度的社会影响力，反有组织犯罪工作危险性高，专业性强，时效性突出，这都需要一支经过专业训练、具备丰富经验、配备专业装备的力量来执行反有组织犯罪任务。因此，应突出反有组织犯罪力量的专业性，从而保证在面对错综复杂的情况时能及时、果断采取科学的应对处置方式，及时、有效地对有组织犯罪予以打击，尽可能避免有组织犯罪的发生和减少造成的生命财产损失。

第二，应准确把握建设反有组织犯罪力量的部门。负责建立反有组织犯罪专业力量的主体是公安机关等具有法定反有组织犯罪职责的有关部门。特别是根据本法规定，公安机关负责反有组织犯罪的多项工作，在预防、治理有组织犯罪，以及开展国际合作过程中均承担着大量的职责，应当建立专业的力量开展反有组织犯罪工作。

第三，应加强反有组织犯罪工作人才队伍建设。应加强干部反有组织犯罪能力培训，提高预防、治理有组织犯罪的能力和水平。完善反有组织犯罪人才培养和使用机制，建设高质量专门人才队伍。健全激励机制，依法依规表彰奖励为反有组织犯罪工作作出突出贡献的组织和个人。

第四，对于建立的反有组织犯罪专业力量，应当加强专业训练。专业训练，是指针对有组织犯罪的特点、规律、手段、方式等进行有针对性的训练，掌握相应的技能、技巧，使反有组织犯罪专业力量在应对和面对该类犯罪时能够在合适的时机采取合适的措施。之所以强调对于反有组织犯罪专业力量加强专业训练，是因为反有组织犯罪工作疑难复杂，专业性强,从事该项工作的人员需要具备专业知识、专业技能。此外,有组织犯罪发展的速度较快,因此也需要针对其最新变化及时开展相关专业训练。

关联法规

《中华人民共和国人民警察法》第二条 人民警察的任务是维护国家安全,维护社会治安秩序,保护公民的人身安全、人身自由和合法财产,保护公共财产,预防、制止和惩治违法犯罪活动。

人民警察包括公安机关、国家安全机关、监狱、劳动教养管理机关的人民警察和人民法院、人民检察院的司法警察。

第六条 公安机关的人民警察按照职责分工,依法履行下列职责:

(一)预防、制止和侦查违法犯罪活动;

(二)维护社会治安秩序,制止危害社会治安秩序的行为;

(三)维护交通安全和交通秩序,处理交通事故;

(四)组织、实施消防工作,实行消防监督;

(五)管理枪支弹药、管制刀具和易燃易爆、剧毒、放射性等危险物品;

(六)对法律、法规规定的特种行业进行管理;

(七)警卫国家规定的特定人员,守卫重要的场所和设施;

(八)管理集会、游行、示威活动;

(九)管理户政、国籍、入境出境事务和外国人在中国境内居留、旅行的有关事务;

(十)维护国(边)境地区的治安秩序;

(十一)对被判处拘役、剥夺政治权利的罪犯执行刑罚;

(十二)监督管理计算机信息系统的安全保护工作;

(十三)指导和监督国家机关、社会团体、企业事业组织和重点建设工程的治安保卫工作,指导治安保卫委员会等群众性组织的治安防范工作;

(十四)法律、法规规定的其他职责。

第二十九条 国家发展人民警察教育事业,对人民警察有计划地进行政治思想、法制、警察业务等教育培训。

第六十条 【经费保障】国务院和县级以上地方各级人民政府应当按照事权划分,将反有组织犯罪工作经费列入本级财政预算。

重点解读

本条是关于反有组织犯罪经费保障的规定。

反有组织犯罪工作经费是反有组织犯罪工作的物质前提,是保障措施的重要方面。与《突发事件应对法》《人民警察法》对相关工作的经费保障问题作出明确规定一样,本条对反有组织犯罪经费保障作出专门规定,对于具有反有组织犯罪工作职责的部门和单位有效履行职责,提高工作效率,加强战斗力,具有十分重要的意义。

理解本条时应注意以下两点:第一,不仅国务院,县级以上地方各级人民政府也应按照事权划分保障反有组织犯罪工作经费,本条明确了各级行政主体的经费保障职责。第二,本条还特别强调了列入本级财政预算,也即国务院和县级以上地方各级人民政府均应将反有组织犯罪工作经费列入本级财政预算。

适用要点

适用本条时应注意经费保障的权限、方式要求:

第一,按照事权划分保障反有组织犯罪工作经费。2013 年 11 月 12 日,党的十八届三中全会通过的《中共中央关于全面深化改革若干重大问题的决定》提出,建立事权和支出责任相适应的制度。中央和地方按照事权划分相应承担和分担支出责任。国务院即中央人民政府,是最高国家权力机关的执行机关,是最高国家行政机关。地方各级人民政府是地方各级人民代表大会的执行机关,是地方各级国家行政机关,县级以上地方各级人民政府包括县级、设区的市级和省级三级人民政府。本法对国务院及其有关部门和县级以上地方各级人民政府及其有关部门在反有组织犯罪工作中应当履行的职责和承担的任务作了规定，比如，本法第17条规定：“国务院反洗钱行政主管部门、国务院其他有关部门、机构应当督促金融机构和特定非金融机构履行反洗钱义务，发现与有组织犯罪有关的可疑交易活动的，有关主管部门可以依法进行调查，经调查不能排除洗钱嫌疑的，应当及时向公安机关报案。”第55条规定：“国务院有关部门根据国务院授权，代表中国政府与外国政府和有关国际组织开展反有组织犯罪情报信息交流和执法合作。国务院公安部门应当加强跨境反有组织犯罪警务合作，推动与有关国家和地区建立警务合作机制。经国务院公安部门批准，边境地区公安机关可以与相邻国家或者地区执法机构建立跨境有组织犯罪情报信息交流和警务合作机制。”可见，国务院和县级以上地方各级人民政府应当根据本级政府在反有组织犯罪工作中依法承担的职责和任务保障所需的工作经费，即属于国务院事权范围内事项所需工作经费由国务院予以保障，属于省级政府的由省级政府予以保障，属于设区的市级政府和县级政府的由相应级别政府进行保障。

第二，保障反有组织犯罪工作经费的方式是将其列入本级财政预算。即纳入相应级别政府财政正常的预算支出范围，由政府财政予以保障，从而建立稳定的反有组织犯罪经费保障机制。

此外，对于需要经费支持和保障的，国家可以通过财政转移支付等方式实施。我国《预算法》规定，国家实行财政转移支付制度，财政转移支付包括中央对地方的转移支付和地方上级政府对下级政府的转移支付。这里主要是中央对地方的转移支付。目前我国中央对地方转移支付分为一般性转移支付和专项转移支付。一般性转移支付，是指上级政府对有财力缺口的下级政府，按照规范的办法给予的补助。一般性转移支付不规定具体用途，由下级政府根据本地区实际情况统筹安排使用。专项转移支付，是指上级政府为了实现特定的经济和社会发展目标，给予下级政府的资金补助，由下级政府按照上级政府规定的用途安排使用。

关联法规

《中华人民共和国人民警察法》第三十七条 国家保障人民警察的经费。人民警察的经费,按照事权划分的原则,分别列入中央和地方的财政预算。

《中华人民共和国预算法》第六条 一般公共预算是对以税收为主体的财政收入,安排用于保障和改善民生、推动经济社会发展、维护国家安全、维持国家机构正常运转等方面的收支预算。

中央一般公共预算包括中央各部门(含直属单位,下同)的预算和中央对地方的税收返还、转移支付预算。

中央一般公共预算收入包括中央本级收入和地方向中央的上解收入。中央一般公共预算支出包括中央本级支出、中央对地方的税收返还和转移支付。

第七条 地方各级一般公共预算包括本级各部门(含直属单位,下同)的预算和税收返还、转移支付预算。

地方各级一般公共预算收入包括地方本级收入、上级政府对本级政府的税收返还和转移支付、下级政府的上解收入。地方各级一般公共预算支出包括地方本级支出、对上级政府的上解支出、对下级政府的税收返还和转移支付。

第八条 各部门预算由本部门及其所属各单位预算组成。

第十六条 国家实行财政转移支付制度。财政转移支付应当规范、公平、公开,以推进地区间基本公共服务均等化为主要目标。

财政转移支付包括中央对地方的转移支付和地方上级政府对下级政府的转移支付,以为均衡地区间基本财力、由下级政府统筹安排使用的一般性转移支付为主体。

按照法律、行政法规和国务院的规定可以设立专项转移支付,用于办理特定事项。建立健全专项转移支付定期评估和退出机制。市场竞争机制能够有效调节的事项不得设立专项转移支付。

上级政府在安排专项转移支付时，不得要求下级政府承担配套资金。但是，按照国务院的规定应当由上下级政府共同承担的事项除外。

第六十一条　【特殊人员保护措施】因举报、控告和制止有组织犯罪活动，在有组织犯罪案件中作证，本人或者其近亲属的人身安全面临危险的，公安机关、人民检察院、人民法院应当按照有关规定，采取下列一项或者多项保护措施：

（一）不公开真实姓名、住址和工作单位等个人信息；

（二）采取不暴露外貌、真实声音等出庭作证措施；

（三）禁止特定的人接触被保护人员；

（四）对人身和住宅采取专门性保护措施；

（五）变更被保护人员的身份，重新安排住所和工作单位；

（六）其他必要的保护措施。

重点解读

本条是关于反有组织犯罪工作中特殊人员保护措施的规定。

对特殊人员予以保护对反有组织犯罪工作具有重要意义。《联合国打击跨国有组织犯罪公约》第24条规定："1. 各缔约国均应在其力所能及的范围内采取适当的措施，为刑事诉讼中就本公约所涵盖的犯罪作证的证人并酌情为其亲属及其他与其关系密切者提供有效的保护，使其免遭可能的报复或恐吓。2. 在不影响被告人的权利包括正当程序权的情况下，本条第1款所述措施可包括：(a)制定向此种人提供人身保护的程序，例如，在必要和可行的情况下将其转移，并在适当情况下允许不披露或限制披露有关其身份和下落的情况；(b)规定可允许以确保证人安全的方式作证的证据规则，例如，允许借助于诸如视像连接之类的通信技术或其他适当手段提供证言。3. 缔约国应考虑与其他国家订立有关转移本条第1

款所述人员的安排。4. 本条的规定也应适用于作为证人的被害人。”对《联合国打击跨国有组织犯罪公约》所列具体事项，我国《刑事诉讼法》规定就黑社会性质的组织犯罪案件中证人、鉴定人、被害人因在诉讼中作证，本人或者其近亲属的保护作出 5 项具体规定：(1)不公开真实姓名、住址和工作单位等个人信息；(2)采取不暴露外貌、真实声音等出庭作证措施；(3)禁止特定的人员接触证人、鉴定人、被害人及其近亲属；(4)对人身和住宅采取专门性保护措施；(5)其他必要的保护措施。

本条在《刑事诉讼法》相关规定的基础上，进一步完善了相应措施以加强对相关人员的保护，这既是反有组织犯罪专门立法规定的保障措施的重要内容，也是解除当事人后顾之忧，防范和打击有组织犯罪的实际需要。

理解本条时需注意本条规定和《刑事诉讼法》第 64 条的不同之处：第一，本条规定扩大了保护对象，将因举报、控告和制止有组织犯罪活动，本人或者其近亲属的人身安全面临危险的情况纳入保护的范围。第二，《刑事诉讼法》第 64 条适用的犯罪类型仅为黑社会性质组织犯罪，本条适用的犯罪类型则是包括黑社会性质组织犯罪和恶势力组织犯罪。第三，除了《刑事诉讼法》第 64 条规定的不公开真实姓名、住址和工作单位等个人信息，采取不暴露外貌、真实声音等出庭作证措施，禁止特定的人员接触证人、鉴定人、被害人及其近亲属，对人身和住宅采取专门性保护措施，其他必要的保护措施这五项措施外，本条还规定了变更被保护人员的身份，重新安排住所和工作单位这一措施。根据本条，对于有组织犯罪案件，在刑事诉讼中也可以按照本法规定采取这种保护措施。

适用要点

适用本条时应注意保护措施适用的对象范围、适用条件、执行主体和措施种类：

第一，保护措施的对象范围。本条规定的保护措施适用于两类人员：

第一类是因举报、控告和制止有组织犯罪活动，本人或者其近亲属的人身安全面临危险的人。因为报告和制止有组织犯罪活动，本人或者其近亲属的人身安全面临危险的人，可以申请采取相应的保护措施。第二类是在有组织犯罪案件中作证，本人或者其近亲属的人身安全面临危险的人。因在有组织犯罪案件中作证，本人或者其近亲属的人身安全面临危险的人，可以申请采取相应的保护措施。

第二，保护措施的适用条件。即因反有组织犯罪相关工作，本人及其近亲属面临安全危险。实践中，在举报、控告和制止有组织犯罪活动的人和在有组织犯罪案件中作证的人，本人及其近亲属遭受打击报复的风险较高，面临很大的人身安全威胁。因此，对以上人员中人身安全面临危险的人，有必要采取相应措施予以保护。这里的“面临危险”，是指本人及其近亲属的人身安全可能面临比较迫切的现实危险的情形，而不是想象的精神威胁。是否属于“面临危险”，需要结合不同人员的具体情况等综合考虑。

第三，保护措施的执行主体。根据本条规定，采取保护措施的执行主体为公安机关、人民检察院、人民法院，执行中需要结合被保护人的具体情况和需要采取的具体保护措施确定执行主体。

第四，保护措施的具体类型。根据本条规定，可以对上述特殊人员采取多项保护措施。一是，不公开真实姓名、住址和工作单位等个人信息。这是对被保护人的个人身份不予公开的保护措施。根据有关规定，在刑事诉讼中，人民法院、人民检察院和公安机关对于依法决定不公开证人等人员的真实姓名、住址和工作单位等个人信息的，可以在判决书、裁定书、起诉书、询问笔录等法律文书、证据材料中使用化名等代替证人等人员的个人信息。但是，应当书面说明使用化名的情况并标明密级，单独成卷。辩护律师经法庭许可，查阅证人等人员使用化名情况的，应当签署保密承诺书。二是，采取不暴露外貌、真实声音等出庭作证措施。这是在庭审过程中对被保护人采取的专门措施。三是，禁止特定的人接触被保护人员。这是禁止可能实施打击报复的特定人员在一定期间内接触被保护人的措施。四是,对人身和住宅采取专门性保护措施。五是,变更被保护人员的姓名,重新安排住所和工作单位。第四类、第五类措施要付出更大的人力、物力成本,对面临比较迫切的重大危险的人员,可以考虑采取此类措施。六是,其他必要的保护措施。

案例指引

王文勇、陈清运输毒品、非法持有毒品案[1]

2007年12月18日,被告人王文勇指使被告人陈清从上海乘飞机前往四川省成都市天合酒店与其会面,王文勇将装有毒品的纸袋交给陈清。次日,陈清按王文勇的要求携带毒品乘坐K292次列车回沪。12月21日上午6时许,二人在上海市中亚饭店2420房间交接毒品时被侦查人员抓获,当场查获装在纸袋内的大量白色晶体。嗣后,侦查人员又在王文勇驾驶的牌号为苏ACC436汽车内查获大量灰色及红色药片,从王文勇入住的中亚饭店1317房间内查获少量淡黄色晶体、白色晶体。经上海市毒品检验中心鉴定,纸袋中的白色晶体净重4496.8克,甲基苯丙胺含量为78.39%;汽车内查获的灰色药片净重300.18克,二亚甲基双氧安非他明(MDMA)含量为27.90%,红色药片净重176.17克,甲基苯丙胺含量为11.07%;1317房间内查获的淡黄色晶体净重5.63克、白色晶体净重2.23克,均检出甲基苯丙胺成分。

上海市第一中级人民法院以运输毒品罪判处被告人王文勇死刑,剥夺政治权利终身,并处没收个人全部财产;以非法持有毒品罪判处王文勇有期徒刑12年,剥夺政治权利3年,并处罚金人民币24,000元;决定执行死刑,剥夺政治权利终身,并处没收个人全部财产。一审宣判后,被告人王文勇不服,向上海市高级人民法院提出上诉。二审法院经过审理后,裁

〔1〕 参见余剑:《侦查人员出庭作证的案件范围和程序》,载《人民司法》2011年第10期。

定驳回上诉人王文勇的上诉，维持原判，并依法报请最高人民法院核准。最高人民法院经复核后，裁定核准上海市高级人民法院维持一审判决的刑事裁定。

为准确查明案件事实，依法保障被告人的诉讼权利，一审法院在庭审中依法传唤负责抓捕被告人王文勇的侦查人员采用视频屏蔽方式作证。出庭作证的侦查人员作为一种特殊的证人，就其执行职务过程中获悉的案件事实和相关情况向法庭进行说明，其作证程序应与一般证人有所区别。为保护侦查人员的安全，对于从事打击有组织犯罪及其关联犯罪等特殊任务的侦查人员，在必要时可以视频屏蔽方式出庭作证。

关联法规

《中华人民共和国刑事诉讼法》第六十四条　对于危害国家安全犯罪、恐怖活动犯罪、黑社会性质的组织犯罪、毒品犯罪等案件，证人、鉴定人、被害人因在诉讼中作证，本人或者其近亲属的人身安全面临危险的，人民法院、人民检察院和公安机关应当采取以下一项或者多项保护措施：

（一）不公开真实姓名、住址和工作单位等个人信息；

（二）采取不暴露外貌、真实声音等出庭作证措施；

（三）禁止特定的人员接触证人、鉴定人、被害人及其近亲属；

（四）对人身和住宅采取专门性保护措施；

（五）其他必要的保护措施。

证人、鉴定人、被害人认为因在诉讼中作证，本人或者其近亲属的人身安全面临危险的，可以向人民法院、人民检察院、公安机关请求予以保护。

人民法院、人民检察院、公安机关依法采取保护措施，有关单位和个人应当配合。

《人民检察院刑事诉讼规则》第七十九条　人民检察院在办理危害国

家安全犯罪、恐怖活动犯罪、黑社会性质的组织犯罪、毒品犯罪等案件过程中，证人、鉴定人、被害人因在诉讼中作证，本人或者其近亲属人身安全面临危险，向人民检察院请求保护的，人民检察院应当受理并及时进行审查。对于确实存在人身安全危险的，应当立即采取必要的保护措施。人民检察院发现存在上述情形的，应当主动采取保护措施。

人民检察院可以采取以下一项或者多项保护措施：

（一）不公开真实姓名、住址和工作单位等个人信息；

（二）建议法庭采取不暴露外貌、真实声音等出庭作证措施；

（三）禁止特定的人员接触证人、鉴定人、被害人及其近亲属；

（四）对人身和住宅采取专门性保护措施；

（五）其他必要的保护措施。

人民检察院依法决定不公开证人、鉴定人、被害人的真实姓名、住址和工作单位等个人信息的，可以在起诉书、询问笔录等法律文书、证据材料中使用化名。但是应当另行书面说明使用化名的情况并标明密级，单独成卷。

人民检察院依法采取保护措施，可以要求有关单位和个人予以配合。

对证人及其近亲属进行威胁、侮辱、殴打或者打击报复，构成犯罪或者应当给予治安管理处罚的，人民检察院应当移送公安机关处理；情节轻微的，予以批评教育、训诫。

《公安机关办理刑事案件程序规定》第七十五条 对危害国家安全犯罪、恐怖活动犯罪、黑社会性质的组织犯罪、毒品犯罪等案件，证人、鉴定人、被害人因在侦查过程中作证，本人或者其近亲属的人身安全面临危险的，公安机关应当采取以下一项或者多项保护措施：

（一）不公开真实姓名、住址、通讯方式和工作单位等个人信息；

（二）禁止特定的人员接触被保护人；

（三）对被保护人的人身和住宅采取专门性保护措施；

（四）将被保护人带到安全场所保护；

（五）变更被保护人的住所和姓名；

（六）其他必要的保护措施。

证人、鉴定人、被害人认为因在侦查过程中作证，本人或者其近亲属的人身安全面临危险，向公安机关请求予以保护，公安机关经审查认为符合前款规定的条件，确有必要采取保护措施的，应当采取上述一项或者多项保护措施。

公安机关依法采取保护措施，可以要求有关单位和个人配合。

案件移送审查起诉时，应当将采取保护措施的相关情况一并移交人民检察院。

第六十二条 【保护措施的批准与配合】采取本法第六十一条第三项、第四项规定的保护措施，由公安机关执行。根据本法第六十一条第五项规定，变更被保护人员身份的，由国务院公安部门批准和组织实施。

公安机关、人民检察院、人民法院依法采取保护措施，有关单位和个人应当配合。

重点解读

本条是关于特殊人员保护措施具体执行的规定。

如何具体执行特殊人员的保护措施一直是反有组织犯罪工作的重要方面。早在2012年，最高人民法院、最高人民检察院、公安部、司法部《关于办理黑社会性质组织犯罪案件若干问题的规定》第10条即规定，在侦查、起诉、审判过程中，对于因作证行为可能导致本人或者近亲属的人身、财产安全受到严重危害的证人，分别经地市级以上公安机关主要负责人、人民检察院检察长、人民法院院长批准，应当对其身份采取保密措施。在扫黑除恶专项斗争中，相关部门也注重对于特殊人员进行有效保护，积累了实践经验。

本条具体规定了如何执行特殊人员的保护措施，具体明确了批准主体和配合义务。本法第 61 条创新地规定了变更被保护人员的身份，重新安排住所和工作单位这一保护措施，也需要规定与之配套的执行机制。因此，不同于《刑事诉讼法》对特殊人员保护措施作出统一规定，本条单独规定了保护措施的批准与执行，这突出体现了在反有组织犯罪工作中强化特殊人员保护措施执行的立法意蕴。

适用要点

适用本条时应注意实施特殊人员保护措施的执行要求：

第一，执行保护措施的特殊要求。本条第 1 款规定了两种执行保护措施的特殊要求。一是，禁止特定的人接触被保护人员、对被保护人员的人身和住宅采取专门性保护措施，由公安机关执行。其中，禁止特定的人接触被保护人员，是指采取措施、发布禁令，禁止可能实施打击报复的特定人员在一定期间内接触被保护人员；对被保护人员的人身和住宅采取专门性保护措施，包括派警力保护被保护人员人身和住宅的安全，在极个别的情况甚至可根据办案需要为其更换住宅、姓名等。由于这两项保护措施涉及动用警力等情形，因此需要公安机关予以执行。二是，变更被保护人员的身份这一保护措施应当由公安部批准和组织实施。相对于前两项情形，这一情形更为特殊，往往需要跨地域、跨部门采取措施，动用社会资源更为庞大，因此由公安部批准和组织实施。

第二，执行保护措施的配合要求。人民法院、人民检察院、公安机关依法采取保护措施，有时需要其他单位或者个人的配合。如不公开证人的个人信息可能需要新闻媒体配合，禁止特定人员接触证人、鉴定人、被害人及其近亲属可能需要基层群众组织的配合等。本条第 2 款规定有关单位和个人应当配合办案机关依法采取保护措施，使保护措施能够有效地起到必要的保护作用。

第六十三条 【参照特殊人员保护】实施有组织犯罪的人员配合侦查、起诉、审判等工作，对侦破案件或者查明案件事实起到重要作用的，可以参照证人保护的规定执行。

重点解读

本条是关于参照特殊人员采取保护措施的规定。

实施有组织犯罪的人员积极配合反有组织犯罪工作时，也需要对其采取一定的保护措施。《联合国打击跨国有组织犯罪公约》第 26 条规定，各缔约国均应采取适当措施，鼓励参与或曾参与有组织犯罪集团的个人为主管当局的侦查和取证提供有用信息，为主管当局提供可能有助于剥夺有组织犯罪集团的资源或犯罪所得的切实而具体的帮助，并应按该公约第 24 条（保护证人）的规定为此类人员提供保护。由此，《联合国打击跨国有组织犯罪公约》明确了对于该类人员参照证人予以保护的规则。

在扫黑除恶专项斗争中，相关部门也十分注意对于积极配合侦查、起诉、审判工作的有组织犯罪的人员予以保护。最高人民法院、最高人民检察院、公安部、司法部《关于办理黑恶势力犯罪案件若干问题的指导意见》第 35 条第 2 款即规定："犯罪嫌疑人、被告人，积极配合侦查、起诉、审判工作，在查明黑社会性质组织的组织结构和组织者、领导者的地位作用，组织实施的重大犯罪事实，追缴、没收赃款赃物，打击'保护伞'等方面提供重要线索和证据，经查证属实的，可以根据案件具体情况，依法从轻、减轻或者免除处罚，并对其参照证人保护的有关规定采取保护措施。前述规定，对于确属组织者、领导者的犯罪嫌疑人、被告人应当严格掌握。"在打击有组织犯罪实践中，相关部门充分运用这一条款，加强对实施有组织犯罪的人员进行转化与保护，切实推动了反有组织犯罪工作开展。

本条具体规定了实施有组织犯罪的人员参照特殊人员采取保护措施的具体要求。理解本条时应注意：第一，适用的对象为"实施有组织犯罪的人员”，而非所有与犯罪组织相关的人员。第二，实施有组织犯罪的人员必须“配合”相关诉讼工作，如果其未予配合，即便发挥了重要作用，也不能适用本条采取保护措施的规定。

适用要点

适用本条时应注意把握对于实施有组织犯罪的人员参照特殊人员保护的具体条件：

第一，实施有组织犯罪的人员应配合侦查、起诉、审判等工作。侦查，是指公安机关、人民检察院等部门在办理刑事案件过程中，依法进行的专门调查工作和有关的强制措施。起诉，是指检察机关对确定经侦查终结的刑事案件是否应当提起公诉，就侦查机关确认的犯罪事实和证据进行全面审查核实，作出决定是否提起公诉的一项诉讼活动。审判，是指人民法院在当事人和其他诉讼参与人的实施下，依照法定程序，对纠纷进行审理并作出裁判的活动。在适用这一规定时应注意两点：一是，“侦查、起诉、审判等工作”一般指刑事审判的相关工作，而非所有的审判工作；二是，实施有组织犯罪的人员需配合有组织犯罪的“侦查、起诉、审判等工作”，而非其他类型的工作。

第二，实施有组织犯罪的人员的配合对侦破案件或者查明案件事实起到重要作用。侦破案件，是指查清案件的主要事实，获取主要证据，查获犯罪嫌疑人。(刑事)案件事实，主要是指被告人是否有罪、有何罪、需要如何量刑。运用证据查明案件事实，是刑事审判最重要的任务。这里的“侦破案件或者查明案件事实”同样须指向有组织犯罪案件的侦破或者事实查明。此外，本条还要求在有组织犯罪案件的侦破或者事实查明过程中实施有组织犯罪的人员“起到重要作用”，因此仅是一般层面的认罪悔罪、如实供述并不符合这一条件，需要具有立功等发挥重要作用的情节。

第六十四条 【执法、司法人员及近亲属的保护】对办理有组织犯罪案件的执法、司法工作人员及其近亲属，可以采取人身保护、禁止特定的人接触等保护措施。

重点解读

本条是关于执法、司法人员及近亲属的保护措施的规定。

依照本法和相关法律规定从事安全防范、情报信息、调查、应对处置等反有组织犯罪工作的人员及其近亲属，也可能受到犯罪组织的嫉恨，面临人身安全风险。因从事这些工作其本人或者近亲属的人身安全面临危险的人，可以申请采取相应的保护措施。最高人民法院、最高人民检察院、公安部、司法部《关于办理黑恶势力犯罪案件若干问题的指导意见》第35条第4款规定："对于办理黑社会性质组织犯罪案件的政法干警及其近亲属，需要采取保护措施的，可以参照《刑事诉讼法》等关于证人保护的有关规定，采取禁止特定的人员接触、对人身和住宅予以专门性保护等必要的措施，以确保办理案件的司法工作人员及其近亲属的人身安全。"在扫黑除恶专项斗争中，也根据该规定进行了系统的实践，有力地保护了干警及其近亲属的安全。

本条将上述实践经验以立法的形式加以规定，强化对于反有组织犯罪执法、司法人员及近亲属的保护。理解本条时应注意以下两点：第一，本条的适用对象必须为"办理有组织犯罪案件的执法、司法工作人员及其近亲属"，因其他原因为犯罪组织嫉恨，面临人身安全的情形，可以采取其他保护方式，但不适用本条规定。第二，对于上述人员仅是"可以"采取保护措施，具体是否采取尚需结合具体情况加以决定。

适用要点

适用本条时应注意把握保护对象的范围和保护措施的种类:

第一,应准确把握执法、司法人员的范围。一是执法人员的范围。一般而言,执法人员,是指在行政行为的实施过程中代表行政主体参与对相关问题的调查、审核或作出决定的人员,是行政执法职能的具体执行和实施者。本条中的"执法工作人员"具体指办理有组织犯罪案件的执法工作人员,主要包括人民警察、相关部门执法工作人员等。二是司法人员的范围。《刑法》规定的"司法工作人员"是指有侦查、检察、审判、监管职责的工作人员,本条规定的"司法工作人员"比其范围更为广泛。例如,法警等人员也可能遭受犯罪组织的嫉恨,如将其排除在保护范围之外则可能不当限缩保护对象的范围,在实践中应注意。

第二,应准确把握保护措施的种类。一是,本条明文规定了"人身保护、禁止特定的人接触"这两类保护措施,在实践中应当主要考察这两种措施能否适用于办理有组织犯罪案件的执法、司法工作人员及其近亲属。实践中,上述人员本身履行法定职责,一些情况已经为诉讼参与人所知悉,而一般情况也不需要变更被保护人员的身份或重新安排住所和工作单位。二是,本条还作出"等"的兜底规定。这是考虑到在特殊情况下,也可能对于上述人员适用其他种类的保护措施。

此外,应注意虽然本条没有明确要求"本人及其近亲属面临安全危险",但是结合本法第 61 条的规定,对执法、司法工作人员及其近亲属适用保护措施也需要存在其面临个人无法应对的安全风险的情形。

关联法规

《中华人民共和国刑法》第九十四条 本法所称司法工作人员,是指有侦查、检察、审判、监管职责的工作人员。

第六十五条 【伤残、死亡人员的待遇】对因履行反有组织犯罪工作职责或者协助、配合有关部门开展反有组织犯罪工作导致伤残或者死亡的人员，按照国家有关规定给予相应的待遇。

重点解读

本条是关于在反有组织犯罪工作中伤残、死亡人员的待遇的规定。

犯罪组织及其人员由于受暴力等思想等影响，在实施有组织犯罪时往往手段残忍、无所顾忌，甚至造成人身伤亡。反有组织犯罪工作直接面对危险的犯罪组织及其人员，有关人员不仅在执行或者协助执行工作任务时人身安全面临巨大危险，日后也容易成为犯罪组织及其人员打击报复的对象，实践当中出现伤残、牺牲的情况时有发生。

为表彰、抚恤他们为国家、社会作出的牺牲，体现国家对这些人员的关心和爱护，解除他们的后顾之忧，弘扬为维护国家安全、人民生命财产安全无私奉献的精神，本条明确规定，对因履行反有组织犯罪工作职责或者协助、配合有关部门开展反有组织犯罪工作导致伤残或者死亡的人员给予抚恤优待。理解本条时应注意以下两点：第一，本条未作出“可以”的限制规定，凡是因履行反有组织犯罪工作职责或者协助、配合有关部门开展反有组织犯罪工作导致伤残或者死亡的人员，都应当给予以相应的待遇。第二，本条规定按照“国家有关规定”，而非“国家规定”，因此所依据的规范性文件既包括法律、行政法规，也包括部门规章，不应限缩其范围。

适用要点

适用本条时应注意把握对象范围和待遇种类：

第一，伤残、死亡人员的对象范围。本条规定的给予相应待遇的人员包括履行反有组织犯罪工作职责或者协助、配合有关部门开展反有组织犯罪工作导致伤残或者死亡的人员。履行反有组织犯罪工作职责的人员，是指依据本法在反有组织犯罪工作中承担一定职责的单位和部门的人员；协助、配合反有组织犯罪工作的人员，是指本身并没有反有组织犯罪工作职责，而积极为反有组织犯罪工作提供帮助的人员。不论是履行反有组织犯罪工作职责的人员，还是协助、配合反有组织犯罪工作的人员，都可能因此而导致伤残或者死亡，国家对这些人员应当给予相应的待遇和保障。

第二，伤残、死亡人员的待遇种类。因履行反有组织犯罪工作职责或者协助、配合有关部门开展反有组织犯罪工作导致伤残或者死亡的人员既可能是警察等国家机关工作人员，也可能是企业、事业单位人员或者无用人单位的人员等。我国相关法律法规等对于各类人员因公导致伤残、死亡的规定了相应的待遇，本条对因履行反有组织犯罪工作职责或者协助、配合有关部门开展反有组织犯罪工作导致伤残或者死亡的如何享受待遇作了衔接性规定，即按照国家有关规定给予相应的待遇。我国在这方面制定有大量的规定和政策，既有中央层面的，也有地方层面的，都属于这里的“国家有关规定”。

一是，因履行反有组织犯罪工作职责或者协助、配合有关部门开展反有组织犯罪工作导致死亡的人员依法被评定为烈士的，应当依照《烈士褒扬条例》的规定对其本人予以褒扬，对其遗属给予抚恤优待，包括发放烈士褒扬金和对烈士遗属予以抚恤优待等。

二是，国家机关工作人员因履行反有组织犯罪工作职责负伤致残，按照《伤残抚恤管理办法》的有关规定予以评残和抚恤；其评残条件、伤残性质的认定、伤残等级评定标准、伤残抚恤金标准等参照《军人抚恤优待条例》《军人残疾等级评定标准》等有关规定办理。人民警察的伤亡抚恤按照民政部、最高人民法院、最高人民检察院、教育部、公安部、国家安全部、司法部、财政部、交通运输部等九部门印发的《人民警察抚恤优待办法》执行。

三是，根据《工伤保险条例》的规定，在抢险救灾等维护国家利益、公共利益活动中受到伤害的，视同工伤，按照《工伤保险条例》的有关规定享受工伤保险待遇。因此,依法参加工伤社会保险的人员因协助、配合有关部门开展反有组织犯罪工作导致伤残或者死亡,属于视同工伤情形的,依法享受工伤保险待遇。

此外,有关部门和地方也对因公伤亡人员优待作出了一些规定。比如,民政部、教育部、公安部、财政部、人力资源社会保障部、住房和城乡建设部、卫生部联合制定了《关于加强见义勇为人员权益保护的意见》,对于符合条件的协助、配合有关部门开展反有组织犯罪工作导致伤残或者死亡的人员,可以按照上述意见的规定享受相应的待遇。

关联法规

《烈士褒扬条例》第二条　公民在保卫祖国和社会主义建设事业中牺牲被评定为烈士的,依照本条例的规定予以褒扬。烈士的遗属,依照本条例的规定享受抚恤优待。

第八条　公民牺牲符合下列情形之一的,评定为烈士:

(一)在依法查处违法犯罪行为、执行国家安全工作任务、执行反恐怖任务和处置突发事件中牺牲的;

(二)抢险救灾或者其他为了抢救、保护国家财产、集体财产、公民生命财产牺牲的;

(三)在执行外交任务或者国家派遣的对外援助、维持国际和平任务中牺牲的;

(四)在执行武器装备科研试验任务中牺牲的;

(五)其他牺牲情节特别突出,堪为楷模的。

现役军人牺牲,预备役人员、民兵、民工以及其他人员因参战、参加军事演习和军事训练、执行军事勤务牺牲应当评定烈士的,依照《军人抚恤优待条例》的有关规定评定。

《伤残抚恤管理办法》第二条　本办法适用于符合下列情况的中国公民:

（一）在服役期间因战因公致残退出现役的军人，在服役期间因病评定了残疾等级退出现役的残疾军人；

（二）因战因公负伤时为行政编制的人民警察；

（三）因参战、参加军事演习、军事训练和执行军事勤务致残的预备役人员、民兵、民工以及其他人员；

（四）为维护社会治安同违法犯罪分子进行斗争致残的人员；

（五）为抢救和保护国家财产、人民生命财产致残的人员；

（六）法律、行政法规规定应当由退役军人事务部门负责伤残抚恤的其他人员。

前款所列第（三）、第（四）、第（五）项人员根据《工伤保险条例》应当认定视同工伤的，不再办理因战、因公伤残抚恤。

《工伤保险条例》第十四条 职工有下列情形之一的，应当认定为工伤：

（一）在工作时间和工作场所内，因工作原因受到事故伤害的；

（二）工作时间前后在工作场所内，从事与工作有关的预备性或者收尾性工作受到事故伤害的；

（三）在工作时间和工作场所内，因履行工作职责受到暴力等意外伤害的；

（四）患职业病的；

（五）因工外出期间，由于工作原因受到伤害或者发生事故下落不明的；

（六）在上下班途中，受到非本人主要责任的交通事故或者城市轨道交通、客运轮渡、火车事故伤害的；

（七）法律、行政法规规定应当认定为工伤的其他情形。

第十五条 职工有下列情形之一的，视同工伤：

（一）在工作时间和工作岗位，突发疾病死亡或者在48小时之内经抢救无效死亡的；

（二）在抢险救灾等维护国家利益、公共利益活动中受到伤害的；

（三）职工原在军队服役，因战、因公负伤致残，已取得革命伤残军人证，到用人单位后旧伤复发的。

职工有前款第（一）项、第（二）项情形的，按照本条例的有关规定享受工伤保险待遇；职工有前款第（三）项情形的，按照本条例的有关规定享受除一次性伤残补助金以外的工伤保险待遇。

第八章 法律责任

第六十六条 【对有组织犯罪依法追究刑事责任】组织、领导、参加黑社会性质组织，国家机关工作人员包庇、纵容黑社会性质组织，以及黑社会性质组织、恶势力组织实施犯罪的，依法追究刑事责任。

境外的黑社会组织的人员到中华人民共和国境内发展组织成员、实施犯罪，以及在境外对中华人民共和国国家或者公民犯罪的，依法追究刑事责任。

重点解读

本条是关于对有组织犯罪依法追究刑事责任的规定。

有组织犯罪危害国家安全、社会秩序、经济秩序以及组织的合法权益，应当依法予以严厉惩处。为推进反有组织犯罪工作依法有序开展，本法对预防和治理、案件办理、涉案财产认定和处置、国家工作人员涉有组织犯罪的处理、国际合作、保障措施等相关制度作了规定，并在第一章“总则”中专门针对有组织犯罪的定义作出明确规定。本条作为《反有组织犯罪法》“法律责任”一章的第一条，明确规定对各种有组织犯罪依法追究刑事责任，宣示了国家对有组织犯罪严厉惩处，绝不妥协的态度。同时，本条也是在依法追究有组织犯罪刑事责任问题上与《刑法》衔接的规定。

我国《刑法》历来重视防范和惩处有组织犯罪，第 294 条具体规定了组织、领导、参加黑社会性质组织罪，入境发展黑社会组织罪以及包庇、纵容黑社会性质组织罪，对于黑社会性质组织的相关犯罪予以全面打击。本条是依据《刑法》第 294 条作出的衔接规定，并对其他有组织犯罪予以整体规定。除上述规定外，本条还规定了黑社会性质组织、恶势力组织实施犯罪，以及境外的黑社会组织的人员到我国境内实施犯罪，以及在境外对我国或者公民犯罪的情形。

理解本条时除了应注重和《刑法》的衔接外，也应注重本条和其他相关规范性文件衔接。虽然《刑法》并未就恶势力组织作出专门规定，但是其第 25 条、第 26 条关于共同犯罪、犯罪集团等规定对于黑社会性质组织犯罪、恶势力组织犯罪同样适用。此外，为有效打击有组织犯罪，相关部门还出台了立法解释、司法解释以及其他规范性文件，主要包括：(1) 全国人民代表大会常务委员会《关于〈中华人民共和国刑法〉第二百九十四条第一款的解释》；(2) 最高人民法院《关于审理黑社会性质组织犯罪的案件具体应用法律若干问题的解释》；(3) 最高人民法院、最高人民检察院、公安部《办理黑社会性质组织犯罪案件座谈会纪要》；(4) 最高人民法院、最高人民检察院、公安部、司法部《关于办理黑社会性质组织犯罪案件若干问题的规定》；(5) 最高人民法院《全国部分法院审理黑社会性质组织犯罪案件工作座谈会纪要》；(6) 最高人民法院、最高人民检察院、公安部、司法部《关于办理黑恶势力犯罪案件若干问题的指导意见》；(7) 最高人民法院、最高人民检察院、公安部、司法部《关于办理恶势力刑事案件若干问题的意见》；(8) 最高人民法院、最高人民检察院、公安部、司法部《关于办理"套路贷"刑事案件若干问题的意见》；(9) 最高人民法院、最高人民检察院、公安部、司法部《关于办理实施"软暴力"的刑事案件若干问题的意见》；(10) 最高人民法院、最高人民检察院、公安部、司法部《关于办理利用信息网络实施黑恶势力犯罪刑事案件若干问题的意见》；等等。在对有组织犯罪追究刑事责任时也应按照这些规范性文件的要求，严格依法对其予以打击。

适用要点

适用本条时应注意各类有组织犯罪行为的认定：

第一，组织、领导、参加黑社会性质组织行为的认定。一是，只要有组织、领导或者参加黑社会性质组织的行为，就可以构成，不要求本人有其他犯罪行为。“组织”黑社会性质组织，是指倡导、发起、策划、建立黑社会性质组织的行为。“领导”黑社会性质组织，是指在黑社会性质组织中处于领导地位，对该组织的活动进行策划、决策、指挥、协调的行为。二是，参加黑社会性质组织，具体分为积极参加和其他参加两种情形。“积极参加”黑社会性质的组织，是指积极、主动加入黑社会性质的组织的行为。“其他参加”的，即指一般参加者，是指在黑社会性质的组织中，除组织、领导和积极参加者外，其他参加该组织的成员。

第二，国家机关工作人员包庇、纵容黑社会性质组织的认定。“国家机关工作人员”，是指在国家各级党政机关、权力机关、司法机关等机关中执行一定职权的工作人员。“包庇”，是指国家机关工作人员为使黑社会性质组织及其成员逃避查禁，而通风报信，隐匿、毁灭、伪造证据，阻止他人作证、检举揭发，指使他人作伪证，帮助逃匿，或者阻挠其他国家机关工作人员依法查禁等行为。“纵容”，是指国家机关工作人员不依法履行职责，对黑社会性质组织的违法犯罪活动不依法制止，反而予以放纵的行为。

第三，黑社会性质组织、恶势力组织实施犯罪的认定。与前两项情形不同，这一情形不仅涉及黑社会性质组织实施犯罪，而且涉及恶势力组织实施犯罪。根据相关规范性文件的规定，黑恶势力为谋取不法利益或形成非法影响，往往有组织地采用滋扰、纠缠、哄闹、聚众造势等手段侵犯他人人身权利、财产权利，破坏经济秩序、社会秩序。构成犯罪的，应当分别依照《刑法》相关规定处理，其常见罪名除了包括故意杀人罪、故意伤害罪、强奸罪、抢劫罪等暴力犯罪外，还包括寻衅滋事罪、强迫交易罪、敲诈勒索罪、非法侵入住宅罪等犯罪。

第四，境外的黑社会组织的人员到我国境内发展组织成员的认定。“境外的黑社会组织”，是指被境外国家和地区确定为黑社会组织，既包括外国的黑社会组织，也包括我国台湾地区、香港特别行政区、澳门特别行政区的黑社会组织。所谓“到中华人民共和国境内发展组织成员”，是指境外黑社会组织通过引诱、拉拢、腐蚀、强迫、威胁、暴力、贿赂等手段，在我国境内将境内或者境外人员吸收为该黑社会组织成员的行为。

第五，境外的黑社会组织的人员到我国境内实施犯罪，以及在境外对我国国家或者公民犯罪的认定。(1)境外的黑社会组织的人员到我国境内实施犯罪的认定。根据《刑法》第6条的规定，犯罪的行为或者结果有一项发生在中华人民共和国领域、船舶或者航空器内的，就认为是在中华人民共和国领域内犯罪，凡在中华人民共和国领域内犯罪的，除法律有特别规定的以外，都适用《刑法》。“中华人民共和国领域”，是指我国国境以内的全部区域，具体包括：领陆，即国境线以内的陆地及其陆地下的地层；领水，即内水(内河、内海、内湖以及同外国之间界水的一部分)和领海(我国领海宽度为12海里)及其以下的地层；领空，即领陆和领水之上的空间。境外的黑社会组织的人员所实施的犯罪的行为或者结果只要涉足上述领域，即受我国《刑法》管辖。(2)境外的黑社会组织的人员在境外对我国国家或者公民犯罪的认定。根据《刑法》第8条的规定，外国人在我国领域外对我国国家或者公民犯罪，而按《刑法》规定的最低刑为3年以上有期徒刑的应予追究，但是按照犯罪地的法律不受处罚的除外。据此，境外的黑社会组织的人员在境外对我国国家或者公民犯罪必须同时具备以下条件的，才能适用我国《刑法》：一是对我国国家或者公民犯罪。二是按《刑法》规定的最低刑为3年以上有期徒刑的犯罪。三是根据犯罪地的法律，也认为是犯罪，应当给予刑事处罚。

案例指引

陈某某等16人组织、领导黑社会性质组织、故意伤害、开设赌场等案[1]

自2002年起,陈某某在广州市原芳村区经营迪士高酒城、夜总会、游戏机室、网吧、餐厅期间,拉拢朱某、陈某明等人,在其经营的场所内纵容毒品贩卖、游戏机赌博,牟取非法利益,并逐渐建立了以其为领导者的黑社会性质组织。期间有组织地实施了盗窃、故意伤害、寻衅滋事、开设赌场、敲诈勒索、容留他人吸毒、行贿、非法拘禁、高利转贷、窝藏、妨害作证、故意销毁会计凭证等一系违法犯罪活动,长期为所欲为,为非作歹,称霸一方,在广州市荔湾区芳村区域形成了非法控制和重大影响,严重破坏了当地正常的公共秩序、经济秩序、生产秩序和生活秩序,社会影响极其恶劣。

人民法院以组织、领导黑社会性质组织罪,故意伤害罪,开设赌场罪,敲诈勒索罪,寻衅滋事罪,高利转贷罪,妨害作证罪,容留他人吸毒罪,非法拘禁罪,盗窃罪,窝藏罪,故意销毁会计凭证罪,行贿罪数罪并罚判处陈某某死刑,缓期二年执行,剥夺政治权利终身,并处没收财产人民币1000万元,罚金人民币1820万元;其他被告人判处15年至6年有期徒刑不等,并处罚金。

该案中,陈某某等人组织、领导黑社会性质组织,并且操纵、经营"黄赌毒"等违法犯罪活动,实施了故意伤害、开设赌场等犯罪行为,较为全面地体现了组织、领导、参加黑社会性质组织犯罪以及黑社会性质组织实施犯罪的情形。

---

[1] 参见广东省高级人民法院:《广东高院发布扫黑除恶典型案例》,载 http://www.shaowu.gov.cn/cms/html/swsrmzf/2021-10-28/106060834.html,2022年1月2日访问。

关联法规

《中华人民共和国刑法》第六条　凡在中华人民共和国领域内犯罪的，除法律有特别规定的以外，都适用本法。

凡在中华人民共和国船舶或者航空器内犯罪的，也适用本法。

犯罪的行为或者结果有一项发生在中华人民共和国领域内的，就认为是在中华人民共和国领域内犯罪。

第八条　外国人在中华人民共和国领域外对中华人民共和国国家或者公民犯罪，而按本法规定的最低刑为三年以上有期徒刑的，可以适用本法，但是按照犯罪地的法律不受处罚的除外。

第二百九十四条第一款至第四款　组织、领导黑社会性质的组织的，处七年以上有期徒刑，并处没收财产；积极参加的，处三年以上七年以下有期徒刑，可以并处罚金或者没收财产；其他参加的，处三年以下有期徒刑、拘役、管制或者剥夺政治权利，可以并处罚金。

境外的黑社会组织的人员到中华人民共和国境内发展组织成员的，处三年以上十年以下有期徒刑。

国家机关工作人员包庇黑社会性质的组织，或者纵容黑社会性质的组织进行违法犯罪活动的，处五年以下有期徒刑；情节严重的，处五年以上有期徒刑。

犯前三款罪又有其他犯罪行为的，依照数罪并罚的规定处罚。

第六十七条　【涉未成年人有组织犯罪的刑事责任】发展未成年人参加黑社会性质组织、境外的黑社会组织，教唆、诱骗未成年人实施有组织犯罪，或者实施有组织犯罪侵害未成年人合法权益的，依法从重追究刑事责任。

重点解读

本条是关于涉未成年人有组织犯罪刑事责任的规定。

未成年人自我保护能力弱、辨别能力低,易受到黑恶势力的诱骗和胁迫,对利用、针对未成年人实施有组织犯罪的行为,更要依法严厉打击,从严惩处。在扫黑除恶专项斗争中,实务部门在办理黑恶势力犯罪案件时,发现一些未成年人被胁迫、利诱参与、实施黑恶势力犯罪,严重危害未成年人健康成长和社会和谐稳定。因此,为保护未成年人合法权益,依法从严惩治胁迫、教唆、引诱、欺骗等利用未成年人实施黑恶势力犯罪的行为,2020 年最高人民法院、最高人民检察院、公安部、司法部发布《关于依法严惩利用未成年人实施黑恶势力犯罪的意见》,明确了对利用未成年人实施有组织犯罪予以严惩的态度。相关立法也对涉未成年人有组织犯罪予以关注,如《预防未成年人犯罪法》对于教唆、胁迫、引诱未成年人实施不良行为或者严重不良行为的情形予以打击,《未成年人保护法》禁止胁迫、引诱、教唆未成年人参加黑社会性质组织或者从事违法犯罪活动。本条即是在充分总结归纳既有立法和实践经验的基础上作出的规定。

理解本条时应注意,有组织犯罪涉未成年人包括两种情况:第一种情况是,利用未成年人实施的有组织犯罪,具体包括发展未成年人参加黑社会性质组织、境外的黑社会组织,或者教唆、诱骗未成年人实施有组织犯罪两种情形。第二种情况是,针对未成年人实施的有组织犯罪,具体指向实施有组织犯罪侵害未成年人合法权益的情形。2020 年最高人民法院发布的《关于加强新时代未成年人审判工作的意见》也规定:“对未成年人权益要坚持双向、全面保护。坚持双向保护,既依法保障未成年被告人的权益,又要依法保护未成年被害人的权益,对各类侵害未成年人的违法犯罪要依法严惩。坚持全面保护,既要加强对未成年人的刑事保护,又要加强对未成年人的民事、行政权益的保护,努力实现对未成年人权益的全方位保护。”因此,在预防和治理涉未成年人有组织犯罪时要充分统筹考虑这两种情况,切实做到全面预防和治理。

适用要点

适用本条时应注意结合相关规范性文件予以具体把握：

第一，应准确把握利用未成年人实施有组织犯罪的情形。最高人民法院、最高人民检察院、公安部、司法部《关于依法严惩利用未成年人实施黑恶势力犯罪的意见》第一部分明确了9种应当从重处罚的具体情形：(1)组织、指挥未成年人实施故意杀人、故意伤害致人重伤或者死亡、强奸、绑架、抢劫等严重暴力犯罪的；(2)向未成年人传授实施黑恶势力犯罪的方法、技能、经验的；(3)利用未达到刑事责任年龄的未成年人实施黑恶势力犯罪的；(4)为逃避法律追究，让未成年人自首、做虚假供述顶罪的；(5)利用留守儿童、在校学生实施犯罪的；(6)利用多人或者多次利用未成年人实施犯罪的；(7)针对未成年人实施违法犯罪的；(8)对未成年人负有监护、教育、照料等特殊职责的人员利用未成年人实施黑恶势力违法犯罪活动的；(9)其他利用未成年人违法犯罪应当从重处罚的情形。在实践中应对以上情形重点把握。

除此之外，该意见还具体规定了两点适用要求：一是，对于利用未成年人实施犯罪的黑社会性质组织、恶势力犯罪集团的首要分子、骨干成员，以及恶势力(组织)中起组织、策划、指挥作用的纠集者，均从重处罚。二是，虽然未成年人并没有加入黑社会性质组织、恶势力组织，对于首要分子、骨干成员、纠集者、主犯和直接利用未成年人的成员，即便有自首、立功、坦白等从轻减轻情节的，一般也不予从轻或者减轻处罚。

第二，应全面把握针对未成年人实施有组织犯罪的情形。犯罪组织针对未成年人实施的犯罪类型种类繁多，但是应注重相关规范性文件作出特殊规定的情况。例如，2019年最高人民法院、最高人民检察院、公安部、司法部《关于办理“套路贷”刑事案件若干问题的意见》第8条规定：“以老年人、未成年人、在校学生、丧失劳动能力的人为对象实施‘套路贷’，或者因实施‘套路贷’造成被害人或其特定关系人自杀、死亡、精神失常、为偿还‘债务’而实施犯罪活动的，除刑法、司法解释另有规定的外，应当酌情从重处罚。”2013 年最高人民法院、最高人民检察院、公安部、司法部《关于依法惩治性侵害未成年人犯罪的意见》第 1 条、第 2 条规定：“本意见所称性侵害未成年人犯罪，包括刑法第二百三十六条、第二百三十七条、第三百五十八条、第三百五十九条、第三百六十条第二款规定的针对未成年人实施的强奸罪，强制猥亵、侮辱妇女罪，猥亵儿童罪，组织卖淫罪，强迫卖淫罪，引诱、容留、介绍卖淫罪，引诱幼女卖淫罪，嫖宿幼女罪等。对于性侵害未成年人犯罪，应当依法从严惩治。”对于上述规范性文件规定的犯罪类型，应予以特别关注。

案例指引

靳某某妨害信用卡管理、非法拘禁、寻衅滋事案[1]

2018 年 10 月以来，靳某某在 QQ 群发布收买银行卡的信息，纠集周某某、张某某、肖某某等人，雇用温某某、刘某某、安某某（三人均为未成年人）形成贩卖银行卡的恶势力犯罪团伙。该团伙以营利为目的，在一些职业院校内非法收购学生银行卡、U 盾、手机卡，持有并贩卖给境外赌博、诈骗组织。靳某某为防止倒卖的银行卡不能正常使用、违法所得不能取出，指使团伙成员纠集温某某、刘某某、安某某多次将挂失银行卡的未成年在校学生带至宾馆、学校偏僻处，采取语言威胁、扬言殴打、带至外地交给上家处理等手段进行威胁恐吓，为学生拍摄录像，强迫挂失银行卡的学生补卡并交回卡内被冻结的资金。

审查起诉期间，检察机关从保护未成年人的角度出发，对涉案未成年人分案办理。主动联系未成年人户籍所在地河南省洛阳市老城区司法局、涧山区司法局，协作开展社会调查，分析未成年人涉罪原因、平时表

〔1〕 参见最高人民检察院：《依法严惩利用未成年人实施黑恶势力犯罪典型案例》，载 https://www.spp.gov.cn/spp/xwfbh/wsfbh/202004/t20200423_459435.shtml，2021 年 12 月 12 日访问。

现，根据调查结果，建议法院对未成年人温某某、刘某某、安某某适用缓刑。对该案主犯靳某某依法从严，向法院提出从重处罚的量刑建议。2019年12月31日，新河县人民法院依法判处靳某某犯妨害信用卡管理罪、非法拘禁罪、寻衅滋事罪，数罪并罚，决定执行有期徒刑4年6个月，并处罚金人民币3万元。

黑恶势力利用未成年人急于赚钱、自我控制能力不强的心理特点，常常以从事兼职的名义雇用未成年人参与违法犯罪活动，为谋取非法利益提供便利。黑恶势力将黑手伸向未成年人和大中专院校，利用在校学生，针对未成年人实施违法犯罪，应当予以从重处罚。

关联法规

《中华人民共和国预防未成年人犯罪法》第六十五条　教唆、胁迫、引诱未成年人实施不良行为或者严重不良行为，构成违反治安管理行为的，由公安机关依法予以治安管理处罚。

第六十七条　违反本法规定，构成犯罪的，依法追究刑事责任。

《中华人民共和国未成年人保护法》第五十四条　禁止拐卖、绑架、虐待、非法收养未成年人，禁止对未成年人实施性侵害、性骚扰。

禁止胁迫、引诱、教唆未成年人参加黑社会性质组织或者从事违法犯罪活动。

禁止胁迫、诱骗、利用未成年人乞讨。

第一百二十九条　违反本法规定，侵犯未成年人合法权益，造成人身、财产或者其他损害的，依法承担民事责任。

违反本法规定，构成违反治安管理行为的，依法给予治安管理处罚；构成犯罪的，依法追究刑事责任。

第六十八条　【从业禁止】对有组织犯罪的罪犯，人民法院可以依照《中华人民共和国刑法》有关从业禁止的规定，禁止其从事相关职业，并通报相关行业主管部门。

重点解读

本条是关于有组织犯罪罪犯从业禁止的规定。

根据本条规定，对于有组织犯罪罪犯，人民法院不仅可以对其在刑罚层面判令禁止从事相关职业，还可以通报相关行业主管部门。规定本条是为了实现有组织犯罪长效防控。随着有组织犯罪的发展，仅依靠自由刑、罚金刑等传统刑罚方式对其进行打击的不足日益凸显，刑罚执行完毕并不意味着有组织犯罪罪犯的人身危险性消失，一定时期内其很可能再度在特定行业、特定领域实施有组织犯罪。因此，防控和打击有组织犯罪，也需要从行业、职业方面着力。禁止有组织犯罪罪犯从事特定职业，正是防止其"重操旧业"，进行长期精准防控的重要举措。因此，应重点针对人身危险性较大、一定时期内可能利用特定职业再实施有组织犯罪（及其关联犯罪）的罪犯适用从业禁止。

通报制度是本法中从业禁止制度的特色规定。本条规定了两个层面的内容：一是刑罚层面，人民法院可以决定禁止有组织犯罪罪犯从事相关职业；二是实施层面，由人民法院通报相关行业主管部门。《刑法》总则中规定的从业禁止，是从预防犯罪、保障社会公众安全和维护社会公众利益的角度采取的一项预防性措施。考虑到有组织犯罪牵涉的行业、领域众多，为保证从业禁止的有效适用，需要相关部门配合落实，因此在对有组织犯罪罪犯判令从业禁止的同时，应通报相关行业主管部门，从而实现司法、行政的有机协同。

适用要点

适用本条需要注意以下两点：

第一，对有组织犯罪罪犯判令从业禁止系由人民法院依照《刑法》相关规定作出。根据《刑法》第37条之一的规定，对于有组织犯罪罪犯判令从业禁止需要符合以下条件：一是，该罪犯利用职业便利实施有组织犯罪，或者实施违背职业要求的特定义务的有组织犯罪。其中，“利用职业便利”是指利用自己从事该职业所形成的管理、经手、权力、地位等便利条件，“实施违背职业要求的特定义务”是指违背职业道德、职业信誉等义务要求。二是，对该罪犯判令从业禁止必须根据犯罪情况或预防再犯罪的需要。需要注意的是，本条使用“可以”而非“应当”的表述，也即并非该罪犯利用职业便利实施有组织犯罪即须判处从业禁止，“犯罪情况”与“预防再犯罪”也是需要考虑的因素。因此，如果有组织犯罪罪犯主观恶性较小、犯罪情节较轻，利用职业再次实施有组织犯罪可能性较小，也可不对其判令从业禁止。三是，从业禁止的期限为刑罚执行完毕之日或者假释之日起3年至5年。需注意，对于犯罪情节轻微，免予刑事处罚的有组织犯罪罪犯，不适用从业禁止的规定。此外，从业禁止的效力当然及于刑罚执行期间。

另需注意，根据《刑法》第37条之一第2款的规定，有组织犯罪罪犯违反从业禁止的规定，情节较轻的由公安机关给予处罚，情节严重的依照《刑法》第313条拒不执行判决、裁定罪定罪处罚。

第二，人民法院可将对有组织犯罪罪犯判令从业禁止通报相关行业主管部门。适用该规定时应注意：一是该规定未限定通报的形式，但是实践中以书面形式通报为宜。二是通报的对象是“相关行业主管部门”，因此所通报的行业主管部门必须与执行从业禁止相关。三是可根据有组织犯罪罪犯从业禁止的需要，向一个或多个部门通报。

案例指引

严某等组织、领导、参加黑社会性质组织案[1]

1993年以来，严某在孝感市高新区严桥村利用宗族辈分以严氏族长自居，伙同王某纠集社会闲散人员严某某等人，在孝感市高新区建设期间把持基层政权，采取暴力、威胁、恐吓等手段，强迫他人转让房屋、土地、林场，强迫签订四邻协议方式，在孝感市高新区、大悟县芳畈镇等地强行占地拆迁、强揽建设工程，违规进行小产权房屋和旅游山庄开发，非法转让、倒卖土地使用权，控制集体土地出让、改造、引进投资等事项，引发群众多次联名上访，严重破坏了当地社会、经济生活秩序。该犯罪组织具有不成文的“不准赌博、不准吸毒”“要讲宗族观念、要互相抬桩”等组织纪律和活动规约，通过向组织成员发放工资、福利，提供小工程建设和资金帮助，经常让组织成员到违建办公室喝茶、抽烟，到家中喝酒、吃饭，以此笼络组织成员，逐步形成了该组织的强势地位。

孝感市孝南区人民法院一审决定对严某执行有期徒刑24年，剥夺政治权利3年，并处没收财产和罚金，禁止其在3年内从事房地产开发行业。对其他7名被告人分别决定执行4年3个月至12年不等有期徒刑，并处没收个人全部财产或一定数额罚金。

本案中法院对严某不仅判处了有期徒刑、剥夺政治权利，并处没收财产和罚金，更是“禁止其在3年内从事房地产开发行业”，切实发挥从业禁止在预防和治理有组织犯罪中的作用。

关联法规

《中华人民共和国刑法》第三十七条之一 因利用职业便利实施犯

〔1〕 参见湖北省高级人民法院：《湖北省法院发布10起扫黑除恶典型案例》，载https://mp.weixin.qq.com/s/FsczEhRMKodtRy2sTh5CAw，2021年12月12日访问。

罪，或者实施违背职业要求的特定义务的犯罪被判处刑罚的，人民法院可以根据犯罪情况和预防再犯罪的需要，禁止其自刑罚执行完毕之日或者假释之日起从事相关职业，期限为三年至五年。

被禁止从事相关职业的人违反人民法院依照前款规定作出的决定的，由公安机关依法给予处罚；情节严重的，依照本法第三百一十三条的规定定罪处罚。

其他法律、行政法规对其从事相关职业另有禁止或者限制性规定的，从其规定。

第六十九条　【对参与有组织犯罪尚不构成犯罪的处罚】有下列情形之一，尚不构成犯罪的，由公安机关处五日以上十日以下拘留，可以并处一万元以下罚款；情节较重的，处十日以上十五日以下拘留，并处一万元以上三万元以下罚款；有违法所得的，除依法应当返还被害人的以外，应当予以没收：

（一）参加境外的黑社会组织的；

（二）积极参加恶势力组织的；

（三）教唆、诱骗他人参加有组织犯罪组织，或者阻止他人退出有组织犯罪组织的；

（四）为有组织犯罪活动提供资金、场所等支持、协助、便利的；

（五）阻止他人检举揭发有组织犯罪、提供有组织犯罪证据，或者明知他人有有组织犯罪行为，在司法机关向其调查有关情况、收集有关证据时拒绝提供的。

教唆、诱骗未成年人参加有组织犯罪组织或者阻止未成年人退出有组织犯罪组织，尚不构成犯罪的，依照前款规定从重处罚。

重点解读

本条是关于参与有组织犯罪尚不构成犯罪时如何进行行政处罚的规定。

《刑法》第 294 条具体规定了组织、领导、参加黑社会性质组织罪,入境发展黑社会组织罪以及包庇、纵容黑社会性质组织罪,此外,其他各类犯罪的规定也适用于黑社会性质组织、恶势力组织实施的具体犯罪。但在司法实践中,对于上述犯罪活动的参与者,也应当进行分化瓦解,其中情节轻微,尚不构成犯罪的,不追究刑事责任。同时,考虑到上述行为的严重性,如果完全放任不管,将不能体现有罪必惩,有违法行为必然受到追究的要求,不利于实现公平正义。没有及时必要的教育和惩戒,也不利于违法行为人认识并改正错误,这些人也可能走上实施严重犯罪的道路。为此,本条对这类行为设置了较为严厉的行政处罚,以给行为人必要的惩戒和教育。

此外,理解本条还应注意两点特别规定:第一,对窝藏、包庇和拒绝提供证据行为的处罚。做好反有组织犯罪工作,一方面,要依靠群众,调动人民群众的积极性,对在反有组织犯罪工作中做出突出贡献的单位和个人给予表彰、鼓励,对其人身安全采取有效的保障措施;另一方面,对于不配合有关机关的反有组织犯罪工作,甚至有窝藏、包庇和拒绝提供证据行为的,也要依法追究其相应的法律责任。只有奖罚分明,才能收到良好的社会效果,才能有利于反有组织犯罪工作的顺利开展。《刑法》第 310 条规定了窝藏、包庇罪,考虑到有组织犯罪的性质和严重的社会危害性,对于实践中窝藏、包庇有组织犯罪行为的,即使是情节轻微,尚不构成犯罪的,也应当予以较为严厉的处罚。因此,对于阻止提供或拒绝提供有组织犯罪相关情况或证据,不属于情节严重,尚不构成犯罪的,也应当予以行政处罚。第二,对于教唆、诱骗未成年人参加或阻止其退出犯罪组织的处罚。本条第 2 款单独对这一问题作出规定,明确对其在行政处罚过程中也予“从重”,以实现与本法第 67 条的衔接。

适用要点

适用本条时需注意具体处罚情形、处罚规范的掌握：

第一，应准确把握参与有组织犯罪尚不构成犯罪的情形。本条第1款规定了五种情形。一是参加境外的黑社会组织。《刑法》第294条规定了入境发展黑社会组织罪，但是未规定参加境外的黑社会组织构成犯罪，因此应当对其加以行政处罚。二是积极参加恶势力组织。《刑法》第294条仅规定积极参加黑社会性质组织构成犯罪，因此对这一情形也应加以行政处罚。三是教唆、诱骗他人参加有组织犯罪组织，或者阻止他人退出有组织犯罪组织。教唆、诱骗他人参加或者阻止他人退出犯罪组织不属于《刑法》第294条规定的组织、领导等行为类型，因此也应对其加以行政处罚。四是为有组织犯罪活动提供资金、场所等支持、协助、便利。不同于恐怖主义犯罪，有组织犯罪并未独立规定资助、帮助行为入罪，因此也应通过行政处罚的方式予以打击。五是阻止他人检举揭发有组织犯罪、提供有组织犯罪证据，或者明知他人有有组织犯罪行为，在司法机关向其调查有关情况、收集有关证据时拒绝提供。《刑法》第310条窝藏、包庇罪的适用范围有限，一些事实上阻碍追查有组织犯罪的行为，因为行为类型差异或者不属情节严重，未必均能按照该条加以处罚，因此需要通过行政处罚加以处置。

由于本条第1款第5项情形涉及与窝藏、包庇罪的衔接，因此在适用中应进一步细致审查和判断。

（1）阻止他人检举揭发有组织犯罪、提供有组织犯罪证据。这一情形较易于理解，阻止的对象是他人，具体内容是阻止检举揭发有组织犯罪、提供有组织犯罪证据两种具体行为。

（2）明知他人有有组织犯罪行为，在司法机关向其调查有关情况、收集有关证据时拒绝提供。一是，这里规定的“明知”是主观上的要件，即行为人主观上知道或者应当知道，既包括知道他人实施有组织犯罪行为的全部情况，也包括知道部分情况。明知的内容是“他人有有组织犯罪行为”。实践中,这种“明知”有的是被窝藏、包庇的人告知行为人自己犯有有组织犯罪行为,也有的是被窝藏包庇的人并未明讲自己干了什么,但从其言谈举止和向行为人提出的要求,行为人已经判断出此人犯有有组织犯罪行为。认定行为人是否明知,不能仅凭行为人自己的说法,而应根据案件情况综合进行判断。如果行为人确实不明知,则不应对其依照本条规定进行处罚。二是,“司法机关”主要是指对有组织犯罪负有侦查、起诉、审判职责的人民检察院、人民法院等机关。三是,“调查有关情况”主要是指司法机关调查了有组织犯罪及有关情况,包括犯罪嫌疑人的情况以及有关犯罪活动的线索、方法、手段、时间、地点等。这种调查,既包括刑事立案前的调查,也包括刑事立案后的调查询问。四是,“收集有关证据”主要是指调查人员或者侦查人员收集有组织犯罪的证据材料,包括书证、物证、证人证言、视听资料、电子数据等。证据是司法机关正确认定案情,准确适用法律的前提、根据和保证。司法机关有责任收集能够证明行为人实施有组织犯罪的各种证据,既包括有罪、罪重的证据,也包括无罪、罪轻的证据。有关人员如果知悉他人有有组织犯罪行为,在司法机关向其调查有关情况、收集有关证据时,应当配合司法机关依法开展工作,如实提供自己了解的有关情况和所掌握的有关证据,而不能以任何借口拒绝提供。五是,“拒绝提供”包括拒绝向司法机关讲述其了解的相关情况,拒绝向司法机关提交有关证据。拒绝提供的表现形式多种多样,有的表现为推诿、躲避,有的表现为装糊涂,还有的表现为只陈述枝节问题,而隐匿关键情节,有的甚至采取直接拒绝等方式。

第二,应准确把握教唆、诱骗未成年人参加或阻止其退出有组织犯罪组织从重处罚的规定。根据本条第 2 款,符合以下条件时应依照本条第 1 款的规定从重处罚:一是,教唆、诱骗未成年人参加或阻止其退出有组织犯罪组织,即其通过各种方式让未成年人加入或者留在有组织犯罪组织中。二是,其行为必须“尚不构成犯罪”,否则即按照《刑法》的规定予以处罚。实践中应注意本条和第 67 条在处罚层次上的区别,切实保证刑事处罚和行政处罚在预防和治理涉未成年人有组织犯罪中的协同。

第三，应准确把握处罚的规范。根据本条分两种情况加以处罚，一是，由公安机关处5日以上10日以下拘留，可以并处1万元以下罚款；二是，情节较重的，处10日以上15日以下拘留，并处1万元以上3万元以下罚款。此外，对于违法所得，除依法返还被害人的以外，应当予以没收。

关联法规

《中华人民共和国刑法》第三百一十条　明知是犯罪的人而为其提供隐藏处所、财物，帮助其逃匿或者作假证明包庇的，处三年以下有期徒刑、拘役或者管制；情节严重的，处三年以上十年以下有期徒刑。

犯前款罪，事前通谋的，以共同犯罪论处。

第七十条　【对特殊主体违反报告制度的处罚】违反本法第十九条规定，不按照公安机关的决定如实报告个人财产及日常活动的，由公安机关给予警告，并责令改正；拒不改正的，处五日以上十日以下拘留，并处三万元以下罚款。

重点解读

本条是关于特殊主体违反报告制度时如何进行行政处罚的规定。

本法第19条规定，对因组织、领导黑社会性质组织被判处刑罚的人员，设区的市级以上公安机关可以决定其自刑罚执行完毕之日起，按照国家有关规定向公安机关报告个人财产及日常活动。报告期限不超过5年。这一规定是创新性条款，并无对应的刑事责任规定，在其违反上述义务时也无法通过其他法律加以有效制裁。因此，本条专门规定了特殊主体违反报告制度的处罚，以保障上述规定的有效落实。

理解本条时需注意以下两点：第一，本条罚则的衔接性。本法第19条是本条罚则的前置规定，只有违反第19条规定的"报告个人财产及日常活动”的义务，才可考虑适用本条。第二，本条罚则的层次性。在特殊主体违反前述义务时，应先由公安机关给予警告并责令改正，只有拒不改正时才可适用行政拘留、罚款。因此，本条规定的行政处罚中，警告具有前置性，行政拘留、罚款具有后置性。

适用要点

适用本条时需注意准确把握适用条件和要求：

第一，特殊主体需违反本法第 19 条规定，不按照公安机关的决定如实报告个人财产及日常活动。也即适用本条罚则的前提条件是组织、领导黑社会性质组织被判处刑罚的人员未履行前述法定义务，行为违法，实践中须严格掌握法定标准，防止不当适用。

第二，由公安机关对特殊主体给予警告，并责令改正。特殊主体有上述违法行为的，首先应责令其停止违法行为，履行法定义务。“责令改正”不属于行政处罚，而是行政机关对违法行为实施行政处罚时，所应当采取的一种附随的行政措施，即《行政处罚法》第 28 条第 1 款规定的“行政机关实施行政处罚时，应当责令当事人改正或者限期改正违法行为”。根据这一规定，对违法行为实施行政处罚时，执法机关应当首先责令违法行为人纠正其违法行为。此外，公安机关不仅是本法第 19 条特殊主体报告制度的决定机关，也是行政处罚的决定机关，因此由其对特殊主体予以警告，并责令改正。根据《行政处罚法》第 9 条的规定，“警告”系最轻的一类行政处罚，既体现了对违法行为的惩戒，也贯彻了教育、改造的处罚目的。

第三，特殊主体需拒不改正其违法行为。“拒不改正”，是指特殊主体明知改正要求而故意加以拒绝，也即特殊主体在收到警告和责令改正要求后，依然不按照公安机关的决定如实报告个人财产及日常活动，这时才能对其适用处 5 日以上 10 日以下拘留，并处 3 万元以下罚款的行政处罚。

关联法规

《中华人民共和国行政处罚法》第九条　行政处罚的种类：

（一）警告、通报批评；

（二）罚款、没收违法所得、没收非法财物；

（三）暂扣许可证件、降低资质等级、吊销许可证件；

（四）限制开展生产经营活动、责令停产停业、责令关闭、限制从业；

（五）行政拘留；

（六）法律、行政法规规定的其他行政处罚。

第二十八条　行政机关实施行政处罚时，应当责令当事人改正或者限期改正违法行为。

当事人有违法所得，除依法应当退赔的外，应当予以没收。违法所得是指实施违法行为所取得的款项。法律、行政法规、部门规章对违法所得的计算另有规定的，从其规定。

第七十一条　【对金融机构等单位不履行止付、冻结义务的处罚】金融机构等相关单位未依照本法第二十七条规定协助公安机关采取紧急止付、临时冻结措施的，由公安机关责令改正；拒不改正的，由公安机关处五万元以上二十万元以下罚款，并对直接负责的主管人员和其他直接责任人员处五万元以下罚款；情节严重的，公安机关可以建议有关主管部门对直接负责的主管人员和其他直接责任人员依法给予处分。

重点解读

本条是关于金融机构等单位不履行止付、冻结义务时如何进行行政处罚的规定。

金融机构等单位积极履行义务是预防和治理有组织犯罪不可或缺的一环。在扫黑除恶专项斗争中,银保监会曾下发《关于银行业和保险业做好扫黑除恶专项斗争有关工作的通知》,规定:“各银行保险机构要严格遵守相关法律、行政法规和监管规定,严禁银行业金融机构为黑社会性质组织犯罪提供资金账户、转账,协助将财产转换为现金、金融票证、有价证券,协助将资金汇往境外,以及为黑社会性质组织和个人从事涉黑涉恶活动提供金融信贷服务;严禁保险机构为涉黑涉恶组织或个人提供分红投资型保险产品、出具担保保函;严禁银行保险机构录用涉黑涉恶人员;严禁银行保险机构与涉黑涉恶组织和个人开展信贷、保险等形式的业务合作。”但是,实践中对于金融机构等单位不履行相关义务如何处罚并无规定,难以进行有效追责,不利于督促上述单位长期履行义务。

为遏制犯罪组织及其人员利用金融体系获取或流转犯罪资产,切断犯罪组织及其人员的经济渠道,本法第 27 条中规定公安机关核查黑社会性质组织犯罪线索,发现涉案财产有灭失、转移的紧急风险的,经设区的市级以上公安机关负责人批准,可以对有关涉案财产采取紧急止付或者临时冻结、临时扣押的紧急措施。由此,金融机构等相关单位应依照本法协助公安机关采取紧急止付、临时冻结措施。这一规定赋予了金融机构等相关单位在反有组织犯罪工作中的特定职责,由于《反洗钱法》也有类似规定,因此该规定也属于一种反洗钱的法定义务。本条对金融机构等相关单位违反本法第 27 条规定的冻结涉有组织犯罪资产方面义务的行为,规定了处罚。

理解本条时应注意以下两点:第一,本条处罚的对象是“金融机构等相关单位”,也即不仅金融机构,其他相关单位不履行止付、冻结义务也可适用本条罚则。第二,公安机关在本条适用中具有关键地位,其不仅是采取紧急止付、临时冻结措施的部门,而且是责令改正和进行处罚的部门。

适用要点

适用本条时需注意准确把握适用的对象、条件和罚则：

第一，准确把握“金融机构等相关单位”的范围。这里的“金融机构”，是指依法设立的从事金融业务的政策性银行、商业银行、信用合作社、邮政储汇机构、信托投资公司、证券公司、期货经纪公司、保险公司等；“等相关单位”主要是指房地产经纪、贵金属交易、珠宝交易、非金融支付以及拍卖、典当、律师、公证、会计、审计等中介服务机构和其他相关机构。

第二，准确把握本条罚则适用的条件。适用本条罚则需要满足两个条件：一是，金融机构等相关单位在设区的市级以上公安机关负责人批准后，未依照本法第27条规定协助公安机关采取紧急止付、临时冻结措施；二是，金融机构等单位未履行上述义务，经公安机关责令改正，拒不改正。实践中需注意虽然本条系为金融机构等相关单位设置罚则，但是“公安机关责令改正”是适用的前提条件，只有在其拒不改正的情况下方能适用罚则。

第三，准确适用本条罚则。本法对本条规定的行为采取双罚制，既处罚单位，也对直接负责的主管人员和其他直接责任人员规定了相应的处罚。具体来说，对单位处5万元以上20万元以下罚款，并对直接负责的主管人员和其他直接责任人员处5万元以下罚款。此外，本条还规定了情节严重时公安机关可建议对相关人员给予处分，因此，在实践中还需要考虑行政处罚和行政处分的衔接。

关联法规

《中华人民共和国反洗钱法》第二十六条　经调查仍不能排除洗钱嫌疑的，应当立即向有管辖权的侦查机关报案。客户要求将调查所涉及的账户资金转往境外的，经国务院反洗钱行政主管部门负责人批准，可以采取临时冻结措施。

侦查机关接到报案后，对已依照前款规定临时冻结的资金，应当及时决定是否继续冻结。侦查机关认为需要继续冻结的，依照刑事诉讼法的规定采取冻结措施；认为不需要继续冻结的，应当立即通知国务院反洗钱行政主管部门，国务院反洗钱行政主管部门应当立即通知金融机构解除冻结。

临时冻结不得超过四十八小时。金融机构在按照国务院反洗钱行政主管部门的要求采取临时冻结措施后四十八小时内，未接到侦查机关继续冻结通知的，应当立即解除冻结。

《中华人民共和国银行业监督管理法》第四十一条 经国务院银行业监督管理机构或者其省一级派出机构负责人批准，银行业监督管理机构有权查询涉嫌金融违法的银行业金融机构及其工作人员以及关联行为人的账户；对涉嫌转移或者隐匿违法资金的，经银行业监督管理机构负责人批准，可以申请司法机关予以冻结。

第七十二条 【对不履行网络信息安全管理、技术协助义务的处罚】电信业务经营者、互联网服务提供者有下列情形之一的，由有关主管部门责令改正；拒不改正或者情节严重的，由有关主管部门依照《中华人民共和国网络安全法》的有关规定给予处罚：

（一）拒不为侦查有组织犯罪提供技术支持和协助的；

（二）不按照主管部门的要求对含有宣扬、诱导有组织犯罪内容的信息停止传输、采取消除等处置措施、保存相关记录的。

重点解读

本条是关于电信业务经营者、互联网服务提供者不履行网络信息安全管理、技术协助义务时如何进行行政处罚的规定。

为有效应对有组织犯罪，本法第 16 条规定了履行网络信息安全管理、技术协助义务，具体包括以下三项：第一，采取安全技术防范措施，防止含有宣扬、诱导有组织犯罪内容的信息传播。第二，对于上述信息停止传输，采取消除等处置措施，保存相关记录，并向公安机关或者有关部门报告。第三，依法为公安机关侦查有组织犯罪提供技术支持和协助。本条相应规定了电信业务经营者、互联网服务提供者不履行相关义务的法律责任，以保证第16条的规定落到实处。

理解本条时需注意本条与本法第16条的一致性和区别性。本条与第16条的一致之处在于均为电信业务经营者、互联网服务提供者设置了网络信息安全管理、技术协助义务，不同之处在于：第一，本条适用的对象不包括网信、电信、公安等主管部门。本法第16条的规定具体包括两重内容：一是，电信业务经营者、互联网服务提供者应承担网络信息安全管理、技术协助，针对有组织犯罪相关信息予以有效管控，履行停止传输、及时报告等义务，以及协助主管部门的义务。二是，网信、电信、公安等主管部门应承担网络信息安全管理职责，采取处置措施、技术措施等。本条则只规制电信业务经营者、互联网服务提供者，不规制网信、电信、公安等主管部门。第二，本条规定予以处罚的情形不包括未“采取安全技术防范措施，防止含有宣扬、诱导有组织犯罪内容的信息传播”，仅包括第16条规定的后两种情形。

此外，本条虽然同样要求将“有关主管部门责令改正”作为前置条件，但是无论是“拒不改正”还是“情节严重”，均可适用本条罚则，而非仅限于“拒不改正”的情形。

适用要点

适用本条时需注意不履行网络信息安全管理、技术协助义务的情形和处罚规则的适用：

第一，电信业务经营者、互联网服务提供者不履行网络信息安全管理、技术协助义务的情形。根据本条规定，具体包括两种情形：一是，拒不为侦查有组织犯罪提供技术支持和协助。例如，电信业务经营者、互联网服务提供者未按照国家标准,在有关设备上配置供公安机关防范、调查有组织犯罪使用的技术接口的;在公安机关防范、调查有组织犯罪的过程中,拒绝通过技术接口为公安机关获取有关数据保留必要的技术通道,使公安机关难以获得有关数据,无法顺利开展对有组织犯罪的防范、调查工作的;对于公安机关在防范、调查有组织犯罪中需要对在网络传输过程中加密的信息进行解密时,拒绝向公安机关提供技术支持的;等等。这些行为使公安机关难以有效开展网络上的防范、调查有组织犯罪的工作,在避免相关犯罪的发生,追究组织人员的法律责任上遇到困难,应当依法予以处罚。

二是,不按照主管部门的要求对含有宣扬、诱导有组织犯罪内容的信息停止传输、采取消除等处置措施、保存相关记录的。具体指网信、电信、公安、国家安全等主管部门对网络上出现含有宣扬、诱导有组织犯罪内容的信息,要求电信业务经营者、互联网服务提供者采取有关措施时,电信业务经营者、互联网服务提供者拒绝采取措施或者未按照要求采取措施。比如,电信业务经营者、互联网服务提供者拖延采取相关措施,或者虽然停止传输、删除了有关信息,但没有按照要求对有关信息内容和网络日志信息记录等进行备份和留存。这些行为不仅不利于及时清除网络上含有宣扬、诱导有组织犯罪内容的有害信息,还可能使相关证据缺失,影响公安机关依法查处网络上的涉犯罪组织违法犯罪行为,具有一定的社会危害性。

第二,电信业务经营者、互联网服务提供者不履行前述义务,由有关主管部门依照《网络安全法》的有关规定给予处罚。根据《网络安全法》第 69 条的规定,电信业务经营者、互联网服务提供者有该条规定的情形,处 5 万元以上 50 万元以下罚款,对直接负责的主管人员和其他直接责任人员,处 1 万元以上 10 万元以下罚款。也即实行双罚制,既对电信业务经营者、互联网服务提供者进行处罚,同时也对直接负责的主管人员和其他责任人员进行处罚。

关联法规

《中华人民共和国网络安全法》第六十九条　网络运营者违反本法规定，有下列行为之一的，由有关主管部门责令改正；拒不改正或者情节严重的，处五万元以上五十万元以下罚款，对直接负责的主管人员和其他直接责任人员，处一万元以上十万元以下罚款：

（一）不按照有关部门的要求对法律、行政法规禁止发布或者传输的信息，采取停止传输、消除等处置措施的；

（二）拒绝、阻碍有关部门依法实施的监督检查的；

（三）拒不向公安机关、国家安全机关提供技术支持和协助的。

《中华人民共和国刑法》第二百八十六条之一　网络服务提供者不履行法律、行政法规规定的信息网络安全管理义务，经监管部门责令采取改正措施而拒不改正，有下列情形之一的，处三年以下有期徒刑、拘役或者管制，并处或者单处罚金：

（一）致使违法信息大量传播的；

（二）致使用户信息泄露，造成严重后果的；

（三）致使刑事案件证据灭失，情节严重的；

（四）有其他严重情节的。

单位犯前款罪的，对单位判处罚金，并对其直接负责的主管人员和其他直接责任人员，依照前款的规定处罚。

有前两款行为，同时构成其他犯罪的，依照处罚较重的规定定罪处罚。

第七十三条　【有关国家机关、行业主管部门的责任】有关国家机关、行业主管部门拒不履行或者拖延履行反有组织犯罪法定职责，或者拒不配合反有组织犯罪调查取证，或者在其他工作中滥用反有组织犯罪工作有关措施的，由其上级机关责令改正；情节严重的，对负有责任的领导人员和直接责任人员，依法给予处分；构成犯罪的，依法追究刑事责任。

重点解读

本条是关于有关国家机关、行业主管部门如何追究责任的规定。

在扫黑除恶专项斗争中对于履职不力的机关、部门进行追责也是重要的工作内容。如有地方出台扫黑除恶专项斗争责任追究暂行办法，对各级各部门在扫黑除恶专项斗争开展过程中出现的责任落实不力、履职不力、工作推动不力等问题进行责任追究，以问责倒逼责任落实。本条基于相关实践，具体明确了有关国家机关、行业主管部门在反有组织犯罪工作中履职不力、不配合调查取证或者滥用有关措施时应如何追究责任，有利于规范、推动反有组织犯罪的各项工作。

理解本条时应注意，本条并未设置独立的处罚规则，需和其他法律衔接适用：第一，对于“依法给予处分”的情形，就负有责任的领导人员和直接责任人员，应当根据《公职人员政务处分法》等法律的规定处理。第二，对于“依法追究刑事责任”的情形，应当根据《刑法》的规定处理。

适用要点

适用本条时需注意适用对象范围、应追责情形和具体追责形式：

第一，应准确把握本条适用的对象范围。根据本条规定，追责的对象为“有关国家机关、行业主管部门”。根据本法第 6 条第 1 款的规定，“有关国家机关”具体指监察机关、人民法院、人民检察院、公安机关、司法行政机关以及其他有关国家机关；根据本法第 13 条的规定，“市场监管、金融监管、自然资源、交通运输等行业主管部门”负有预防和治理有组织犯罪的职责。应结合本法相关条款准确把握“有关国家机关、行业主管部门”。

第二，应准确把握应当追究责任的情形。根据本条规定，有三种情形应追究相应责任。一是，拒不履行或者拖延履行反有组织犯罪法定职责。不仅不履行法定职责需要追责，拖延履行法定职责的情形同样需要追责。二是，拒不配合反有组织犯罪调查取证。这一情形具体指政法机关以外的其他机关，在政法机关办案时未予配合。三是，在其他工作中滥用反有组织犯罪工作有关措施。既包括滥用侦查取证等措施，也包括滥用行政管理等措施。

第三，应准确把握具体追责形式。根据本条的规定，有三种具体的追责形式。一是，由其上级机关责令改正，这也是最为轻微的追责形式。二是，对负有责任的领导人员和直接责任人员，依法给予处分。这一形式适用于“情节严重”的情形，往往需要造成较为严重的后果或者恶劣的社会影响。这里所说的“依法予以处分”，是指依照《公职人员政务处分法》等有关法律法规规定给予处分。三是，依法追究刑事责任，仅适用于构成犯罪的情形。

关联法规

《中华人民共和国公职人员政务处分法》第三十九条　有下列行为之一，造成不良后果或者影响的，予以警告、记过或者记大过；情节较重的，予以降级或者撤职；情节严重的，予以开除：

（一）滥用职权，危害国家利益、社会公共利益或者侵害公民、法人、其他组织合法权益的；

（二）不履行或者不正确履行职责，玩忽职守，贻误工作的；

（三）工作中有形式主义、官僚主义行为的；

（四）工作中有弄虚作假，误导、欺骗行为的；

（五）泄露国家秘密、工作秘密，或者泄露因履行职责掌握的商业秘密、个人隐私的。

第七十四条　【违反保密义务的法律责任】有关部门和单位、个人应当对在反有组织犯罪工作过程中知悉的国家秘密、商业秘密和个人隐私予以保密。违反规定泄露国家秘密、商业秘密和个人隐私的，依法追究法律责任。

重点解读

本条是关于部门和单位、个人在反有组织犯罪工作中的保密义务及违反这些义务所应承担法律责任的规定。

反有组织犯罪工作事关国家安全、公共安全和人民群众生命财产安全,为有效预防和应对有组织犯罪,增强反有组织犯罪工作能力,采取各种安全防范措施,以及赋予执法机关有力的执法手段等都是必需的。执法机关或者有关部门在履行反有组织犯罪工作职责、义务的过程中不可避免地会接触到一些国家秘密、商业秘密和公民个人隐私。例如,有关部门为反有组织犯罪工作需要,根据本法有关规定,在对互联网进行管理、管控和调查过程中,或者在采取技术侦查措施过程中,可能会知悉其他组织、公民的合法商业秘密或者个人隐私。因此,对平衡反有组织犯罪工作手段和保护国家秘密、商业秘密、个人隐私作出明确规定是必要的。同时,本条规定也是尊重和保障人权的要求。本法第5条规定:“反有组织犯罪工作应当依法进行,尊重和保障人权,维护公民和组织的合法权益。”本条规定对国家秘密、商业秘密和个人隐私予以保密,既是对国家安全、公共安全的保障,也是在反有组织犯罪工作中贯彻尊重和保障人权,维护公民和组织合法权益的体现,目的是加强规范,防止反有组织犯罪工作过程中有侵害国家、组织和公民合法权益的行为,维护有关方面利益。

理解本条时应注意以下两点:第一,本条仅对“在反有组织犯罪工作过程中”知悉的国家秘密、商业秘密和个人隐私的保密义务作出规定,其他情形下获悉的上述信息按照相关法律的规定处理。第二,本条追究责任要求“违反规定”而非“违反法律规定”,因此也需考虑违反法律以外其他规范性文件的情形。

适用要点

适用本条时需注意保密义务的主体、保密范围和具体追责规则:

第一,应准确把握保密义务的主体和保密范围。“在反有组织犯罪工作过程中”系指履行安全防范、情报信息、调查和应对处置等与反有组织犯罪有关的工作过程中，主体既包括执法部门及其工作人员，也包括履行有关反有组织犯罪工作义务的其他单位及任何个人。

根据本条规定，保密范围具体为“在反有组织犯罪工作过程中知悉的国家秘密、商业秘密和个人隐私”。一是，本条规定的“国家秘密”，依照《保守国家秘密法》的有关规定，是指关系国家安全和利益，依照法定程序确定，在一定时间内只限一定范围的人员知悉的事项。国家秘密包括符合上述规定的下列秘密事项：国家事务重大决策中的秘密事项；国防建设和武装力量活动中的秘密事项；外交和外事活动中的秘密事项以及对外承担保密义务的秘密事项；国民经济和社会发展中的秘密事项；科学技术中的秘密事项；维护国家安全活动和追查刑事犯罪中的秘密事项；经国家保密行政管理部门确定的其他秘密事项。政党的秘密事项中符合上述规定的，也属于国家秘密。国家秘密的密级分为绝密、机密、秘密三级。其中，绝密级国家秘密是最重要的国家秘密，泄露会使国家安全和利益遭受特别严重的损害；机密级国家秘密是重要的国家秘密，泄露会使国家安全和利益遭受严重的损害；秘密级国家秘密是一般的国家秘密，泄露会使国家安全和利益遭受损害。根据《保守国家秘密法》的有关规定，一切国家机关、武装力量、政党、社会团体、企业事业单位和公民都有保守国家秘密的义务。反有组织犯罪有关部门和单位、个人对在反有组织犯罪工作过程中知悉的国家秘密当然应当保密，这是对《保守国家秘密法》有关内容的重申。二是，本条规定的“商业秘密”，是指不为公众所知悉，能为权利人带来经济利益，具有实用性并经权利人采取保密措施的技术信息和经营信息。技术信息，包括技术配方、技术诀窍、工艺流程等。经营信息，是指采取什么方式进行经营等有关经营的重大决策以及与自己有业务往来的客户的情况等。商业秘密都具有一定的经济价值，必须予以保护，以维护社会主义市场经济秩序。三是，本条所规定的“个人隐私”，是指公民不愿意公开的，与其人身权密切相关的、隐秘的事件或者事实，如个人财产、住址、生育能力、收养子女等。对这些信息应当予以保密，不得非法向外界泄露、传播、扩散，让不该知悉的人知悉。

第二，应准确认定违反规定泄露国家秘密、商业秘密和个人隐私的情形，依法追究法律责任。这里的“泄露”是指行为人把自己掌握或者知悉的国家秘密、商业秘密和个人隐私让不应知悉者知悉的行为。泄露的方式多种多样：既可以是口头泄露，也可以是书面泄露；既可以是用交给实物的方式泄露，也可以是用发送电子信函的方式泄露；等等。

根据《保守国家秘密法》的有关规定，违反规定泄露国家秘密的，依法给予处分，构成犯罪的，依法追究刑事责任，对于尚不构成犯罪，且不适用处分的人员，由保密行政管理部门督促其所在机关、单位予以处理。违反《保守国家秘密法》的规定，故意或者过失泄露国家秘密，情节严重的，按照《刑法》第 398 条的规定处罚。对于违反规定，泄露商业秘密、个人隐私，构成《刑法》第 219 条侵犯商业秘密罪，第 246 条侮辱、诽谤罪，第 253 条之一侵犯公民个人信息罪等规定的，依法追究刑事责任。对于尚不构成犯罪的，应当依法给予处分，或者承担相应民事责任。

关联法规

《中华人民共和国保守国家秘密法》第三条 国家秘密受法律保护。

一切国家机关、武装力量、政党、社会团体、企业事业单位和公民都有保守国家秘密的义务。

任何危害国家秘密安全的行为，都必须受到法律追究。

第九条 下列涉及国家安全和利益的事项，泄露后可能损害国家在政治、经济、国防、外交等领域的安全和利益的，应当确定为国家秘密：

（一）国家事务重大决策中的秘密事项；

（二）国防建设和武装力量活动中的秘密事项；

（三）外交和外事活动中的秘密事项以及对外承担保密义务的秘密事项；

（四）国民经济和社会发展中的秘密事项；

（五）科学技术中的秘密事项；

（六）维护国家安全活动和追查刑事犯罪中的秘密事项；

（七）经国家保密行政管理部门确定的其他秘密事项。

政党的秘密事项中符合前款规定的，属于国家秘密。

第十条　国家秘密的密级分为绝密、机密、秘密三级。

绝密级国家秘密是最重要的国家秘密，泄露会使国家安全和利益遭受特别严重的损害；机密级国家秘密是重要的国家秘密，泄露会使国家安全和利益遭受严重的损害；秘密级国家秘密是一般的国家秘密，泄露会使国家安全和利益遭受损害。

《中华人民共和国刑法》第二百一十九条　有下列侵犯商业秘密行为之一，情节严重的，处三年以下有期徒刑，并处或者单处罚金；情节特别严重的，处三年以上十年以下有期徒刑，并处罚金：

（一）以盗窃、贿赂、欺诈、胁迫、电子侵入或者其他不正当手段获取权利人的商业秘密的；

（二）披露、使用或者允许他人使用以前项手段获取的权利人的商业秘密的；

（三）违反保密义务或者违反权利人有关保守商业秘密的要求，披露、使用或者允许他人使用其所掌握的商业秘密的。

明知前款所列行为，获取、披露、使用或者允许他人使用该商业秘密的，以侵犯商业秘密论。

本条所称权利人，是指商业秘密的所有人和经商业秘密所有人许可的商业秘密使用人。

第二百四十六条　以暴力或者其他方法公然侮辱他人或者捏造事实诽谤他人，情节严重的，处三年以下有期徒刑、拘役、管制或者剥夺政治权利。

前款罪，告诉的才处理，但是严重危害社会秩序和国家利益的除外。

通过信息网络实施第一款规定的行为，被害人向人民法院告诉，但提供证据确有困难的，人民法院可以要求公安机关提供协助。

第二百五十三条之一 违反国家有关规定，向他人出售或者提供公民个人信息，情节严重的，处三年以下有期徒刑或者拘役，并处或者单处罚金；情节特别严重的，处三年以上七年以下有期徒刑，并处罚金。

违反国家有关规定，将在履行职责或者提供服务过程中获得的公民个人信息，出售或者提供给他人的，依照前款的规定从重处罚。

窃取或者以其他方法非法获取公民个人信息的，依照第一款的规定处罚。

单位犯前三款罪的，对单位判处罚金，并对其直接负责的主管人员和其他直接责任人员，依照各该款的规定处罚。

第三百九十八条 国家机关工作人员违反保守国家秘密法的规定，故意或者过失泄露国家秘密，情节严重的，处三年以下有期徒刑或者拘役；情节特别严重的，处三年以上七年以下有期徒刑。

非国家机关工作人员犯前款罪的，依照前款的规定酌情处罚。

第七十五条 【国家工作人员违法犯罪的责任追究】国家工作人员有本法第五十条、第五十二条规定的行为，构成犯罪的，依法追究刑事责任；尚不构成犯罪的，依法给予处分。

重点解读

本条是关于国家工作人员违法犯罪责任追究的规定。

在扫黑除恶实践中，各地注重对于国家工作人员违法犯罪予以追究。对于构成滥用职权罪、玩忽职守罪、徇私枉法罪等犯罪的，依法追究刑事责任。此外，多个地方对扫黑除恶工作重视不够、安排不细的干部，给予批评教育并责令作出书面检查处理；对于推诿扯皮、不愿担责、履职尽责不到位、纵容黑恶势力坐大成势的干部，给予相关处分。因此，本法第 50 条、第 52 条详细规定了国家工作人员参与、支持、包庇有组织犯罪的行为处理,本条进一步明确刑事责任和行政处分的适用。

理解本条时,注意以下两点:第一,应注重本条和《刑法》的衔接适用,特别是犯罪构成要件的适用。根据《刑法》第 397 条的规定,反有组织犯罪工作人员构成滥用职权罪或者玩忽职守罪,不仅要有滥用职权或者玩忽职守的行为,而且这种行为必须造成了"致使公共财产、国家和人民利益遭受重大损失"的后果。比如,因反有组织犯罪工作人员滥用职权或者玩忽职守,致使组织人员脱逃后实施了恶性犯罪案件,对公民人身、财产和公共利益造成重大损失等。对此,在实践中,司法机关可以依照法律有关规定和案件有关情况具体认定。第二,对于国家工作人员的上述行为,即便不构成犯罪,也需给予相应的行政处分。

适用要点

根据本法第 50 条、第 52 条的规定,国家工作人员与有组织犯罪相关的犯罪行为包括两类:一类为组织、领导、参加,或者帮助、包庇、纵容有组织犯罪,即直接参与有组织犯罪或者为其生存、发展提供帮助;另一类为失职渎职,未履行预防和治理有组织犯罪职责。以上行为中,国家工作人员实施第一类行为直接按照对应的有组织犯罪罪名认定处理即可,需要重点把握的是第二类行为。实践中,被追究刑事责任的常见情形为:

第一,"滥用职权",即国家工作人员超越职权,违法决定、处理其无权决定、无权处理的事项,或者违反规定处理公务。比如,国家工作人员违反法律规定的条件、程序,或者违反国家反有组织犯罪工作要求,对不应当采取技术侦查措施的情形擅自采取技术侦查措施,或者擅自采取或解除查封、扣押、冻结措施等。

第二,"玩忽职守",即国家工作人员严重不负责任,不履行或者不认真履行职责义务。其中,不履行职责义务,是指反有组织犯罪工作人员,对于自己应当履行的职责,拒绝履行或者放弃职守。比如,在反有组织犯罪工作中擅离职守,对于工作中发现的问题和危害国家安全,会对人民的生命财产造成重大损失的隐患不及时解决、处理。不认真履行职责，是指反有组织犯罪工作人员在履行职责义务中违背职责要求，不按有关法律、法规或者有关规定办事，严重不负责任。比如，反有组织犯罪工作人员在工作中严重不负责任，不认真排查有组织犯罪嫌疑人员，导致有组织犯罪嫌疑人员逃避法律追究。

第三，“徇私舞弊”，即国家工作人员在履行职责过程中，徇个人私利或者私情而违背职责的行为。根据反有组织犯罪工作人员履行职责的具体情况，其徇私舞弊的行为可以分为两种情形：一种是在依照本法开展反有组织犯罪工作中，有徇私舞弊行为的，如构成滥用职权罪、玩忽职守罪，应当依照《刑法》第 397 条第 2 款的规定，分别作为滥用职权罪、玩忽职守罪的加重情节处理。另一种是反有组织犯罪工作人员在侦查、拘留、预审和执行逮捕等工作中，为徇私情，利用职权实施的，对明知是无罪的人而使他受追诉，对明知违法有罪的人而故意包庇不使他受追诉的行为。这种行为构成犯罪的，应当依照《刑法》第 399 条关于徇私枉法罪的规定定罪处罚。

案例指引

韦荣坤包庇、纵容黑社会性质组织、徇私枉法案[1]

2008 年 10 月，被告人韦荣坤在担任宜州市公安局副局长期间，在办理梁某涉嫌犯非法持有管制刀具和枪支一案中，明知梁某有犯罪行为，指示案件主办人对梁某采取取保候审措施后，中断侦查，放任不管，致使梁某脱离司法机关侦控，至今仍未归案；2008 年 11 月，在办理潘某、韦某等人涉嫌敲诈勒索一案中，明知涉案人员有犯罪行为，指示案件主办人不采取强制措施，中断侦查，致使涉案人员不受追诉。

---

〔1〕《广西环江法院宣判一起黑恶势力“保护伞”案》，参见《人民法院报》2021 年 5 月 7 日，第 3 版。

法院以被告人韦荣坤犯徇私枉法罪，判处有期徒刑3年，犯包庇、纵容黑社会性质组织罪，判处有期徒刑2年6个月，决定执行有期徒刑5年2个月。

该案中，行为人身为司法工作人员，在办理他人涉嫌有组织犯罪的案件中，明知他人有犯罪行为，指示案件主办人对该人采取取保候审措施，中断侦查，放任不管，致使该犯罪人脱离司法机关侦控的，其行为构成徇私枉法罪。

关联法规

《中华人民共和国刑法》第三百九十七条　国家机关工作人员滥用职权或者玩忽职守，致使公共财产、国家和人民利益遭受重大损失的，处三年以下有期徒刑或者拘役；情节特别严重的，处三年以上七年以下有期徒刑。本法另有规定的，依照规定。

国家机关工作人员徇私舞弊，犯前款罪的，处五年以下有期徒刑或者拘役；情节特别严重的，处五年以上十年以下有期徒刑。本法另有规定的，依照规定。

第三百九十九条第一款　司法工作人员徇私枉法、徇情枉法，对明知是无罪的人而使他受追诉、对明知是有罪的人而故意包庇不使他受追诉，或者在刑事审判活动中故意违背事实和法律作枉法裁判的，处五年以下有期徒刑或者拘役；情节严重的，处五年以上十年以下有期徒刑；情节特别严重的，处十年以上有期徒刑。

第七十六条　【对行政处罚、行政强制措施不服的救济渠道】有关单位和个人对依照本法作出的行政处罚和行政强制措施决定不服的，可以依法申请行政复议或者提起行政诉讼。

重点解读

本条是关于对行政处罚、行政强制措施不服的救济渠道的规定。

在开展反有组织犯罪工作中,一方面,需要赋予有关部门必要的强制性手段,对于违反法律规定的行为依法予以处罚;另一方面,也需要强化执法规范,保障相对人的救济权利,防止侵害公民和组织的合法权益。本条对相关救济措施作了规定。

理解本条时应注意救济渠道的特性:第一,当事人可以依法申请行政复议或者提起行政诉讼,但复议和诉讼期间,除《行政复议法》《行政诉讼法》规定的例外情况外,处罚等决定一般不停止执行。这样一方面当事人有权申请复议和提起诉讼,便于当事人行使自己的权利,如果发生因有关部门认定事实不清或者适用法律不当,使当事人受到不应有的处罚或者行政强制能得到及时的纠正和补救,有效地保护当事人的合法权益不受侵犯,同时对公安机关等相关部门也是一种监督和制约;另一方面又体现了有关部门处罚决定和行政强制决定的严肃性和权威性,保证有关部门能够依法履行职责,及时追究违法者的法律责任。第二,根据《行政诉讼法》的规定,对属于人民法院受案范围的行政案件,公民、法人或者其他组织可以先向行政机关申请复议,对复议决定不服的,再向人民法院提起诉讼,也可以直接向人民法院提起诉讼。但有关单位和个人不能就同一事实同时提出行政复议和行政诉讼。

适用要点

适用本条时应注意申请事项和救济渠道的具体要求:

第一,申请救济的事项。本条规定的申请主体是对依照本法作出的有关行政处罚和行政强制措施不服的行政相对人,包括单位和个人。本法根据反有组织犯罪工作的实践需要,设定了一些具体的行政处罚和行政强制措施。

一是行政处罚。行政处罚是特定的行政主体对违反行政管理秩序但尚未构成犯罪的有关单位、个人予以制裁的行政行为，包括警告、罚款、行政拘留、没收违法所得、没收非法财物、责令停产停业、暂扣或者吊销许可证件等。本法第八章“法律责任”系统规定了与预防和治理有组织犯罪有关的行政处罚。

二是行政强制措施。行政强制措施是行政机关在行政管理过程中，为制止违法行为、防止证据损毁、避免危害发生、控制危险扩大等情形，依法对公民的人身自由实施暂时性限制，或者对公民、法人或者其他组织的财物实施暂时性控制的行为，包括限制公民人身自由，查封场所、设施或者财物，扣押财物，冻结存款、汇款等。第三章“案件办理”、第四章“涉案财产认定和处置”系统规定了与预防和治理有组织犯罪有关的行政强制措施。

需要注意的是，本法规定的行政处罚和行政强制措施在具体执行中，既要符合本法的具体规定，也要符合行政处罚和行政强制相关立法包括程序事项在内的相应规定。如《行政处罚法》规定的行政处罚遵循公正、公开的原则，行政处罚由具有行政处罚权的行政机关在法定职权范围内实施等。《行政强制法》规定行政强制的实施应当适当；采用非强制手段可以达到行政管理目的的，不得实施行政强制；实施行政强制，应当坚持教育与强制相结合等。上述法律中还规定，公民、法人或者其他组织对行政机关所给予的行政处罚、实施的行政强制，享有陈述权、申辩权。

第二，申请救济的渠道。本条规定可以采取的救济措施包括行政复议或者行政诉讼两种方式。这里的“依法申请行政复议或者提起行政诉讼”，是指有关单位和个人可以按照《行政复议法》《行政诉讼法》规定的条件和程序申请行政复议、提起行政诉讼。（1）行政复议，是指公民、法人或者其他组织不服行政机关的处罚决定、行政强制措施决定等，认为行政机关和行政机关工作人员的具体行政行为侵犯其合法权益的，在一定期限内，依法向行政复议机关提出行政复议申请，接受申请的行政复议机关根据申请，按照法律、法规的规定对原具体行政行为的合法性和适当性进行复查，在规定的时限内作出维持、变更或者撤销原具体行政行为的决定的一种法律制度。(2)行政诉讼,是指公民、法人或者其他组织不服行政机关的处罚决定、行政强制措施决定等,认为行政机关和行政机关工作人员的具体行政行为侵犯其合法权益的,在一定期限内,依法向人民法院提起诉讼,由人民法院对具体行政行为是否合法进行审查并作出裁判的活动。需要注意的是,对于法律规定由行政机关最终裁决的行政行为,人民法院不受理公民、法人或者其他组织对其提起的诉讼。一般来说,不服行政处罚决定、行政强制措施决定而申请复议或者提起诉讼的,主要有以下几种情况:一是,原行政处罚决定、原行政强制措施决定认定的事实错误。比如,行政处罚或者行政强制措施的对象错误,误罚了案外人或者对与案件无关的财物采取了查封、扣押、冻结等措施。二是,原行政处罚决定、原行政强制措施决定适用法律不当。三是,原行政处罚决定、行政强制措施决定的作出不符合法定程序。

关联法规

《中华人民共和国行政复议法》第五条 公民、法人或者其他组织对行政复议决定不服的,可以依照行政诉讼法的规定向人民法院提起行政诉讼,但是法律规定行政复议决定为最终裁决的除外。

第二十一条 行政复议期间具体行政行为不停止执行;但是,有下列情形之一的,可以停止执行:

(一)被申请人认为需要停止执行的;

(二)行政复议机关认为需要停止执行的;

(三)申请人申请停止执行,行政复议机关认为其要求合理,决定停止执行的;

(四)法律规定停止执行的。

《中华人民共和国行政诉讼法》第四十四条 对属于人民法院受案范围的行政案件,公民、法人或者其他组织可以先向行政机关申请复议,对复议决定不服的,再向人民法院提起诉讼;也可以直接向人民法院提起诉讼。

法律、法规规定应当先向行政机关申请复议，对复议决定不服再向人民法院提起诉讼的，依照法律、法规的规定。

第九章　附　　则

第七十七条　【生效日期】本法自 2022 年 5 月 1 日起施行。

重点解读

本条是关于本法生效日期的规定。

法律的生效日期，是指法律开始施行并发生法律效力的日期。法律的施行时间及生效时间，是法律效力的起点。一部法律何时开始生效，一般是由该法律的具体性质和实际需要决定的。目前，关于法律生效日期的规定，我国立法实践中通常有两种做法：第一种做法是，法律公布的时间与法律生效的时间是一致的，也就是说，法律自公布之日起施行。第二种做法是，法律公布的时间与法律生效的时间不一致，即法律公布后经过一段时间后才生效，其目的是给法律的实施以必要的准备时间。

根据本条规定，本法属后一种情形，即法律公布后至 2022 年 5 月 1 日才生效。

适用要点

适用本条时应注意本法公布时间与法律生效时间的不一致：

本法是 2021 年 12 月 24 日经第十三届全国人民代表大会常务委员会第三十二次会议通过的。之所以规定自 2022 年 5 月 1 日起施行，间隔时间较短,主要是考虑到:第一,本法是我国第一部在反有组织犯罪方面具有基础性、综合性地位的法律,法律通过后需要有一个宣传时间,以便人民群众和各方面学习、了解、掌握法律规定的精神;第二,三年扫黑除恶专项斗争已经收官,反有组织犯罪走向常态化、规范化,急需一部行之有效的法律来推动、规范各方面工作;第三,本法规定的多数内容在其他法律、行政法规或者规章中已有规定,制定《反有组织犯罪法》,主要是对相关规定进一步作出完善,并将行政法规、规章中的一些规定上升为法律。本法还有一些内容,是将党中央加强反有组织犯罪工作的重大决策部署和实践中的一些成功经验,通过法律的形式确定下来。因此,有关工作已有了一定的积累和基础,各方面也做了一定的准备。

此外,规定本法自 2022 年 5 月 1 日起施行,在法律文本中明确本法生效的具体日期,也有利于实践中掌握。

关联法规

《中华人民共和国立法法》第五十七条 法律应当明确规定施行日期。

附录　相关法规

最高人民法院关于审理黑社会性质组织犯罪的案件具体应用法律若干问题的解释

（2000年12月4日最高人民法院审判委员会第1148次会议通过　2000年12月5日公布　法释〔2000〕42号　自2000年12月10日起施行）

为依法惩治黑社会性质组织的犯罪活动，根据刑法有关规定，现就审理黑社会性质组织的犯罪案件具体应用法律的若干问题解释如下：

第一条　刑法第二百九十四条规定的“黑社会性质的组织”，一般应具备以下特征：

（一）组织结构比较紧密，人数较多，有比较明确的组织者、领导者，骨干成员基本固定，有较为严格的组织纪律；

（二）通过违法犯罪活动或者其他手段获取经济利益，具有一定的经济实力；

（三）通过贿赂、威胁等手段，引诱、逼迫国家工作人员参加黑社会性质组织活动，或者为其提供非法保护；

（四）在一定区域或者行业范围内，以暴力、威胁、滋扰等手段，大肆进行敲诈勒索、欺行霸市、聚众斗殴、寻衅滋事、故意伤害等违法犯罪活动，严重破坏经济、社会生活秩序。

第二条　刑法第二百九十四条第二款规定的“发展组织成员”，是指将境内、外人员吸收为该黑社会组织成员的行为。对黑社会组织成员进行内部调整等行为，可视为“发展组织成员”。

港、澳、台黑社会组织到内地发展组织成员的,适用刑法第二百九十四条第二款的规定定罪处罚。

第三条 组织、领导、参加黑社会性质的组织又有其他犯罪行为的,根据刑法第二百九十四条第三款的规定,依照数罪并罚的规定处罚;对于黑社会性质组织的组织者、领导者,应当按照其所组织、领导的黑社会性质组织所犯的全部罪行处罚;对于黑社会性质组织的参加者,应当按照其所参与的犯罪处罚。

对于参加黑社会性质的组织,没有实施其他违法犯罪活动的,或者受蒙蔽、胁迫参加黑社会性质的组织,情节轻微的,可以不作为犯罪处理。

第四条 国家机关工作人员组织、领导、参加黑社会性质组织的,从重处罚。

第五条 刑法第二百九十四条第四款规定的"包庇",是指国家机关工作人员为使黑社会性质组织及其成员逃避查禁,而通风报信,隐匿、毁灭、伪造证据,阻止他人作证、检举揭发,指使他人作伪证,帮助逃匿,或者阻挠其他国家机关工作人员依法查禁等行为。

刑法第二百九十四条第四款规定的"纵容",是指国家机关工作人员不依法履行职责,放纵黑社会性质组织进行违法犯罪活动的行为。

第六条 国家机关工作人员包庇、纵容黑社会性质的组织,有下列情形之一的,属于刑法第二百九十四条第四款规定的"情节严重":

(一)包庇、纵容黑社会性质组织跨境实施违法犯罪活动的;

(二)包庇、纵容境外黑社会组织在境内实施违法犯罪活动的;

(三)多次实施包庇、纵容行为的;

(四)致使某一区域或者行业的经济、社会生活秩序遭受黑社会性质组织特别严重破坏的;

(五)致使黑社会性质组织的组织者、领导者逃匿,或者致使对黑社会性质组织的查禁工作严重受阻的;

(六)具有其他严重情节的。

第七条 对黑社会性质组织和组织、领导、参加黑社会性质组织的犯罪分子聚敛的财物及其收益，以及用于犯罪的工具等，应当依法追缴、没收。

全国人民代表大会常务委员会关于《中华人民共和国刑法》第二百九十四条第一款的解释

（2002年4月28日第九届全国人民代表大会常务委员会第二十七次会议通过）

全国人民代表大会常务委员会讨论了刑法第二百九十四条第一款规定的“黑社会性质的组织”的含义问题，解释如下：

刑法第二百九十四条第一款规定的“黑社会性质的组织”应当同时具备以下特征：

（一）形成较稳定的犯罪组织，人数较多，有明确的组织者、领导者，骨干成员基本固定；

（二）有组织地通过违法犯罪活动或者其他手段获取经济利益，具有一定的经济实力，以支持该组织的活动；

（三）以暴力、威胁或者其他手段，有组织地多次进行违法犯罪活动，为非作恶，欺压、残害群众；

（四）通过实施违法犯罪活动，或者利用国家工作人员的包庇或者纵容，称霸一方，在一定区域或者行业内，形成非法控制或者重大影响，严重破坏经济、社会生活秩序。

现予公告。

最高人民法院、最高人民检察院、公安部办理黑社会性质组织犯罪案件座谈会纪要（节录）

（2009 年 12 月 15 日发布　法〔2009〕382 号）

为正确理解和适用刑法、立法解释、司法解释关于黑社会性质组织犯罪的规定，依法及时、准确、有力地惩治黑社会性质组织犯罪，最高人民法院、最高人民检察院、公安部于 2009 年 7 月 15 日在北京召开了办理黑社会性质组织犯罪案件座谈会。会议总结了各级人民法院、人民检察院和公安机关办理黑社会性质组织犯罪案件所取得的经验，分析了当前依法严惩黑社会性质组织犯罪面临的严峻形势，研究了办理黑社会性质组织犯罪案件遇到的适用法律问题，就人民法院、人民检察院和公安机关正确适用法律，严厉打击黑社会性质组织犯罪形成了具体意见。会议纪要如下：

二、会议认为，自 1997 年刑法增设黑社会性质组织犯罪的规定以来，全国人大常委会、最高人民法院分别作出了《关于〈中华人民共和国刑法〉第二百九十四条第一款的解释》（以下简称《立法解释》）、《关于审理黑社会性质组织犯罪的案件具体应用法律若干问题的解释》（以下简称《司法解释》），对于指导司法实践发挥了重要作用。但由于黑社会性质组织犯罪的构成要件和所涉及的法律关系较为复杂，在办案过程中对法律规定的理解还不尽相同。为了进一步统一司法标准，会议就实践中争议较大的问题进行了深入研讨，并取得了一致意见：

（一）关于黑社会性质组织的认定

黑社会性质组织必须同时具备《立法解释》中规定的“组织特征”、“经济特征”、“行为特征”和“非法控制特征”。由于实践中许多黑社会性质组织并非“四个特征”都很明显，因此，在具体认定时，应根据立法本意，认真审查、分析黑社会性质组织“四个特征”相互间的内在联系，准确评价涉案犯罪组织所造成的社会危害，确保不枉不纵。

1. 关于组织特征。黑社会性质组织不仅有明确的组织者、领导者，骨干成员基本固定，而且组织结构较为稳定，并有比较明确的层级和职责分工。

当前，一些黑社会性质组织为了增强隐蔽性，往往采取各种手段制造“人员频繁更替、组织结构松散”的假象。因此，在办案时，要特别注意审查组织者、领导者，以及对组织运行、活动起着突出作用的积极参加者等骨干成员是否基本固定、联系是否紧密，不要被其组织形式的表象所左右。

关于组织者、领导者、积极参加者和其他参加者的认定。组织者、领导者，是指黑社会性质组织的发起者、创建者，或者在组织中实际处于领导地位，对整个组织及其运行、活动起着决策、指挥、协调、管理作用的犯罪分子，既包括通过一定形式产生的有明确职务、称谓的组织者、领导者，也包括在黑社会性质组织中被公认的事实上的组织者、领导者；积极参加者，是指接受黑社会性质组织的领导和管理，多次积极参与黑社会性质组织的违法犯罪活动，或者积极参与较严重的黑社会性质组织的犯罪活动且作用突出，以及其他在组织中起重要作用的犯罪分子，如具体主管黑社会性质组织的财务、人员等事项的犯罪分子；其他参加者，是指除上述组织成员之外，其他接受黑社会性质组织的领导和管理的犯罪分子。根据《司法解释》第三条第二款的规定，对于参加黑社会性质的组织，没有实施其他违法犯罪活动的，或者受蒙蔽、胁迫参加黑社会性质的组织，情节轻微的，可以不作为犯罪处理。

关于黑社会性质组织成员的主观明知问题。在认定黑社会性质组织的成员时，并不要求其主观上认为自己参加的是黑社会性质组织，只要其知道或者应当知道该组织具有一定规模，且是以实施违法犯罪为主要活动的，即可认定。

对于黑社会性质组织存在时间、成员人数及组织纪律等问题的把握。黑社会性质组织一般在短时间内难以形成，而且成员人数较多，但鉴于普通犯罪集团、“恶势力”团伙向黑社会性质组织发展是一个渐进的过程，没有明显的性质转变的节点，故对黑社会性质组织存在时间、成员人数问题不宜作出“一刀切”的规定。对于那些已存在一定时间，且成员人数较多的犯罪组织，在定性时要根据其是否已具备一定的经济实力，是否已在一定区域或行业内形成非法控制或重大影响等情况综合分析判断。此外，在通常情况下，黑社会性质组织为了维护自身的安全和稳定，一般会有一些约定俗成的纪律、规约，有些甚至还有明确的规定。因此，具有一定的组织纪律、活动规约，也是认定黑社会性质组织特征时的重要参考依据。

2. 关于经济特征。一定的经济实力是黑社会性质组织坐大成势，称霸一方的基础。由于不同地区的经济发展水平、不同行业的利润空间均存在很大差异，加之黑社会性质组织存在、发展的时间也各有不同，因此，在办案时不能一般性地要求黑社会性质组织所具有的经济实力必须达到特定规模或特定数额。此外，黑社会性质组织的敛财方式也具有多样性。实践中，黑社会性质组织不仅会通过实施赌博、敲诈、贩毒等违法犯罪活动攫取经济利益，而且还往往会通过开办公司、企业等方式“以商养黑”、“以黑护商”。因此，无论其财产是通过非法手段聚敛，还是通过合法的方式获取，只要将其中部分或全部用于违法犯罪活动或者维系犯罪组织的生存、发展即可认定。

“用于违法犯罪活动或者维系犯罪组织的生存、发展”，一般是指购买作案工具、提供作案经费，为受伤、死亡的组织成员提供医疗费、丧葬费，为组织成员及其家属提供工资、奖励、福利、生活费用，为组织寻求非法保护以及其他与实施有组织的违法犯罪活动有关的费用支出等。

3. 关于行为特征。暴力性、胁迫性和有组织性是黑社会性质组织行为方式的主要特征，但其有时也会采取一些“其他手段”。

根据司法实践经验，《立法解释》中规定的“其他手段”主要包括：以暴力、威胁为基础，在利用组织势力和影响已对他人形成心理强制或威慑的情况下，进行所谓的“谈判”、“协商”、“调解”；滋扰、哄闹、聚众等其他干扰、破坏正常经济、社会生活秩序的非暴力手段。

“黑社会性质组织实施的违法犯罪活动”主要包括以下情形：由组织者、领导者直接组织、策划、指挥、参与实施的违法犯罪活动；由组织成员以组织名义实施，并得到组织者、领导者认可或者默许的违法犯罪活动；多名组织成员为逞强争霸、插手纠纷、报复他人、替人行凶、非法敛财而共同实施，并得到组织者、领导者认可或者默许的违法犯罪活动；组织成员为组织争夺势力范围、排除竞争对手、确立强势地位、谋取经济利益、维护非法权威或者按照组织的纪律、惯例、共同遵守的约定而实施的违法犯罪活动；由黑社会性质组织实施的其他违法犯罪活动。

会议认为，在办案时还应准确理解《立法解释》中关于“多次进行违法犯罪活动”的规定。黑社会性质组织实施犯罪活动过程中，往往伴随着大量的违法活动，对此均应作为黑社会性质组织的违法犯罪事实予以认定。但如果仅实施了违法活动，而没有实施犯罪活动的，则不能认定为黑社会性质组织。此外，“多次进行违法犯罪活动”只是认定黑社会性质组织的必要条件之一，最终能否认定为黑社会性质组织，还要结合非法控制特征来加以判断。即使有些案件中的违法犯罪活动已符合“多次”的标准，但根据其性质和严重程度，尚不足以形成非法控制或者重大影响的，也不能认定为黑社会性质组织。

4. 关于非法控制特征。称霸一方，在一定区域或者行业内，形成非法控制或者重大影响，从而严重破坏经济、社会生活秩序，是黑社会性质组织的本质特征，也是黑社会性质组织区别于一般犯罪集团的关键所在。

对于“一定区域”的理解和把握。区域的大小具有相对性，且黑社会性质组织非法控制和影响的对象并不是区域本身，而是在一定区域中生活的人，以及该区域内的经济、社会生活秩序。因此，不能简单地要求“一定区域”必须达到某一特定的空间范围，而应当根据具体案情，并结合黑社会性质组织对经济、社会生活秩序的危害程度加以综合分析判断。

对于“一定行业”的理解和把握。黑社会性质组织所控制和影响的行业,既包括合法行业,也包括黄、赌、毒等非法行业。这些行业一般涉及生产、流通、交换、消费等一个或多个市场环节。

通过实施违法犯罪活动,或者利用国家工作人员的包庇、纵容,称霸一方,并具有以下情形之一的,可认定为“在一定区域或者行业内,形成非法控制或者重大影响,严重破坏经济、社会生活秩序”:对在一定区域内生活或者在一定行业内从事生产、经营的群众形成心理强制、威慑,致使合法利益受损的群众不敢举报、控告的;对一定行业的生产、经营形成垄断,或者对涉及一定行业的准入、经营、竞争等经济活动形成重要影响的;插手民间纠纷、经济纠纷,在相关区域或者行业内造成严重影响的;干扰、破坏他人正常生产、经营、生活,并在相关区域或者行业内造成严重影响的;干扰、破坏公司、企业、事业单位及其他社会团体的正常生产、经营、工作秩序,在相关区域、行业内造成严重影响,或者致使其不能正常生产、经营、工作的;多次干扰、破坏国家机关、行业管理部门以及村委会、居委会等基层群众自治组织的工作秩序,或者致使上述单位、组织的职能不能正常行使的;利用组织的势力、影响,使组织成员获取政治地位,或者在党政机关、基层群众自治组织中担任一定职务的;其他形成非法控制或者重大影响,严重破坏经济、社会生活秩序的情形。

(二)关于办理黑社会性质组织犯罪案件的其他问题

1.关于包庇、纵容黑社会性质组织罪主观要件的认定。本罪主观方面要求必须是出于故意,过失不能构成本罪。会议认为,只要行为人知道或者应当知道是从事违法犯罪活动的组织,仍对该组织及其成员予以包庇,或者纵容其实施违法犯罪活动,即可认定本罪。至于行为人是否明知该组织系黑社会性质组织,不影响本罪的成立。

2.关于黑社会性质组织成员的刑事责任。对黑社会性质组织的组织者、领导者,应根据法律规定和本纪要中关于“黑社会性质组织实施的违法犯罪活动”的规定,按照该组织所犯的全部罪行承担刑事责任。组织者、领导者对于具体犯罪所承担的刑事责任,应当根据其在该起犯罪中的具体地位、作用来确定。对黑社会性质组织中的积极参加者和其他参加者，应按照其所参与的犯罪，根据其在具体犯罪中的地位和作用，依照罪责刑相适应的原则，确定其应承担的刑事责任。

3.关于涉黑犯罪财物及其收益的认定和处置。在办案时，要依法运用查封、扣押、冻结、追缴、没收等手段，彻底摧毁黑社会性质组织的经济基础，防止其死灰复燃。对于涉黑犯罪财物及其收益以及犯罪工具，均应按照刑法第六十四条和《司法解释》第七条的规定予以追缴、没收。黑社会性质组织及其成员通过犯罪活动聚敛的财物及其收益，是指在黑社会性质组织的形成、发展过程中，该组织及组织成员通过违法犯罪活动或其他不正当手段聚敛的全部财物、财产性权益及其孳息、收益。在办案工作中，应认真审查涉案财产的来源、性质，对被告人及其他单位、个人的合法财产应依法予以保护。

4.关于认定黑社会性质组织犯罪的证据要求。办理涉黑案件同样应当坚持案件"事实清楚，证据确实、充分"的法定证明标准。但应当注意的是，"事实清楚"是指能够对定罪量刑产生影响的事实必须清楚，而不是指整个案件的所有事实和情节都要一一查证属实；"证据确实、充分"是指能够据以定罪量刑的证据确实、充分，而不是指案件中所涉全部问题的证据都要达到确实、充分的程度。对此，一定要准确理解和把握，不要纠缠那些不影响定罪量刑的枝节问题。比如，在可以认定某犯罪组织已将所获经济利益部分用于组织活动的情况下，即使此部分款项的具体数额难以全部查实，也不影响定案。

5.关于黑社会性质组织成员的立功问题。积极参加者、其他参加者配合司法机关查办案件，有提供线索、帮助收集证据或者其他协助行为，并对侦破黑社会性质组织犯罪案件起到一定作用的，即使依法不能认定立功，一般也应酌情对其从轻处罚。组织者、领导者检举揭发与该黑社会性质组织及其违法犯罪活动有关联的其他犯罪线索，即使依法构成立功或者重大立功，在量刑时也应从严掌握。

6.关于对"恶势力"团伙的认定和处理。"恶势力"是黑社会性质组织的雏形,有的最终发展成了黑社会性质组织。因此,及时严惩"恶势力"团伙犯罪,是遏制黑社会性质组织滋生,防止违法犯罪活动造成更大社会危害的有效途径。

会议认为,"恶势力"是指经常纠集在一起,以暴力、威胁或其他手段,在一定区域或者行业内多次实施违法犯罪活动,为非作恶,扰乱经济、社会生活秩序,造成较为恶劣的社会影响,但尚未形成黑社会性质组织的犯罪团伙。"恶势力"一般为三人以上,纠集者、骨干成员相对固定,违法犯罪活动一般表现为敲诈勒索、强迫交易、欺行霸市、聚众斗殴、寻衅滋事、非法拘禁、故意伤害、抢劫、抢夺或者黄、赌、毒等。各级人民法院、人民检察院和公安机关在办案时应根据本纪要的精神,结合组织化程度的高低、经济实力的强弱、有无追求和实现对社会的非法控制等特征,对黑社会性质组织与"恶势力"团伙加以正确区分。同时,还要本着实事求是的态度,正确理解和把握"打早打小"方针。在准确查明"恶势力"团伙具体违法犯罪事实的基础上,构成什么罪,就按什么罪处理,并充分运用刑法总则关于共同犯罪的规定,依法惩处。对符合犯罪集团特征的,要按照犯罪集团处理,以切实加大对"恶势力"团伙依法惩处的力度。

7. 关于视听资料的收集、使用。公安机关在侦查时要特别重视对涉黑犯罪视听资料的收集。对于那些能够证明涉案犯罪组织具备黑社会性质组织的"四个特征"及其实施的具体违法犯罪活动的录音、录像资料,要及时提取、固定、移送。通过特殊侦查措施获取的视听资料,在移送审查起诉时,公安机关对证据的来源、提取经过应予以说明。

8. 庭审时应注意的有关问题。为确保庭审效果,人民法院在开庭审理涉黑案件之前,应认真做好庭审预案。法庭调查时,除必须传唤共同被告人同时到庭质证外,对各被告人应当分别讯问,以防止被告人当庭串供或者不敢如实供述、作证。对于诉讼参与人、旁听人员破坏法庭秩序、干扰法庭审理的,法庭应按照刑事诉讼法及有关司法解释的规定及时作出处理。构成犯罪的,应当依法追究刑事责任。

最高人民法院、最高人民检察院、公安部、司法部关于办理黑社会性质组织犯罪案件若干问题的规定

（2012年9月11日发布　公通字〔2012〕45号）

为依法严厉打击黑社会性质组织犯罪，按照宽严相济的刑事政策和"打早打小、除恶务尽"的工作方针，根据《中华人民共和国刑法》、《中华人民共和国刑事诉讼法》和其他有关规定，现就办理黑社会性质组织犯罪案件有关问题，制定本规定。

一、管辖

第一条　公安机关侦查黑社会性质组织犯罪案件时，对黑社会性质组织及其成员在多个地方实施的犯罪，以及其他与黑社会性质组织犯罪有关的犯罪，可以依照法律和有关规定一并立案侦查。对案件管辖有争议的，由共同的上级公安机关指定管辖。

并案侦查的黑社会性质组织犯罪案件，由侦查该案的公安机关所在地同级人民检察院一并审查批准逮捕、受理移送审查起诉，由符合审判级别管辖要求的人民法院审判。

第二条　公安机关、人民检察院、人民法院根据案件情况和需要，可以依法对黑社会性质组织犯罪案件提级管辖或者指定管辖。

提级管辖或者指定管辖的黑社会性质组织犯罪案件，由侦查该案的公安机关所在地同级人民检察院审查批准逮捕、受理移送审查起诉，由同级或者符合审判级别管辖要求的人民法院审判。

第三条　人民检察院对于公安机关提请批准逮捕、移送审查起诉的黑社会性质组织犯罪案件，人民法院对于已进入审判程序的黑社会性质组织犯罪案件，被告人及其辩护人提出管辖异议，或者办案单位发现没有

管辖权的,受案人民检察院、人民法院经审查,可以依法报请与有管辖权的人民检察院、人民法院共同的上级人民检察院、人民法院指定管辖,不再自行移交。对于在审查批准逮捕阶段,上级检察机关已经指定管辖的案件,审查起诉工作由同一人民检察院受理。

第四条 公安机关侦查黑社会性质组织犯罪案件过程中,发现人民检察院管辖的贪污贿赂、渎职侵权犯罪案件线索的,应当及时移送人民检察院。人民检察院对于公安机关移送的案件线索应当及时依法进行调查或者立案侦查。人民检察院与公安机关应当相互及时通报案件进展情况。

二、立案

第五条 公安机关对涉嫌黑社会性质组织犯罪的线索,应当及时进行审查。审查过程中,可以采取询问、查询、勘验、检查、鉴定、辨认、调取证据材料等必要的调查活动,但不得采取强制措施,不得查封、扣押、冻结财产。

立案前的审查阶段获取的证据材料经查证属实的,可以作为证据使用。

公安机关因侦查黑社会性质组织犯罪的需要,根据国家有关规定,经过严格的批准手续,对一些重大犯罪线索立案后可以采取技术侦查等秘密侦查措施。

第六条 公安机关经过审查,认为有黑社会性质组织犯罪事实需要追究刑事责任,且属于自己管辖的,经县级以上公安机关负责人批准,予以立案,同时报上级公安机关备案。

三、强制措施和羁押

第七条 对于组织、领导、积极参加黑社会性质组织的犯罪嫌疑人、被告人,不得取保候审;但是患有严重疾病、生活不能自理,怀孕或者是正在哺乳自己婴儿的妇女,采取取保候审不致发生社会危险性的除外。

第八条 对于黑社会性质组织犯罪案件的犯罪嫌疑人、被告人,看守所应当严格管理,防止发生串供、通风报信等行为。

对于黑社会性质组织犯罪案件的犯罪嫌疑人、被告人,可以异地羁押。

对于同一黑社会性质组织犯罪案件的犯罪嫌疑人、被告人,应当分别羁押,在看守所的室外活动应当分开进行。

对于组织、领导黑社会性质组织的犯罪嫌疑人、被告人,有条件的地方应当单独羁押。

四、证人保护

第九条 公安机关、人民检察院和人民法院应当采取必要措施,保障证人及其近亲属的安全。证人的人身和财产受到侵害时,可以视情给予一定的经济补偿。

第十条 在侦查、起诉、审判过程中,对于因作证行为可能导致本人或者近亲属的人身、财产安全受到严重危害的证人,分别经地市级以上公安机关主要负责人、人民检察院检察长、人民法院院长批准,应当对其身份采取保密措施。

第十一条 对于秘密证人,侦查人员、检察人员和审判人员在制作笔录或者文书时,应当以代号代替其真实姓名,不得记录证人住址、单位、身份证号及其他足以识别其身份的信息。证人签名以按指纹代替。

侦查人员、检察人员和审判人员记载秘密证人真实姓名和身份信息的笔录或者文书,以及证人代号与真实姓名对照表,应当单独立卷,交办案单位档案部门封存。

第十二条 法庭审理时不得公开秘密证人的真实姓名和身份信息。用于公开质证的秘密证人的声音、影像,应当进行变声、变像等技术处理。

秘密证人出庭作证,人民法院可以采取限制询问、遮蔽容貌、改变声音或者使用音频、视频传送装置等保护性措施。

经辩护律师申请,法庭可以要求公安机关、人民检察院对使用秘密证人的理由、审批程序出具说明。

第十三条 对报案人、控告人、举报人、鉴定人、被害人的保护,参照本规定第九条至第十二条的规定执行。

五、特殊情况的处理

第十四条 参加黑社会性质组织的犯罪嫌疑人、被告人，自动投案，如实供述自己的罪行，或者在被采取强制措施期间如实供述司法机关还未掌握的本人其他罪行的，应当认定为自首。

参加黑社会性质组织的犯罪嫌疑人、被告人，积极配合侦查、起诉、审判工作，检举、揭发黑社会性质组织其他成员与自己共同犯罪以外的其他罪行，经查证属实的，应当认定为有立功表现。在查明黑社会性质组织的组织结构和组织者、领导者的地位作用，追缴、没收赃款赃物，打击"保护伞"方面提供重要线索，经查证属实的，可以酌情从宽处理。

第十五条 对于有本规定第十四条所列情形之一的，公安机关应当根据犯罪嫌疑人的认罪态度以及在侦查工作中的表现，经县级以上公安机关主要负责人批准，提出从宽处理的建议并说明理由。

人民检察院应当根据已经查明的事实、证据和有关法律规定，在充分考虑全案情况和公安机关建议的基础上依法作出起诉或者不起诉决定，或者起诉后向人民法院提出依法从轻、减轻或者免除刑事处罚的建议。

人民法院应当根据已经查明的事实、证据和有关法律规定，在充分考虑全案情况、公安机关和人民检察院建议和被告人、辩护人辩护意见的基础上，依法作出判决。

对参加黑社会性质组织的犯罪嫌疑人、被告人不起诉或者免予刑事处罚的，应当予以训诫或者责令具结悔过并保证不再从事违法犯罪活动。

第十六条 对于有本规定第十四条第二款情形的犯罪嫌疑人、被告人，可以参照第九条至第十二条的规定，采取必要的保密和保护措施。

六、涉案财产的控制和处理

第十七条 根据黑社会性质组织犯罪案件的诉讼需要，公安机关、人民检察院、人民法院可以依法查询、查封、扣押、冻结与案件有关的下列财产：

（一）黑社会性质组织的财产；

（二）犯罪嫌疑人、被告人个人所有的财产；

（三）犯罪嫌疑人、被告人实际控制的财产；

（四）犯罪嫌疑人、被告人出资购买的财产；

（五）犯罪嫌疑人、被告人转移至他人的财产；

（六）其他与黑社会性质组织及其违法犯罪活动有关的财产。

对于本条第一款的财产，有证据证明与黑社会性质组织及其违法犯罪活动无关的，应当依法立即解除查封、扣押、冻结措施。

第十八条 查封、扣押、冻结财产的，应当一并扣押证明财产所有权或者相关权益的法律文件和文书。

在侦查、起诉、审判过程中，查询、查封、扣押、冻结财产需要其他部门配合或者执行的，应当分别经县级以上公安机关负责人、人民检察院检察长、人民法院院长批准，通知有关部门配合或者执行。

查封、扣押、冻结已登记的不动产、特定动产及其他财产，应当通知有关登记机关，在查封、扣押、冻结期间禁止被查封、扣押、冻结的财产流转，不得办理被查封、扣押、冻结财产权属变更、抵押等手续；必要时可以提取有关产权证照。

第十九条 对于不宜查封、扣押、冻结的经营性财产，公安机关、人民检察院、人民法院可以申请当地政府指定有关部门或者委托有关机构代管。

第二十条 对于黑社会性质组织形成、发展过程中，组织及其成员通过违法犯罪活动或者其他不正当手段聚敛的财产及其孳息、收益，以及用于违法犯罪的工具和其他财物，应当依法追缴、没收。

对于其他个人或者单位利用黑社会性质组织及其成员的违法犯罪活动获得的财产及其孳息、收益，应当依法追缴、没收。

对于明知是黑社会性质组织而予以资助、支持的，依法没收资助、支持的财产。

对于被害人的合法财产及其孳息，应当依法及时返还或者责令退赔。

第二十一条 依法应当追缴、没收的财产无法找到、被他人善意取得、价值灭失或者与其他合法财产混合且不可分割的，可以追缴、没收其他等值财产。

对黑社会性质组织及其成员聚敛的财产及其孳息、收益的数额,办案单位可以委托专门机构评估;确实无法准确计算的,可以根据有关法律规定及查明的事实、证据合理估算。

七、律师辩护代理

第二十二条 公安机关、人民检察院、人民法院应当依法保障律师在办理黑社会性质组织犯罪案件辩护代理工作中的执业权利,保证律师依法履行职责。

公安机关、人民检察院、人民法院应当加强与司法行政机关的沟通和协作,及时协调解决律师辩护代理工作中的问题;发现律师有违法违规行为的,应当及时通报司法行政机关,由司法行政机关依法处理。

第二十三条 律师接受委托参加黑社会性质组织犯罪案件辩护代理工作的,应当严格依法履行职责,依法行使执业权利,恪守律师职业道德和执业纪律。

第二十四条 司法行政机关应当建立对律师办理黑社会性质组织犯罪案件辩护代理工作的指导、监督机制,加强对敏感、重大的黑社会性质组织犯罪案件律师辩护代理工作的业务指导;指导律师事务所建立健全律师办理黑社会性质组织犯罪案件辩护代理工作的登记、报告、保密、集体讨论、档案管理等制度;及时查处律师从事黑社会性质组织犯罪案件辩护代理活动中的违法违规行为。

八、刑罚执行

第二十五条 对于组织、领导、参加黑社会性质组织的罪犯,执行机关应当采取严格的监管措施。

第二十六条 对于判处十年以上有期徒刑、无期徒刑,以及判处死刑缓期二年执行减为有期徒刑、无期徒刑的黑社会性质组织的组织者、领导者,应当跨省、自治区、直辖市异地执行刑罚。

对于被判处十年以下有期徒刑的黑社会性质组织的组织者、领导者,以及黑社会性质组织的积极参加者,可以跨省、自治区、直辖市或者在本省、自治区、直辖市内异地执行刑罚。

第二十七条 对组织、领导和积极参加黑社会性质组织的罪犯减刑的，执行机关应当依法提出减刑建议，报经省、自治区、直辖市监狱管理机关审核后，提请人民法院裁定。监狱管理机关审核时应当向同级人民检察院、公安机关通报情况。

对被判处不满十年有期徒刑的组织、领导和积极参加黑社会性质组织的罪犯假释的，依照前款规定处理。

对因犯组织、领导黑社会性质组织罪被判处十年以上有期徒刑、无期徒刑的罪犯，不得假释。

第二十八条 对于组织、领导和积极参加黑社会性质组织的罪犯，有下列情形之一，确实需要暂予监外执行的，应当依照法律规定的条件和程序严格审批：

（一）确有严重疾病而监狱不具备医治条件，必须保外就医，且适用保外就医不致危害社会的；

（二）怀孕或者正在哺乳自己婴儿的妇女；

（三）因年老、残疾完全丧失生活自理能力，适用暂予监外执行不致危害社会的。

暂予监外执行的审批机关在作出审批决定前，应当向同级人民察院、公安机关通报情况。

第二十九条 办理境外黑社会组织成员入境发展组织成员犯罪案件，参照本规定执行。

第三十条 本规定自印发之日起施行。

全国部分法院审理黑社会性质组织犯罪案件工作座谈会纪要(节录)

(2015年10月13日最高人民法院发布　法〔2015〕291号)

会议认为,2009年印发的《最高人民法院、最高人民检察院、公安部办理黑社会性质组织犯罪案件座谈会纪要》(以下简称:2009年《座谈会纪要》)对于指导审判实践发挥了重要作用。由于黑社会性质组织犯罪始终处于不断发展变化之中,且刑法、刑事诉讼法的相关规定均有修改,因此,对于一些实践中反映较为突出,但2009年《座谈会纪要》未作规定或者有关规定尚需进一步细化和完善的问题,确有必要及时加以研究解决。经过与会代表的认真研究,会议就人民法院审理黑社会性质组织犯罪案件时遇到的部分政策把握及具体应用法律问题形成了共识。同时,与会代表也一致认为,本次会议所取得的成果是对2009年《座谈会纪要》的继承与发展,原有内容审判时仍应遵照执行;内容有所补充的,审判时应结合执行。现会议纪要如下:

二、关于黑社会性质组织的认定

(一)认定组织特征的问题

黑社会性质组织存续时间的起点,可以根据涉案犯罪组织举行成立仪式或者进行类似活动的时间来认定。没有前述活动的,可以根据足以反映其初步形成核心利益或强势地位的重大事件发生时间进行审查判断。没有明显标志性事件的,也可以根据涉案犯罪组织为维护、扩大组织势力、实力、影响、经济基础或按照组织惯例、纪律、活动规约而首次实施有组织的犯罪活动的时间进行审查判断。存在、发展时间明显过短、犯罪活动尚不突出的,一般不应认定为黑社会性质组织。

黑社会性质组织应当具有一定规模,人数较多,组织成员一般在10

人以上。其中,既包括已有充分证据证明但尚未归案的组织成员,也包括虽有参加黑社会性质组织的行为但因尚未达到刑事责任年龄或因其他法定情形而未被起诉,或者根据具体情节不作为犯罪处理的组织成员。

黑社会性质组织应有明确的组织者、领导者,骨干成员基本固定,并有比较明确的层级和职责分工,一般有三种类型的组织成员,即:组织者、领导者与积极参加者、一般参加者(也即“其他参加者”)。骨干成员,是指直接听命于组织者、领导者,并多次指挥或积极参与实施有组织的违法犯罪活动或者其他长时间在犯罪组织中起重要作用的犯罪分子,属于积极参加者的一部分。

对于黑社会性质组织的组织纪律、活动规约,应当结合制定、形成相关纪律、规约的目的与意图来进行审查判断。凡是为了增强实施违法犯罪活动的组织性、隐蔽性而制定或者自发形成,并用以明确组织内部人员管理、职责分工、行为规范、利益分配、行动准则等事项的成文或不成文的规定、约定,均可认定为黑社会性质组织的组织纪律、活动规约。

对于参加黑社会性质组织,没有实施其他违法犯罪活动,或者受蒙蔽、威胁参加黑社会性质组织,情节轻微的,可以不作为犯罪处理。对于参加黑社会性质组织后仅参与少量情节轻微的违法活动的,也可以不作为犯罪处理。

以下人员不属于黑社会性质组织的成员:1. 主观上没有加入黑社会性质组织的意愿,受雇到黑社会性质组织开办的公司、企业、社团工作,未参与或者仅参与少量黑社会性质组织的违法犯罪活动的人员;2. 因临时被纠集、雇佣或受蒙蔽为黑社会性质组织实施违法犯罪活动或者提供帮助、支持、服务的人员;3. 为维护或扩大自身利益而临时雇佣、收买、利用黑社会性质组织实施违法犯罪活动的人员。上述人员构成其他犯罪的,按照具体犯罪处理。

对于被起诉的组织成员主要为未成年人的案件,定性时应当结合“四个特征”审慎把握。

（二）认定经济特征的问题

“一定的经济实力”，是指黑社会性质组织在形成、发展过程中获取的，足以支持该组织运行、发展以及实施违法犯罪活动的经济利益。包括：

1. 有组织地通过违法犯罪活动或其他不正当手段聚敛的资产；2. 有组织地通过合法的生产、经营活动获取的资产；3. 组织成员以及其他单位、个人资助黑社会性质组织的资产。通过上述方式获取的经济利益，即使是由部分组织成员个人掌控，也应计入黑社会性质组织的“经济实力”。

各高级人民法院可以根据本地区的实际情况，对黑社会性质组织所应具有的“经济实力”在20—50万元幅度内，自行划定一般掌握的最低数额标准。

是否将所获经济利益全部或部分用于违法犯罪活动或者维系犯罪组织的生存、发展，是认定经济特征的重要依据。无论获利后的分配与使用形式如何变化，只要在客观上能够起到豢养组织成员、维护组织稳定、壮大组织势力的作用即可认定。

（三）认定行为特征的问题

涉案犯罪组织仅触犯少量具体罪名的，是否应认定为黑社会性质组织要结合组织特征、经济特征和非法控制特征（危害性特征）综合判断，严格把握。

黑社会性质组织实施的违法犯罪活动包括非暴力性的违法犯罪活动，但暴力或以暴力相威胁始终是黑社会性质组织实施违法犯罪活动的基本手段，并随时可能付诸实施。因此，在黑社会性质组织所实施的违法犯罪活动中，一般应有一部分能够较明显地体现出暴力或以暴力相威胁的基本特征。否则，定性时应当特别慎重。

属于2009年《座谈会纪要》规定的五种情形之一的，一般应当认定为黑社会性质组织实施的违法犯罪活动，但确与维护和扩大组织势力、实力、影响、经济基础无任何关联，亦不是按照组织惯例、纪律、活动规约而实施，则应作为组织成员个人的违法犯罪活动处理。

组织者、领导者明知组织成员曾多次实施起因、性质类似的违法犯罪活动，但并未明确予以禁止的，如果该类行为对扩大组织影响起到一定作用，可以视为是按照组织惯例实施的违法犯罪活动。

(四)认定非法控制特征(危害性特征)的问题

黑社会性质组织所控制和影响的"一定区域"，应当具备一定空间范围，并承载一定的社会功能。既包括一定数量的自然人共同居住、生活的区域，如乡镇、街道、较大的村庄等，也包括承载一定生产、经营或社会公共服务功能的区域，如矿山、工地、市场、车站、码头等。对此，应当结合一定地域范围内的人口数量、流量、经济规模等因素综合评判。如果涉案犯罪组织的控制和影响仅存在于一座酒店、一处娱乐会所等空间范围有限的场所或者人口数量、流量、经济规模较小的其他区域，则一般不能视为是对"一定区域"的控制和影响。

黑社会性质组织所控制和影响的"一定行业"，是指在一定区域内存在的同类生产、经营活动。黑社会性质组织通过多次有组织地实施违法犯罪活动，对黄、赌、毒等非法行业形成非法控制或重大影响的，同样符合非法控制特征(危害性特征)的要求。

2009年《座谈会纪要》明确了可以认定为"在一定区域或者行业内，形成非法控制或者重大影响，严重破坏经济、社会生活秩序"的八种情形，适用时应当注意以下问题：第1种情形中的"致使合法利益受损的群众不敢举报、控告的"，是指致使多名合法利益遭受犯罪或者严重违法活动侵害的群众不敢通过正当途径维护权益；第2种情形中的"形成垄断"，是指可以操控、左右、决定与一定行业相关的准入、退出、经营、竞争等经济活动。"形成重要影响"，是指对与一定行业相关的准入、退出、经营、竞争等经济活动具有较大的干预和影响能力，或者具有在该行业内占有较大市场份额、通过违法犯罪活动或以其他不正当手段在该行业内敛财数额巨大(最低数额标准由各高院根据本地情况在20—50万元的幅度内自行划定)、给该行业内从事生产、经营活动的其他单位、组织、个人造成直接经济损失100万元以上等情节之一；第3、4、5种情形中的"造成严重影响"，是指具有致人重伤或致多人轻伤、通过违法犯罪活动或以其他不正当手段敛财数额巨大(数额标准同上)、造成直接经济损失100万元以上、多次引发群体性事件或引发大规模群体性事件等情节之一;第6种情形中的“多次干扰、破坏国家机关、行业管理部门以及村委会、居委会等基层群众自治组织的工作秩序”,包括以拉拢、收买、威胁等手段多次得到国家机关工作人员包庇或纵容,或者多次对前述单位、组织中正常履行职务的工作人员进行打击、报复的情形;第7种情形中的“获取政治地位”,是指当选各级人大代表、政协委员。“担任一定职务”,是指在各级党政机关及其职能部门、基层群众自治组织中担任具有组织、领导、监督、管理职权的职务。

根据实践经验,在黑社会性质组织犯罪案件中,2009年《座谈会纪要》规定的八种情形一般不会单独存在,往往是两种以上的情形同时并存、相互交织,从而严重破坏经济、社会生活秩序。审判时,应当充分认识这一特点,准确认定该特征。

“四个特征”中其他构成要素均已具备,仅在成员人数、经济实力规模方面未达到本纪要提出的一般性要求,但已较为接近,且在非法控制特征(危害性特征)方面同时具有2009年《座谈会纪要》相关规定中的多种情形,其中至少有一种情形已明显超出认定标准的,也可以认定为黑社会性质组织。

三、关于刑事责任和刑罚适用

(一)已退出或者新接任的组织者、领导者的刑事责任问题

对于在黑社会性质组织形成、发展过程中已经退出的组织者、领导者,或者在加入黑社会性质组织之后逐步发展成为组织者、领导者的犯罪分子,应对其本人参与及其实际担任组织者、领导者期间该组织所犯的全部罪行承担刑事责任。

(二)量刑情节的运用问题

黑社会性质组织的成员虽不具有自首情节,但到案后能够如实供述自己罪行,并具有以下情形之一的,一般应当适用《刑法》第六十七条第三款的规定予以从轻处罚:1. 如实交代大部分尚未被掌握的同种犯罪事实;2. 如实交代尚未被掌握的较重的同种犯罪事实;3. 如实交代犯罪事实,并对收集定案证据、查明案件事实有重要作用的。

积极参加者、一般参加者配合司法机关查办案件,有提供线索、帮助收集证据或者其他协助行为,并在侦破黑社会性质组织犯罪案件、认定黑社会性质组织及其主要成员、追缴黑社会性质组织违法所得、查处"保护伞"等方面起到较大作用的,即使依法不能认定立功,一般也应酌情对其从轻处罚。

组织者、领导者、骨干成员以及"保护伞"协助抓获同案中其他重要的组织成员,或者骨干成员能够检举揭发其他犯罪案件中罪行同样严重的犯罪分子,原则上依法应予从轻或者减轻处罚。组织者、领导者检举揭发与该黑社会性质组织及其违法犯罪活动有关联的其他犯罪线索,如果在是否认定立功的问题上存在事实、证据或法律适用方面的争议,应当严格把握。依法应认定为立功或者重大立功的,在决定是否从宽处罚、如何从宽处罚时,应当根据罪责刑相一致原则从严掌握。可能导致全案量刑明显失衡的,不予从宽处罚。

审理黑社会性质组织犯罪案件,应当通过判处和执行民事赔偿以及积极开展司法救助来最大限度地弥补被害人及其亲属的损失。被害人及其亲属确有特殊困难,需要接受被认定为黑社会性质组织成员的被告人赔偿并因此表示谅解的,量刑时应当特别慎重。不仅应当查明谅解是否确属真实意思表示以及赔偿款项与黑社会性质组织违法所得有无关联,而且在决定是否从宽处罚、如何从宽处罚时,也应当从严掌握。可能导致全案量刑明显失衡的,不予从宽处罚。

(三)附加剥夺政治权利的适用问题

对于黑社会性质组织的组织者、领导者,可以适用《刑法》第五十六条第一款的规定附加剥夺政治权利。对于因犯参加黑社会性质组织罪被判处五年以上有期徒刑的积极参加者,也可以适用该规定附加剥夺政治权利。

（四）财产刑的适用问题

对于黑社会性质组织的组织者、领导者，依法应当并处没收财产。黑社会性质组织敛财数额特别巨大，但因犯罪分子转移、隐匿、毁灭证据或者拒不交代涉案财产来源、性质，导致违法所得以及其他应当追缴的财产难以准确查清和追缴的，对于组织者、领导者以及为该组织转移、隐匿资产的积极参加者可以并处没收个人全部财产。

对于确属骨干成员的积极参加者一般应当并处罚金或者没收财产。对于其他积极参加者和一般参加者，应当根据所参与实施违法犯罪活动的次数、性质、地位、作用、违法所得数额以及造成损失的数额等情节，依法决定财产刑的适用。

四、关于审判程序和证据审查

（一）分案审理问题

为便宜诉讼，提高审判效率，防止因法庭审理过于拖延而损害当事人的合法权益，对于被告人人数众多，合并审理难以保证庭审质量和庭审效率的黑社会性质组织犯罪案件，可分案进行审理。分案应当遵循有利于案件顺利审判、有利于查明案件事实、有利于公正定罪量刑的基本原则，确保有效质证、事实统一、准确定罪、均衡量刑。对于被作为组织者、领导者、积极参加者起诉的被告人，以及黑社会性质组织重大犯罪的共同作案人，分案审理影响庭审调查的，一般不宜分案审理。

（二）证明标准和证据运用问题

办理黑社会性质组织犯罪案件应当坚持“事实清楚，证据确实、充分”的法定证明标准。黑社会性质组织犯罪案件侦查取证难度大，“四个特征”往往难以通过实物证据来加以证明。审判时，应当严格依照刑事诉讼法及有关司法解释的规定对相关证据进行审查与认定。在确保被告人供述、证人证言、被害人陈述等言词证据取证合法、内容真实，且综合全案证据，已排除合理怀疑的情况下，同样可以认定案件事实。

（三）法庭举证、质证问题

审理黑社会性质组织犯罪案件时，合议庭应当按照刑事诉讼法及有关司法解释的规定有效引导控辩双方举证、质证。不得因为案件事实复杂、证据繁多,而不当限制控辩双方就证据问题进行交叉询问、相互辩论的权利。庭审时,应当根据案件事实繁简、被告人认罪态度等采取适当的举证、质证方式,突出重点;对黑社会性质组织的"四个特征"应单独举证、质证。为减少重复举证、质证,提高审判效率,庭审中可以先就认定具体违法犯罪事实的证据进行举证、质证。对认定黑社会性质组织行为特征的证据进行举证、质证时,之前已经宣读、出示过的证据,可以在归纳、概括之后简要征询控辩双方意见。对于认定组织特征、经济特征、非法控制特征(危害性特征)的证据,举证、质证时一般不宜采取前述方式。

(四)对出庭证人、鉴定人、被害人的保护问题

人民法院受理黑社会性质组织犯罪案件后,应当及时了解在侦查、审查起诉阶段有无对证人、鉴定人、被害人采取保护措施的情况,确保相关保护措施在审判阶段能够紧密衔接。开庭审理时,证人、鉴定人、被害人因出庭作证,本人或其近亲属的人身安全面临危险的,应当采取不暴露外貌、真实声音等出庭作证措施。必要时,可以进行物理隔离,以音频、视频传送的方式作证,并对声音、图像进行技术处理。有必要禁止特定人员接触证人、鉴定人、被害人及其近亲属的,以及需要对证人、鉴定人、被害人及其近亲属的人身和住宅采取专门性保护措施的,应当及时与检察机关、公安机关协调,确保保护措施及时执行到位。依法决定不公开证人、鉴定人、被害人真实姓名、住址和工作单位等个人信息的,应当在开庭前核实其身份。证人、鉴定人签署的如实作证保证书应当列入审判副卷,不得对外公开。

五、关于黑社会性质组织犯罪案件审判工作相关问题

(一)涉案财产的处置问题

审理黑社会性质组织犯罪案件时,对于依法查封、冻结、扣押的涉案财产,应当全面审查证明财产来源、性质、用途、权属及价值大小的有关证据,调查财产的权属情况以及是否属于违法所得或者依法应当追缴的其他财物。属于下列情形的,依法应当予以追缴、没收:1. 黑社会性质组织

形成、发展过程中，该组织及其组织成员通过违法犯罪活动或其他不正当手段聚敛的财产及其孳息、收益，以及合法获取的财产中实际用于支持该组织存在、发展和实施违法犯罪活动的部分；2. 其他单位、个人为支持黑社会性质组织存在、发展以及实施违法犯罪活动而资助或提供的财产；3. 组织成员通过个人实施的违法犯罪活动所聚敛的财产及其孳息、收益，以及供个人犯罪所用的本人财物；4. 黑社会性质组织及其组织成员个人非法持有的违禁品；5. 依法应当追缴的其他涉案财物。

（二）发挥庭审功能问题

黑社会性质组织犯罪案件开庭前，应当按照重大案件的审判要求做好从物质保障到人员配备等各方面的庭审准备，并制定详细的庭审预案和庭审提纲。同时，还要充分发挥庭前会议了解情况、听取意见的应有作用，提前了解控辩双方的主要意见，及时解决可能影响庭审顺利进行的程序性问题。对于庭前会议中出示的证据材料，控辩双方无异议的，庭审举证、质证时可以简化。庭审过程中，合议庭应当针对争议焦点和关键的事实、证据问题，有效引导控辩双方进行法庭调查与法庭辩论。庭审时，还应当全程录音录像，相关音视频资料应当存卷备查。

最高人民法院、最高人民检察院、公安部、司法部关于办理恶势力刑事案件若干问题的意见

（2019 年 2 月 28 日发布　法发〔2019〕10 号）

为认真贯彻落实中央开展扫黑除恶专项斗争的部署要求，正确理解和适用最高人民法院、最高人民检察院、公安部、司法部《关于办理黑恶势力犯罪案件若干问题的指导意见》（法发〔2018〕1 号，以下简称《指导意见》），根据刑法、刑事诉讼法及有关司法解释、规范性文件的规定，现对办

理恶势力刑事案件若干问题提出如下意见：

一、办理恶势力刑事案件的总体要求

1. 人民法院、人民检察院、公安机关和司法行政机关要深刻认识恶势力违法犯罪的严重社会危害，毫不动摇地坚持依法严惩方针，在侦查、起诉、审判、执行各阶段，运用多种法律手段全面体现依法从严惩处精神，有力震慑恶势力违法犯罪分子，有效打击和预防恶势力违法犯罪。

2. 人民法院、人民检察院、公安机关和司法行政机关要严格坚持依法办案，确保在案件事实清楚，证据确实、充分的基础上，准确认定恶势力和恶势力犯罪集团，坚决防止人为拔高或者降低认定标准。要坚持贯彻落实宽严相济刑事政策，根据犯罪嫌疑人、被告人的主观恶性、人身危险性、在恶势力、恶势力犯罪集团中的地位、作用以及在具体犯罪中的罪责，切实做到宽严有据，罚当其罪，实现政治效果、法律效果和社会效果的统一。

3. 人民法院、人民检察院、公安机关和司法行政机关要充分发挥各自职能，分工负责，互相配合，互相制约，坚持以审判为中心的刑事诉讼制度改革要求，严格执行"三项规程"，不断强化程序意识和证据意识，有效加强法律监督，确保严格执法、公正司法，充分保障当事人、诉讼参与人的各项诉讼权利。

二、恶势力、恶势力犯罪集团的认定标准

4. 恶势力，是指经常纠集在一起，以暴力、威胁或者其他手段，在一定区域或者行业内多次实施违法犯罪活动，为非作恶，欺压百姓，扰乱经济、社会生活秩序，造成较为恶劣的社会影响，但尚未形成黑社会性质组织的违法犯罪组织。

5. 单纯为牟取不法经济利益而实施的"黄、赌、毒、盗、抢、骗"等违法犯罪活动，不具有为非作恶、欺压百姓特征的，或者因本人及近亲属的婚恋纠纷、家庭纠纷、邻里纠纷、劳动纠纷、合法债务纠纷而引发以及其他确属事出有因的违法犯罪活动，不应作为恶势力案件处理。

6. 恶势力一般为 3 人以上，纠集者相对固定。纠集者，是指在恶势力实施的违法犯罪活动中起组织、策划、指挥作用的违法犯罪分子。成员较为固定且符合恶势力其他认定条件，但多次实施违法犯罪活动是由不同的成员组织、策划、指挥，也可以认定为恶势力，有前述行为的成员均可以认定为纠集者。

恶势力的其他成员，是指知道或应当知道与他人经常纠集在一起是为了共同实施违法犯罪，仍按照纠集者的组织、策划、指挥参与违法犯罪活动的违法犯罪分子，包括已有充分证据证明但尚未归案的人员，以及因法定情形不予追究法律责任，或者因参与实施恶势力违法犯罪活动已受到行政或刑事处罚的人员。仅因临时雇佣或被雇佣、利用或被利用以及受蒙蔽参与少量恶势力违法犯罪活动的，一般不应认定为恶势力成员。

7.“经常纠集在一起，以暴力、威胁或者其他手段，在一定区域或者行业内多次实施违法犯罪活动”，是指犯罪嫌疑人、被告人于2年之内，以暴力、威胁或者其他手段，在一定区域或者行业内多次实施违法犯罪活动，且包括纠集者在内，至少应有2名相同的成员多次参与实施违法犯罪活动。对于“纠集在一起”时间明显较短，实施违法犯罪活动刚刚达到“多次”标准，且尚不足以造成较为恶劣影响的，一般不应认定为恶势力。

8.恶势力实施的违法犯罪活动，主要为强迫交易、故意伤害、非法拘禁、敲诈勒索、故意毁坏财物、聚众斗殴、寻衅滋事，但也包括具有为非作恶、欺压百姓特征，主要以暴力、威胁为手段的其他违法犯罪活动。

恶势力还可能伴随实施开设赌场、组织卖淫、强迫卖淫、贩卖毒品、运输毒品、制造毒品、抢劫、抢夺、聚众扰乱社会秩序、聚众扰乱公共场所秩序、交通秩序以及聚众“打砸抢”等违法犯罪活动，但仅有前述伴随实施的违法犯罪活动，且不能认定具有为非作恶、欺压百姓特征的，一般不应认定为恶势力。

9.办理恶势力刑事案件，“多次实施违法犯罪活动”至少应包括1次犯罪活动。对于反复实施强迫交易、非法拘禁、敲诈勒索、寻衅滋事等单一性质的违法行为，单次情节、数额尚不构成犯罪，但按照刑法或者有关司法解释、规范性文件的规定累加后应作为犯罪处理的，在认定是否属于“多次实施违法犯罪活动”时，可将已用于累加的违法行为计为1次犯罪活动，其他违法行为单独计算违法活动的次数。

已被处理或者已作为民间纠纷调处，后经查证确属恶势力违法犯罪活动的，均可以作为认定恶势力的事实依据，但不符合法定情形的，不得重新追究法律责任。

10. 认定“扰乱经济、社会生活秩序，造成较为恶劣的社会影响”，应当结合侵害对象及其数量、违法犯罪次数、手段、规模、人身损害后果、经济损失数额、违法所得数额、引起社会秩序混乱的程度以及对人民群众安全感的影响程度等因素综合把握。

11. 恶势力犯罪集团，是指符合恶势力全部认定条件，同时又符合犯罪集团法定条件的犯罪组织。

恶势力犯罪集团的首要分子，是指在恶势力犯罪集团中起组织、策划、指挥作用的犯罪分子。恶势力犯罪集团的其他成员，是指知道或者应当知道是为共同实施犯罪而组成的较为固定的犯罪组织，仍接受首要分子领导、管理、指挥，并参与该组织犯罪活动的犯罪分子。

恶势力犯罪集团应当有组织地实施多次犯罪活动，同时还可能伴随实施违法活动。恶势力犯罪集团所实施的违法犯罪活动，参照《指导意见》第十条第二款的规定认定。

12. 全部成员或者首要分子、纠集者以及其他重要成员均为未成年人、老年人、残疾人的，认定恶势力、恶势力犯罪集团时应当特别慎重。

三、正确运用宽严相济刑事政策的有关要求

13. 对于恶势力的纠集者、恶势力犯罪集团的首要分子、重要成员以及恶势力、恶势力犯罪集团共同犯罪中罪责严重的主犯，要正确运用法律规定加大惩处力度，对依法应当判处重刑或死刑的，坚决判处重刑或死刑。同时要严格掌握取保候审，严格掌握不起诉，严格掌握缓刑、减刑、假释，严格掌握保外就医适用条件，充分利用资格刑、财产刑等法律手段全方位从严惩处。对于符合刑法第三十七条之一规定的，可以依法禁止其从事相关职业。

对于恶势力、恶势力犯罪集团的其他成员，在共同犯罪中罪责相对较小、人身危险性、主观恶性相对不大的，具有自首、立功、坦白、初犯等法定或酌定从宽处罚情节，可以依法从轻、减轻或免除处罚。认罪认罚或者仅参与实施少量的犯罪活动且只起次要、辅助作用，符合缓刑条件的，可以适用缓刑。

14. 恶势力犯罪集团的首要分子检举揭发与该犯罪集团及其违法犯罪活动有关联的其他犯罪线索，如果在认定立功的问题上存在事实、证据或法律适用方面的争议，应当严格把握。依法应认定为立功或者重大立功的，在决定是否从宽处罚、如何从宽处罚时，应当根据罪责刑相一致原则从严掌握。可能导致全案量刑明显失衡的，不予从宽处罚。

恶势力犯罪集团的其他成员如果能够配合司法机关查办案件，有提供线索、帮助收集证据或者其他协助行为，并在侦破恶势力犯罪集团案件、查处“保护伞”等方面起到较大作用的，即使依法不能认定立功，一般也应酌情对其从轻处罚。

15. 犯罪嫌疑人、被告人同时具有法定、酌定从严和法定、酌定从宽处罚情节的，量刑时要根据所犯具体罪行的严重程度，结合被告人在恶势力、恶势力犯罪集团中的地位、作用、主观恶性、人身危险性等因素整体把握。对于恶势力的纠集者、恶势力犯罪集团的首要分子、重要成员，量刑时要体现总体从严。对于在共同犯罪中罪责相对较小、人身危险性、主观恶性相对不大，且能够真诚认罪悔罪的其他成员，量刑时要体现总体从宽。

16. 恶势力刑事案件的犯罪嫌疑人、被告人自愿如实供述自己的罪行，承认指控的犯罪事实，愿意接受处罚的，可以依法从宽处理，并适用认罪认罚从宽制度。对于犯罪性质恶劣、犯罪手段残忍、社会危害严重的犯罪嫌疑人、被告人，虽然认罪认罚，但不足以从轻处罚的，不适用该制度。

四、办理恶势力刑事案件的其他问题

17. 人民法院、人民检察院、公安机关经审查认为案件符合恶势力认定标准的，应当在起诉意见书、起诉书、判决书、裁定书等法律文书中的案件事实部分明确表述，列明恶势力的纠集者、其他成员、违法犯罪事实以及据以认定的证据；符合恶势力犯罪集团认定标准的，应当在上述法律文书中明确定性，列明首要分子、其他成员、违法犯罪事实以及据以认定的证据，并引用刑法总则关于犯罪集团的相关规定。被告人及其辩护人对恶势力定性提出辩解和辩护意见，人民法院可以在裁判文书中予以评析回应。

恶势力刑事案件的起诉意见书、起诉书、判决书、裁定书等法律文书，可以在案件事实部分先概述恶势力、恶势力犯罪集团的概括事实，再分述具体的恶势力违法犯罪事实。

18. 对于公安机关未在起诉意见书中明确认定，人民检察院在审查起诉期间发现构成恶势力或者恶势力犯罪集团，且相关违法犯罪事实已经查清，证据确实、充分，依法应追究刑事责任的，应当作出起诉决定，根据查明的事实向人民法院提起公诉，并在起诉书中明确认定为恶势力或者恶势力犯罪集团。人民检察院认为恶势力相关违法犯罪事实不清、证据不足，或者存在遗漏恶势力违法犯罪事实、遗漏同案犯罪嫌疑人等情形需要补充侦查的，应当提出具体的书面意见，连同案卷材料一并退回公安机关补充侦查；人民检察院也可以自行侦查，必要时可以要求公安机关提供协助。

对于人民检察院未在起诉书中明确认定，人民法院在审判期间发现构成恶势力或恶势力犯罪集团的，可以建议人民检察院补充或者变更起诉；人民检察院不同意或者在七日内未回复意见的，人民法院不应主动认定，可仅就起诉指控的犯罪事实依照相关规定作出判决、裁定。

审理被告人或者被告人的法定代理人、辩护人、近亲属上诉的案件时，一审判决认定黑社会性质组织有误的，二审法院应当纠正，符合恶势力、恶势力犯罪集团认定标准，应当作出相应认定；一审判决认定恶势力或恶势力犯罪集团有误的，应当纠正，但不得升格认定；一审判决未认定恶势力或恶势力犯罪集团的，不得增加认定。

19. 公安机关、人民检察院、人民法院应当分别以起诉意见书、起诉书、裁判文书所明确的恶势力、恶势力犯罪集团，作为相关数据的统计依据。

20. 本意见自2019年4月9日起施行。

最高人民法院、最高人民检察院、公安部、司法部关于办理“套路贷”刑事案件若干问题的意见

（2019年2月28日发布　法发〔2019〕11号）

为持续深入开展扫黑除恶专项斗争，准确甄别和依法严厉惩处“套路贷”违法犯罪分子，根据刑法、刑事诉讼法、有关司法解释以及最高人民法院、最高人民检察院、公安部、司法部《关于办理黑恶势力犯罪案件若干问题的指导意见》等规范性文件的规定，现对办理“套路贷”刑事案件若干问题提出如下意见：

一、准确把握“套路贷”与民间借贷的区别

1. “套路贷”，是对以非法占有为目的，假借民间借贷之名，诱使或迫使被害人签订“借贷”或变相“借贷”“抵押”“担保”等相关协议，通过虚增借贷金额、恶意制造违约、肆意认定违约、毁匿还款证据等方式形成虚假债权债务，并借助诉讼、仲裁、公证或者采用暴力、威胁以及其他手段非法占有被害人财物的相关违法犯罪活动的概括性称谓。

2. “套路贷”与平等主体之间基于意思自治而形成的民事借贷关系存在本质区别，民间借贷的出借人是为了到期按照协议约定的内容收回本金并获取利息，不具有非法占有他人财物的目的，也不会在签订、履行借贷协议过程中实施虚增借贷金额、制造虚假给付痕迹、恶意制造违约、肆意认定违约、毁匿还款证据等行为。

司法实践中，应当注意非法讨债引发的案件与“套路贷”案件的区别，

犯罪嫌疑人、被告人不具有非法占有目的，也未使用“套路”与借款人形成虚假债权债务，不应视为“套路贷”。因使用暴力、威胁以及其他手段强行索债构成犯罪的，应当根据具体案件事实定罪处罚。

3. 实践中，“套路贷”的常见犯罪手法和步骤包括但不限于以下情形：

(1)制造民间借贷假象。犯罪嫌疑人、被告人往往以“小额贷款公司”“投资公司”“咨询公司”“担保公司”“网络借贷平台”等名义对外宣传，以低息、无抵押、无担保、快速放款等为诱饵吸引被害人借款，继而以“保证金”“行规”等虚假理由诱使被害人基于错误认识签订金额虚高的“借贷”协议或相关协议。有的犯罪嫌疑人、被告人还会以被害人先前借贷违约等理由，迫使对方签订金额虚高的“借贷”协议或相关协议。

(2)制造资金走账流水等虚假给付事实。犯罪嫌疑人、被告人按照虚高的“借贷”协议金额将资金转入被害人账户，制造已将全部借款交付被害人的银行流水痕迹，随后便采取各种手段将其中全部或者部分资金收回，被害人实际上并未取得或者完全取得“借贷”协议、银行流水上显示的钱款。

(3)故意制造违约或者肆意认定违约。犯罪嫌疑人、被告人往往会以设置违约陷阱、制造还款障碍等方式，故意造成被害人违约，或者通过肆意认定违约，强行要求被害人偿还虚假债务。

(4)恶意垒高借款金额。当被害人无力偿还时，有的犯罪嫌疑人、被告人会安排其所属公司或者指定的关联公司、关联人员为被害人偿还“借款”，继而与被害人签订金额更大的虚高“借贷”协议或相关协议，通过这种“转单平账”“以贷还贷”的方式不断垒高“债务”。

(5)软硬兼施“索债”。在被害人未偿还虚高“借款”的情况下，犯罪嫌疑人、被告人借助诉讼、仲裁、公证或者采用暴力、威胁以及其他手段向被害人或者被害人的特定关系人索取“债务”。

二、依法严惩“套路贷”犯罪

4. 实施“套路贷”过程中，未采用明显的暴力或者威胁手段，其行为特征从整体上表现为以非法占有为目的，通过虚构事实、隐瞒真相骗取被害人财物的，一般以诈骗罪定罪处罚；对于在实施“套路贷”过程中多种手段并用，构成诈骗、敲诈勒索、非法拘禁、虚假诉讼、寻衅滋事、强迫交易、抢劫、绑架等多种犯罪的，应当根据具体案件事实，区分不同情况，依照刑法及有关司法解释的规定数罪并罚或者择一重处。

5. 多人共同实施“套路贷”犯罪，犯罪嫌疑人、被告人在所参与的犯罪中起主要作用的，应当认定为主犯，对其参与或组织、指挥的全部犯罪承担刑事责任；起次要或辅助作用的，应当认定为从犯。

明知他人实施“套路贷”犯罪，具有以下情形之一的，以相关犯罪的共犯论处，但刑法和司法解释等另有规定的除外：

(1) 组织发送“贷款”信息、广告，吸引、介绍被害人“借款”的；

(2) 提供资金、场所、银行卡、账号、交通工具等帮助的；

(3) 出售、提供、帮助获取公民个人信息的；

(4) 协助制造走账记录等虚假给付事实的；

(5) 协助办理公证的；

(6) 协助以虚假事实提起诉讼或者仲裁的；

(7) 协助套现、取现、办理动产或不动产过户等，转移犯罪所得及其产生的收益的；

(8) 其他符合共同犯罪规定的情形。

上述规定中的“明知他人实施‘套路贷’犯罪”，应当结合行为人的认知能力、既往经历、行为次数和手段、与同案人、被害人的关系、获利情况、是否曾因“套路贷”受过处罚、是否故意规避查处等主客观因素综合分析认定。

6. 在认定“套路贷”犯罪数额时，应当与民间借贷相区别，从整体上予以否定性评价，“虚高债务”和以“利息”“保证金”“中介费”“服务费”“违约金”等名目被犯罪嫌疑人、被告人非法占有的财物，均应计入犯罪数额。

犯罪嫌疑人、被告人实际给付被害人的本金数额，不计入犯罪数额。

已经着手实施“套路贷”，但因意志以外原因未得逞的，可以根据相关罪名所涉及的刑法、司法解释规定，按照已着手非法占有的财物数额认定犯罪未遂。既有既遂，又有未遂，犯罪既遂部分与未遂部分分别对应不同法定刑幅度的，应当先决定对未遂部分是否减轻处罚，确定未遂部分对应的法定刑幅度，再与既遂部分对应的法定刑幅度进行比较，选择处罚较重的法定刑幅度，并酌情从重处罚；二者在同一量刑幅度的，以犯罪既遂酌情从重处罚。

7. 犯罪嫌疑人、被告人实施“套路贷”违法所得的一切财物，应当予以追缴或者责令退赔；对被害人的合法财产，应当及时返还。有证据证明是犯罪嫌疑人、被告人为实施“套路贷”而交付给被害人的本金，赔偿被害人损失后如有剩余，应依法予以没收。

犯罪嫌疑人、被告人已将违法所得的财物用于清偿债务、转让或者设置其他权利负担，具有下列情形之一的，应当依法追缴：

(1)第三人明知是违法所得财物而接受的；

(2)第三人无偿取得或者以明显低于市场的价格取得违法所得财物的；

(3)第三人通过非法债务清偿或者违法犯罪活动取得违法所得财物的；

(4)其他应当依法追缴的情形。

8. 以老年人、未成年人、在校学生、丧失劳动能力的人为对象实施“套路贷”，或者因实施“套路贷”造成被害人或其特定关系人自杀、死亡、精神失常、为偿还“债务”而实施犯罪活动的，除刑法、司法解释另有规定的外，应当酌情从重处罚。

在坚持依法从严惩处的同时，对于认罪认罚、积极退赃、真诚悔罪或者具有其他法定、酌定从轻处罚情节的被告人，可以依法从宽处罚。

9. 对于“套路贷”犯罪分子，应当根据其所触犯的具体罪名，依法加大财产刑适用力度。符合刑法第三十七条之一规定的，可以依法禁止从事相关职业。

10. 三人以上为实施“套路贷”而组成的较为固定的犯罪组织，应当认定为犯罪集团。对首要分子应按照集团所犯全部罪行处罚。

符合黑恶势力认定标准的,应当按照黑社会性质组织、恶势力或者恶势力犯罪集团侦查、起诉、审判。

三、依法确定“套路贷”刑事案件管辖

11.“套路贷”犯罪案件一般由犯罪地公安机关侦查,如果由犯罪嫌疑人居住地公安机关立案侦查更为适宜的,可以由犯罪嫌疑人居住地公安机关立案侦查。犯罪地包括犯罪行为发生地和犯罪结果发生地。

“犯罪行为发生地”包括为实施“套路贷”所设立的公司所在地、“借贷”协议或相关协议签订地、非法讨债行为实施地、为实施“套路贷”而进行诉讼、仲裁、公证的受案法院、仲裁委员会、公证机构所在地,以及“套路贷”行为的预备地、开始地、途经地、结束地等。

“犯罪结果发生地”包括违法所得财物的支付地、实际取得地、藏匿地、转移地、使用地、销售地等。

除犯罪地、犯罪嫌疑人居住地外,其他地方公安机关对于公民扭送、报案、控告、举报或者犯罪嫌疑人自首的“套路贷”犯罪案件,都应当立即受理,经审查认为有犯罪事实的,移送有管辖权的公安机关处理。

黑恶势力实施的“套路贷”犯罪案件,由侦办黑社会性质组织、恶势力或者恶势力犯罪集团案件的公安机关进行侦查。

12. 具有下列情形之一的,有关公安机关可以在其职责范围内并案侦查:

(1)一人犯数罪的;

(2)共同犯罪的;

(3)共同犯罪的犯罪嫌疑人还实施其他犯罪的;

(4)多个犯罪嫌疑人实施的犯罪存在直接关联,并案处理有利于查明案件事实的。

13. 本意见自 2019 年 4 月 9 日起施行。

最高人民法院、最高人民检察院、公安部、司法部关于办理实施“软暴力”的刑事案件若干问题的意见

（2019年4月9日发布）

为深入贯彻落实中央关于开展扫黑除恶专项斗争的决策部署，正确理解和适用最高人民法院、最高人民检察院、公安部、司法部《关于办理黑恶势力犯罪案件若干问题的指导意见》（法发〔2018〕1号，以下简称《指导意见》）关于对依法惩处采用“软暴力”实施犯罪的规定，依法办理相关犯罪案件，根据《刑法》《刑事诉讼法》及有关司法解释、规范性文件，提出如下意见：

一、“软暴力”是指行为人为谋取不法利益或形成非法影响，对他人或者在有关场所进行滋扰、纠缠、哄闹、聚众造势等，足以使他人产生恐惧、恐慌进而形成心理强制，或者足以影响、限制人身自由、危及人身财产安全，影响正常生活、工作、生产、经营的违法犯罪手段。

二、“软暴力”违法犯罪手段通常的表现形式有：

（一）侵犯人身权利、民主权利、财产权利的手段，包括但不限于跟踪贴靠、扬言传播疾病、揭发隐私、恶意举报、诬告陷害、破坏、霸占财物等；

（二）扰乱正常生活、工作、生产、经营秩序的手段，包括但不限于非法侵入他人住宅、破坏生活设施、设置生活障碍、贴报喷字、拉挂横幅、燃放鞭炮、播放哀乐、摆放花圈、泼洒污物、断水断电、堵门阻工，以及通过驱赶从业人员、派驻人员据守等方式直接或间接地控制厂房、办公区、经营场所等；

（三）扰乱社会秩序的手段，包括但不限于摆场架势示威、聚众哄闹滋扰、拦路闹事等；

（四）其他符合本意见第一条规定的“软暴力”手段。

通过信息网络或者通讯工具实施，符合本意见第一条规定的违法犯罪手段，应当认定为“软暴力”。

三、行为人实施“软暴力”，具有下列情形之一，可以认定为足以使他人产生恐惧、恐慌进而形成心理强制或者足以影响、限制人身自由、危及人身财产安全或者影响正常生活、工作、生产、经营：

（一）黑恶势力实施的；

（二）以黑恶势力名义实施的；

（三）曾因组织、领导、参加黑社会性质组织、恶势力犯罪集团、恶势力以及因强迫交易、非法拘禁、敲诈勒索、聚众斗殴、寻衅滋事等犯罪受过刑事处罚后又实施的；

（四）携带凶器实施的；

（五）有组织地实施的或者足以使他人认为暴力、威胁具有现实可能性的；

（六）其他足以使他人产生恐惧、恐慌进而形成心理强制或者足以影响、限制人身自由、危及人身财产安全或者影响正常生活、工作、生产、经营的情形。

由多人实施的，编造或明示暴力违法犯罪经历进行恐吓的，或者以自报组织、头目名号、统一着装、显露纹身、特殊标识以及其他明示、暗示方式，足以使他人感知相关行为的有组织性的，应当认定为“以黑恶势力名义实施”。

由多人实施的，只要有部分行为人符合本条第一款第（一）项至第（四）项所列情形的，该项即成立。

虽然具体实施“软暴力”的行为人不符合本条第一款第（一）项、第（三）项所列情形，但雇佣者、指使者或者纠集者符合的，该项成立。

四、“软暴力”手段属于《刑法》第二百九十四条第五款第（三）项“黑社会性质组织行为特征”以及《指导意见》第14条“恶势力”概念中的“其他手段”。

五、采用“软暴力”手段，使他人产生心理恐惧或者形成心理强制，分别属于《刑法》第二百二十六条规定的“威胁”、《刑法》第二百九十三条第一款第（二）项规定的“恐吓”，同时符合其他犯罪构成要件的，应当分别以强迫交易罪、寻衅滋事罪定罪处罚。

《关于办理寻衅滋事刑事案件适用法律若干问题的解释》第二条至第四条中的“多次”一般应当理解为二年内实施寻衅滋事行为三次以上。三次以上寻衅滋事行为既包括同一类别的行为，也包括不同类别的行为；既包括未受行政处罚的行为，也包括已受行政处罚的行为。

六、有组织地多次短时间非法拘禁他人的，应当认定为《刑法》第二百三十八条规定的“以其他方法非法剥夺他人人身自由”。非法拘禁他人三次以上、每次持续时间在四小时以上，或者非法拘禁他人累计时间在十二小时以上的，应当以非法拘禁罪定罪处罚。

七、以“软暴力”手段非法进入或者滞留他人住宅的，应当认定为《刑法》第二百四十五条规定的“非法侵入他人住宅”，同时符合其他犯罪构成要件的，应当以非法侵入住宅罪定罪处罚。

八、以非法占有为目的，采用“软暴力”手段强行索取公私财物，同时符合《刑法》第二百七十四条规定的其他犯罪构成要件的，应当以敲诈勒索罪定罪处罚。

《关于办理敲诈勒索刑事案件适用法律若干问题的解释》第三条中“二年内敲诈勒索三次以上”，包括已受行政处罚的行为。

九、采用“软暴力”手段，同时构成两种以上犯罪的，依法按照处罚较重的犯罪定罪处罚，法律另有规定的除外。

十、根据本意见第五条、第八条规定，对已受行政处罚的行为追究刑事责任的，行为人先前所受的行政拘留处罚应当折抵刑期，罚款应当抵扣罚金。

十一、雇佣、指使他人采用“软暴力”手段强迫交易、敲诈勒索，构成强迫交易罪、敲诈勒索罪的，对雇佣者、指使者，一般应当以共同犯罪中的主犯论处。

为强索不受法律保护的债务或者因其他非法目的，雇佣、指使他人采用"软暴力"手段非法剥夺他人人身自由构成非法拘禁罪,或者非法侵入他人住宅、寻衅滋事,构成非法侵入住宅罪、寻衅滋事罪的,对雇佣者、指使者,一般应当以共同犯罪中的主犯论处;因本人及近亲属合法债务、婚恋、家庭、邻里纠纷等民间矛盾而雇佣、指使,没有造成严重后果的,一般不作为犯罪处理,但经有关部门批评制止或者处理处罚后仍继续实施的除外。

十二、本意见自2019年4月9日起施行。

最高人民法院、最高人民检察院、公安部、司法部关于办理黑恶势力刑事案件中财产处置若干问题的意见

(2019年4月9日发布)

为认真贯彻中央关于开展扫黑除恶专项斗争的重大决策部署,彻底铲除黑恶势力犯罪的经济基础,根据刑法、刑事诉讼法及最高人民法院、最高人民检察院、公安部、司法部《关于办理黑恶势力犯罪案件若干问题的指导意见》(法发〔2018〕1号)等规定,现对办理黑恶势力刑事案件中财产处置若干问题提出如下意见:

一、总体工作要求

1. 公安机关、人民检察院、人民法院在办理黑恶势力犯罪案件时,在查明黑恶势力组织违法犯罪事实并对黑恶势力成员依法定罪量刑的同时,要全面调查黑恶势力组织及其成员的财产状况,依法对涉案财产采取查询、查封、扣押、冻结等措施,并根据查明的情况,依法作出处理。

前款所称处理既包括对涉案财产中犯罪分子违法所得、违禁品、供犯罪所用的本人财物以及其他等值财产等依法追缴、没收,也包括对被害人的合法财产等依法返还。

2. 对涉案财产采取措施,应当严格依照法定条件和程序进行。严禁在立案之前查封、扣押、冻结财物。凡查封、扣押、冻结的财物,都应当及时进行审查,防止因程序违法、工作瑕疵等影响案件审理以及涉案财产处置。

3. 对涉案财产采取措施,应当为犯罪嫌疑人、被告人及其所扶养的亲属保留必需的生活费用和物品。

根据案件具体情况,在保证诉讼活动正常进行的同时,可以允许有关人员继续合理使用有关涉案财产,并采取必要的保值保管措施,以减少案件办理对正常办公和合法生产经营的影响。

4. 要彻底摧毁黑社会性质组织的经济基础,防止其死灰复燃。对于组织者、领导者一般应当并处没收个人全部财产。对于确属骨干成员或者为该组织转移、隐匿资产的积极参加者,可以并处没收个人全部财产。对于其他组织成员,应当根据所参与实施违法犯罪活动的次数、性质、地位、作用、违法所得数额以及造成损失的数额等情节,依法决定财产刑的适用。

5. 要深挖细查并依法打击黑恶势力组织进行的洗钱以及掩饰、隐瞒犯罪所得、犯罪所得收益等转变涉案财产性质的关联犯罪。

二、依法采取措施全面收集证据

6. 公安机关侦查期间,要根据《公安机关办理刑事案件适用查封、冻结措施相关规定》(公通字〔2013〕30 号)等有关规定,会同有关部门全面调查黑恶势力及其成员的财产状况,并可以根据诉讼需要,先行依法对下列财产采取查询、查封、扣押、冻结等措施:

(1)黑恶势力组织的财产;

(2)犯罪嫌疑人个人所有的财产;

(3)犯罪嫌疑人实际控制的财产;

(4)犯罪嫌疑人出资购买的财产;

(5)犯罪嫌疑人转移至他人名下的财产;

(6)犯罪嫌疑人涉嫌洗钱以及掩饰、隐瞒犯罪所得、犯罪所得收益等犯罪涉及的财产；

(7)其他与黑恶势力组织及其违法犯罪活动有关的财产。

7. 查封、扣押、冻结已登记的不动产、特定动产及其他财产，应当通知有关登记机关，在查封、扣押、冻结期间禁止被查封、扣押、冻结的财产流转，不得办理被查封、扣押、冻结财产权属变更、抵押等手续。必要时可以提取有关产权证照。

8. 公安机关对于采取措施的涉案财产，应当全面收集证明其来源、性质、用途、权属及价值的有关证据，审查判断是否应当依法追缴、没收。

证明涉案财产来源、性质、用途、权属及价值的有关证据一般包括：

(1)犯罪嫌疑人、被告人关于财产来源、性质、用途、权属、价值的供述；

(2)被害人、证人关于财产来源、性质、用途、权属、价值的陈述、证言；

(3)财产购买凭证、银行往来凭据、资金注入凭据、权属证明等书证；

(4)财产价格鉴定、评估意见；

(5)可以证明财产来源、性质、用途、权属、价值的其他证据。

9. 公安机关对应当依法追缴、没收的财产中黑恶势力组织及其成员聚敛的财产及其孳息、收益的数额，可以委托专门机构评估；确实无法准确计算的，可以根据有关法律规定及查明的事实、证据合理估算。

人民检察院、人民法院对于公安机关委托评估、估算的数额有不同意见的，可以重新委托评估、估算。

10. 人民检察院、人民法院根据案件诉讼的需要，可以依法采取上述相关措施。

三、准确处置涉案财产

11. 公安机关、人民检察院应当加强对在案财产审查甄别。在移送审查起诉、提起公诉时，一般应当对采取措施的涉案财产提出处理意见建议，并将采取措施的涉案财产及其清单随案移送。

人民检察院经审查，除对随案移送的涉案财产提出处理意见外，还需要对继续追缴的尚未被足额查封、扣押的其他违法所得提出处理意见建议。

涉案财产不宜随案移送的,应当按照相关法律、司法解释的规定,提供相应的清单、照片、录像、封存手续、存放地点说明、鉴定、评估意见、变价处理凭证等材料。

12. 对于不宜查封、扣押、冻结的经营性财产,公安机关、人民检察院、人民法院可以申请当地政府指定有关部门或者委托有关机构代管或者托管。

对易损毁、灭失、变质等不宜长期保存的物品,易贬值的汽车、船艇等物品,或者市场价格波动大的债券、股票、基金等财产,有效期即将届满的汇票、本票、支票等,经权利人同意或者申请,并经县级以上公安机关、人民检察院或者人民法院主要负责人批准,可以依法出售、变现或者先行变卖、拍卖,所得价款由扣押、冻结机关保管,并及时告知当事人或者其近亲属。

13. 人民检察院在法庭审理时应当对证明黑恶势力犯罪涉案财产情况进行举证质证,对于既能证明具体个罪又能证明经济特征的涉案财产情况相关证据在具体个罪中出示后,在经济特征中可以简要说明,不再重复出示。

14. 人民法院作出的判决,除应当对随案移送的涉案财产作出处理外,还应当在判决书中写明需要继续追缴尚未被足额查封、扣押的其他违法所得;对随案移送财产进行处理时,应当列明相关财产的具体名称、数量、金额、处置情况等。涉案财产或者有关当事人人数较多,不宜在判决书正文中详细列明的,可以概括叙述并另附清单。

15. 涉案财产符合下列情形之一的,应当依法追缴、没收:

(1)黑恶势力组织及其成员通过违法犯罪活动或者其他不正当手段聚敛的财产及其孳息、收益;

(2)黑恶势力组织成员通过个人实施违法犯罪活动聚敛的财产及其孳息、收益;

(3)其他单位、组织、个人为支持该黑恶势力组织活动资助或者主动提供的财产；

(4)黑恶势力组织及其成员通过合法的生产、经营活动获取的财产或者组织成员个人、家庭合法财产中，实际用于支持该组织活动的部分；

(5)黑恶势力组织成员非法持有的违禁品以及供犯罪所用的本人财物；

(6)其他单位、组织、个人利用黑恶势力组织及其成员违法犯罪活动获取的财产及其孳息、收益；

(7)其他应当追缴、没收的财产。

16. 应当追缴、没收的财产已用于清偿债务或者转让、或者设置其他权利负担，具有下列情形之一的，应当依法追缴：

(1)第三人明知是违法犯罪所得而接受的；

(2)第三人无偿或者以明显低于市场的价格取得涉案财物的；

(3)第三人通过非法债务清偿或者违法犯罪活动取得涉案财物的；

(4)第三人通过其他方式恶意取得涉案财物的。

17. 涉案财产符合下列情形之一的，应当依法返还：

(1)有证据证明确属被害人合法财产；

(2)有证据证明确与黑恶势力及其违法犯罪活动无关。

18. 有关违法犯罪事实查证属实后，对于有证据证明权属明确且无争议的被害人、善意第三人或者其他人员合法财产及其孳息，凡返还不损害其他利害关系人的利益，不影响案件正常办理的，应当在登记、拍照或者录像后，依法及时返还。

四、依法追缴、没收其他等值财产

19. 有证据证明依法应当追缴、没收的涉案财产无法找到、被他人善意取得、价值灭失或者与其他合法财产混合且不可分割的，可以追缴、没收其他等值财产。

对于证明前款各种情形的证据，公安机关或者人民检察院应当及时调取。

20. 本意见第19条所称“财产无法找到”，是指有证据证明存在依法应当追缴、没收的财产，但无法查证财产去向、下落的。被告人有不同意见的，应当出示相关证据。

21. 追缴、没收的其他等值财产的数额，应当与无法直接追缴、没收的具体财产的数额相对应。

五、其他

22. 本意见所称孳息，包括天然孳息和法定孳息。

本意见所称收益，包括但不限于以下情形：

(1)聚敛、获取的财产直接产生的收益，如使用聚敛、获取的财产购买彩票中奖所得收益等；

(2)聚敛、获取的财产用于违法犯罪活动产生的收益，如使用聚敛、获取的财产赌博赢利所得收益、非法放贷所得收益、购买并贩卖毒品所得收益等；

(3)聚敛、获取的财产投资、置业形成的财产及其收益；

(4)聚敛、获取的财产和其他合法财产共同投资或者置业形成的财产中，与聚敛、获取的财产对应的份额及其收益；

(5)应当认定为收益的其他情形。

23. 本意见未规定的黑恶势力刑事案件财产处置工作其他事宜，根据相关法律法规、司法解释等规定办理。

24. 本意见自2019年4月9日起施行。

最高人民法院、最高人民检察院、公安部、司法部关于办理利用信息网络实施黑恶势力犯罪刑事案件若干问题的意见

(2019年7月23日印发　自2019年10月21日起施行)

为认真贯彻中央关于开展扫黑除恶专项斗争的部署要求，正确理解

和适用最高人民法院、最高人民检察院、公安部、司法部《关于办理黑恶势力犯罪案件若干问题的指导意见》(法发〔2018〕1 号,以下简称《指导意见》),根据刑法、刑事诉讼法、网络安全法及有关司法解释、规范性文件的规定,现对办理利用信息网络实施黑恶势力犯罪案件若干问题提出以下意见:

一、总体要求

1. 各级人民法院、人民检察院、公安机关及司法行政机关应当统一执法思想、提高执法效能,坚持"打早打小",坚决依法严厉惩处利用信息网络实施的黑恶势力犯罪,有效维护网络安全和经济、社会生活秩序。

2. 各级人民法院、人民检察院、公安机关及司法行政机关应当正确运用法律,严格依法办案,坚持"打准打实",认真贯彻落实宽严相济刑事政策,切实做到宽严有据、罚当其罪,实现政治效果、法律效果和社会效果的统一。

3. 各级人民法院、人民检察院、公安机关及司法行政机关应当分工负责,互相配合、互相制约,切实加强与相关行政管理部门的协作,健全完善风险防控机制,积极营造线上线下社会综合治理新格局。

二、依法严惩利用信息网络实施的黑恶势力犯罪

4. 对通过发布、删除负面或虚假信息,发送侮辱性信息、图片,以及利用信息、电话骚扰等方式,威胁、要挟、恐吓、滋扰他人,实施黑恶势力违法犯罪的,应当准确认定,依法严惩。

5. 利用信息网络威胁他人,强迫交易,情节严重的,依照刑法第二百二十六条的规定,以强迫交易罪定罪处罚。

6. 利用信息网络威胁、要挟他人,索取公私财物,数额较大,或者多次实施上述行为的,依照刑法第二百七十四条的规定,以敲诈勒索罪定罪处罚。

7. 利用信息网络辱骂、恐吓他人,情节恶劣,破坏社会秩序的,依照刑法第二百九十三条第一款第二项的规定,以寻衅滋事罪定罪处罚。

编造虚假信息,或者明知是编造的虚假信息,在信息网络上散布,或者组织、指使人员在信息网络上散布，起哄闹事，造成公共秩序严重混乱的，依照刑法第二百九十三条第一款第四项的规定，以寻衅滋事罪定罪处罚。

8. 侦办利用信息网络实施的强迫交易、敲诈勒索等非法敛财类案件，确因被害人人数众多等客观条件的限制，无法逐一收集被害人陈述的，可以结合已收集的被害人陈述，以及经查证属实的银行账户交易记录、第三方支付结算账户交易记录、通话记录、电子数据等证据，综合认定被害人人数以及涉案资金数额等。

三、准确认定利用信息网络实施犯罪的黑恶势力

9. 利用信息网络实施违法犯罪活动，符合刑法、《指导意见》以及最高人民法院、最高人民检察院、公安部、司法部《关于办理恶势力刑事案件若干问题的意见》等规定的恶势力、恶势力犯罪集团、黑社会性质组织特征和认定标准的，应当依法认定为恶势力、恶势力犯罪集团、黑社会性质组织。

认定利用信息网络实施违法犯罪活动的黑社会性质组织时，应当依照刑法第二百九十四条第五款规定的“四个特征”进行综合审查判断，分析“四个特征”相互间的内在联系，根据在网络空间和现实社会中实施违法犯罪活动对公民人身、财产、民主权利和经济、社会生活秩序所造成的危害，准确评价，依法予以认定。

10. 认定利用信息网络实施违法犯罪的黑恶势力组织特征，要从违法犯罪的起因、目的，以及组织、策划、指挥、参与人员是否相对固定，组织形成后是否持续进行犯罪活动、是否有明确的职责分工、行为规范、利益分配机制等方面综合判断。利用信息网络实施违法犯罪的黑恶势力组织成员之间一般通过即时通讯工具、通讯群组、电子邮件、网盘等信息网络方式联络，对部分组织成员通过信息网络方式联络实施黑恶势力违法犯罪活动，即使相互未见面、彼此不熟识，不影响对组织特征的认定。

11. 利用信息网络有组织地通过实施违法犯罪活动或者其他手段获取一定数量的经济利益，用于违法犯罪活动或者支持该组织生存、发展的,应当认定为符合刑法第二百九十四条第五款第二项规定的黑社会性质组织经济特征。

12.通过线上线下相结合的方式,有组织地多次利用信息网络实施违法犯罪活动,侵犯不特定多人的人身权利、民主权利、财产权利,破坏经济秩序、社会秩序的,应当认定为符合刑法第二百九十四条第五款第三项规定的黑社会性质组织行为特征。单纯通过线上方式实施的违法犯罪活动,且不具有为非作恶、欺压残害群众特征的,一般不应作为黑社会性质组织行为特征的认定依据。

13.对利用信息网络实施黑恶势力犯罪非法控制和影响的“一定区域或者行业”,应当结合危害行为发生地或者危害行业的相对集中程度,以及犯罪嫌疑人、被告人在网络空间和现实社会中的控制和影响程度综合判断。虽然危害行为发生地、危害的行业比较分散,但涉案犯罪组织利用信息网络多次实施强迫交易、寻衅滋事、敲诈勒索等违法犯罪活动,在网络空间和现实社会造成重大影响,严重破坏经济、社会生活秩序的,应当认定为“在一定区域或者行业内,形成非法控制或者重大影响”。

四、利用信息网络实施黑恶势力犯罪案件管辖

14.利用信息网络实施的黑恶势力犯罪案件管辖依照《关于办理黑社会性质组织犯罪案件若干问题的规定》和《关于办理网络犯罪案件适用刑事诉讼程序若干问题的意见》的有关规定确定,坚持以犯罪地管辖为主、被告人居住地管辖为辅的原则。

15.公安机关可以依法对利用信息网络实施的黑恶势力犯罪相关案件并案侦查或者指定下级公安机关管辖,并案侦查或者由上级公安机关指定管辖的公安机关应当全面调查收集能够证明黑恶势力犯罪事实的证据,各涉案地公安机关应当积极配合。并案侦查或者由上级公安机关指定管辖的案件,需要提请批准逮捕、移送审查起诉、提起公诉的,由立案侦查的公安机关所在地的人民检察院、人民法院受理。

16.人民检察院对于公安机关提请批准逮捕、移送审查起诉的利用信息网络实施的黑恶势力犯罪案件,人民法院对于已进入审判程序的利用信息网络实施的黑恶势力犯罪案件，被告人及其辩护人提出的管辖异议成立，或者办案单位发现没有管辖权的，受案人民检察院、人民法院经审查，可以依法报请与有管辖权的人民检察院、人民法院共同的上级人民检察院、人民法院指定管辖，不再自行移交。对于在审查批准逮捕阶段，上级检察机关已经指定管辖的案件，审查起诉工作由同一人民检察院受理。人民检察院、人民法院认为应当分案起诉、审理的，可以依法分案处理。

17. 公安机关指定下级公安机关办理利用信息网络实施的黑恶势力犯罪案件的，应当同时抄送同级人民检察院、人民法院。人民检察院认为需要依法指定审判管辖的，应当协商同级人民法院办理指定管辖有关事宜。

18. 本意见自2019年10月21日起施行。

国家监察委员会、最高人民法院、最高人民检察院、公安部、司法部关于在扫黑除恶专项斗争中分工负责、互相配合、互相制约严惩公职人员涉黑涉恶违法犯罪问题的通知

（2019年10月20日印发）

为认真贯彻党中央关于开展扫黑除恶专项斗争的重大决策部署，全面落实习近平总书记关于扫黑除恶与反腐败结合起来，与基层“拍蝇”结合起来的重要批示指示精神，进一步规范和加强各级监察机关、人民法院、人民检察院、公安机关、司法行政机关在惩治公职人员涉黑涉恶违法犯罪中的协作配合，推动扫黑除恶专项斗争取得更大成效，根据刑法、刑事诉讼法、监察法及最高人民法院、最高人民检察院、公安部、司法部《关于办理黑恶势力犯罪若干问题的指导意见》的规定，现就有关问题通知如下：

一、总体要求

1. 进一步提升政治站位。坚持以习近平新时代中国特色社会主义思想为指导,从增强“四个意识”、坚定“四个自信”、做到“两个维护”的政治高度,立足党和国家工作大局,深刻认识和把握开展扫黑除恶专项斗争的重大意义。深挖黑恶势力滋生根源,铲除黑恶势力生存根基,严惩公职人员涉黑涉恶违法犯罪,除恶务尽,切实维护群众利益,进一步净化基层政治生态,推动扫黑除恶专项斗争不断向纵深发展,推进全面从严治党不断向基层延伸。

2. 坚持实事求是。坚持以事实为依据,以法律为准绳,综合考虑行为人的主观故意、客观行为、具体情节和危害后果,以及相关黑恶势力的犯罪事实、犯罪性质、犯罪情节和对社会的危害程度,准确认定问题性质,做到不偏不倚、不枉不纵。坚持惩前毖后、治病救人方针,严格区分罪与非罪的界限,区别对待、宽严相济。

3. 坚持问题导向。找准扫黑除恶与反腐“拍蝇”工作的结合点,聚焦涉黑涉恶问题突出、群众反映强烈的重点地区、行业和领域,紧盯农村和城乡结合部,紧盯建筑工程、交通运输、矿产资源、商贸集市、渔业捕捞、集资放贷等涉黑涉恶问题易发多发的行业和领域,紧盯村“两委”、乡镇基层站所及其工作人员,严肃查处公职人员涉黑涉恶违法犯罪行为。

二、严格查办公职人员涉黑涉恶违法犯罪案件

4. 各级监察机关、人民法院、人民检察院、公安机关应聚焦黑恶势力违法犯罪案件及坐大成势的过程,严格查办公职人员涉黑涉恶违法犯罪案件。重点查办以下案件:公职人员直接组织、领导、参与黑恶势力违法犯罪活动的案件;公职人员包庇、纵容、支持黑恶势力犯罪及其他严重刑事犯罪的案件;公职人员收受贿赂、滥用职权,帮助黑恶势力人员获取公职或政治荣誉,侵占国家和集体资金、资源、资产,破坏公平竞争秩序,或为黑恶势力提供政策、项目、资金、金融信贷等支持帮助的案件;负有查禁监管职责的国家机关工作人员滥用职权、玩忽职守帮助犯罪分子逃避处罚的案件;司法工作人员徇私枉法、民事枉法裁判、执行判决裁定失职或

滥用职权、私放在押人员以及徇私舞弊减刑、假释、暂予监外执行的案件；在扫黑除恶专项斗争中发生的公职人员滥用职权，徇私舞弊，包庇、阻碍查处黑恶势力犯罪的案件，以及泄露国家秘密、商业秘密、工作秘密，为犯罪分子通风报信的案件；公职人员利用职权打击报复办案人员的案件。

公职人员的范围，根据《中华人民共和国监察法》第十五条的规定认定。

5. 以上情形，由有关机关依规依纪依法调查处置，涉嫌犯罪的，依法追究刑事责任。

三、准确适用法律

6. 国家机关工作人员包庇黑社会性质的组织，或者纵容黑社会性质的组织进行违法犯罪活动的，以包庇、纵容黑社会性质组织罪定罪处罚。

国家机关工作人员既组织、领导、参加黑社会性质组织，又对该组织进行包庇、纵容的，应当以组织、领导、参加黑社会性质组织罪从重处罚。

国家机关工作人员包庇、纵容黑社会性质组织，该包庇、纵容行为同时还构成包庇罪、伪证罪、妨害作证罪、徇私枉法罪、滥用职权罪、帮助犯罪分子逃避处罚罪、徇私舞弊不移交刑事案件罪，以及徇私舞弊减刑、假释、暂予监外执行罪等其他犯罪的，应当择一重罪处罚。

7. 非国家机关工作人员与国家机关工作人员共同包庇、纵容黑社会性质组织，且不属于该组织成员的，以包庇、纵容黑社会性质组织罪的共犯论处。非国家机关工作人员的行为同时还构成其他犯罪，应当择一重罪处罚。

8. 公职人员利用职权或职务便利实施包庇、纵容黑恶势力、伪证、妨害作证，帮助毁灭、伪造证据，以及窝藏、包庇等犯罪行为的，应酌情从重处罚。事先有通谋而实施支持帮助、包庇纵容等保护行为的，以具体犯罪的共犯论处。

四、形成打击公职人员涉黑涉恶违法犯罪的监督制约、配合衔接机制

9. 监察机关、公安机关、人民检察院、人民法院在查处、办理公职人员涉黑涉恶违法犯罪案件过程中，应当分工负责，互相配合，互相制约，通过对办理的黑恶势力犯罪案件逐案筛查、循线深挖等方法,保证准确有效地执行法律,彻查公职人员涉黑涉恶违法犯罪。

10. 监察机关、公安机关、人民检察院、人民法院要建立完善查处公职人员涉黑涉恶违法犯罪重大疑难案件研判分析、案件通报等工作机制,进一步加强监察机关、政法机关之间的配合,共同研究和解决案件查处、办理过程中遇到的疑难问题,相互及时通报案件进展情况,进一步增强工作整体性、协同性。

11. 监察机关、公安机关、人民检察院、人民法院、司法行政机关要建立公职人员涉黑涉恶违法犯罪线索移送制度,对工作中收到、发现的不属于本单位管辖的公职人员涉黑涉恶违法犯罪线索,应当及时移送有管辖权的单位处置。

移送公职人员涉黑涉恶违法犯罪线索,按照以下规定执行:

(1)公安机关、人民检察院、人民法院、司法行政机关在工作中发现公职人员涉黑涉恶违法犯罪中的涉嫌贪污贿赂、失职渎职等职务违法和职务犯罪等应由监察机关管辖的问题线索,应当移送监察机关。

(2)监察机关在信访举报、监督检查、审查调查等工作中发现公职人员涉黑涉恶违法犯罪线索的,应当将其中涉嫌包庇、纵容黑社会性质组织犯罪等由公安机关管辖的案件线索移送公安机关处理。

(3)监察机关、公安机关、人民检察院、人民法院、司法行政机关在工作中发现司法工作人员涉嫌利用职权实施的侵犯公民权利、损害司法公正案件线索的,根据有关规定,经沟通后协商确定管辖机关。

12. 监察机关、公安机关、人民检察院接到移送的公职人员涉黑涉恶违法犯罪线索,应当按各自职责及时处置、核查,依法依规作出处理,并做好沟通反馈工作;必要时,可以与相关线索或案件并案处理。

对于重大疑难复杂的公职人员涉黑涉恶违法犯罪案件,监察机关、公安机关、人民检察院可以同步立案、同步查处,根据案件办理需要,相互移送相关证据,加强沟通配合,做到协同推进。

13. 公职人员涉黑涉恶违法犯罪案件中,既涉嫌贪污贿赂、失职渎职等严重职务违法或职务犯罪，又涉嫌公安机关、人民检察院管辖的违法犯罪的，一般应当以监察机关为主调查，公安机关、人民检察院予以协助。监察机关和公安机关、人民检察院分别立案调查（侦查）的，由监察机关协调调查和侦查工作。犯罪行为仅涉及公安机关、人民检察院管辖的，由有关机关依法按照管辖职能进行侦查。

14. 公安机关、人民检察院、人民法院对公职人员涉黑涉恶违法犯罪移送审查起诉、提起公诉、作出裁判，必要时听取监察机关的意见。

15. 公职人员涉黑涉恶违法犯罪案件开庭审理时，人民法院应当通知监察机关派员旁听，也可以通知涉罪公职人员所在单位、部门、行业以及案件涉及的单位、部门、行业等派员旁听。

最高人民法院、最高人民检察院、公安部、司法部关于依法严惩利用未成年人实施黑恶势力犯罪的意见

（2020年3月23日发布　高检发〔2020〕4号）

扫黑除恶专项斗争开展以来，各级人民法院、人民检察院、公安机关和司法行政机关坚决贯彻落实中央部署，严格依法办理涉黑涉恶案件，取得了显著成效。近期，不少地方在办理黑恶势力犯罪案件时，发现一些未成年人被胁迫、利诱参与、实施黑恶势力犯罪，严重损害了未成年人健康成长，严重危害社会和谐稳定。为保护未成年人合法权益，依法从严惩治胁迫、教唆、引诱、欺骗等利用未成年人实施黑恶势力犯罪的行为，根据有关法律规定，制定本意见。

一、突出打击重点，依法严惩利用未成年人实施黑恶势力犯罪的行为

（一）黑社会性质组织、恶势力犯罪集团、恶势力，实施下列行为之一的，应当认定为“利用未成年人实施黑恶势力犯罪”：

1. 胁迫、教唆未成年人参加黑社会性质组织、恶势力犯罪集团、恶势

力，或者实施黑恶势力违法犯罪活动的；

2. 拉拢、引诱、欺骗未成年人参加黑社会性质组织、恶势力犯罪集团、恶势力，或者实施黑恶势力违法犯罪活动的；

3. 招募、吸收、介绍未成年人参加黑社会性质组织、恶势力犯罪集团、恶势力，或者实施黑恶势力违法犯罪活动的；

4. 雇用未成年人实施黑恶势力违法犯罪活动的；

5. 其他利用未成年人实施黑恶势力犯罪的情形。

黑社会性质组织、恶势力犯罪集团、恶势力，根据刑法和《最高人民法院、最高人民检察院、公安部、司法部关于办理黑恶势力犯罪案件若干问题的指导意见》《最高人民法院、最高人民检察院、公安部、司法部关于办理恶势力刑事案件若干问题的意见》等法律、司法解释性质文件的规定认定。

（二）利用未成年人实施黑恶势力犯罪，具有下列情形之一的，应当从重处罚：

1. 组织、指挥未成年人实施故意杀人、故意伤害致人重伤或者死亡、强奸、绑架、抢劫等严重暴力犯罪的；

2. 向未成年人传授实施黑恶势力犯罪的方法、技能、经验的；

3. 利用未达到刑事责任年龄的未成年人实施黑恶势力犯罪的；

4. 为逃避法律追究，让未成年人自首、做虚假供述顶罪的；

5. 利用留守儿童、在校学生实施犯罪的；

6. 利用多人或者多次利用未成年人实施犯罪的；

7. 针对未成年人实施违法犯罪的；

8. 对未成年人负有监护、教育、照料等特殊职责的人员利用未成年人实施黑恶势力违法犯罪活动的；

9. 其他利用未成年人违法犯罪应当从重处罚的情形。

（三）黑社会性质组织、恶势力犯罪集团利用未成年人实施犯罪的，对犯罪集团首要分子，按照集团所犯的全部罪行，从重处罚。对犯罪集团的骨干成员，按照其组织、指挥的犯罪，从重处罚。

恶势力利用未成年人实施犯罪的，对起组织、策划、指挥作用的纠集者，恶势力共同犯罪中罪责严重的主犯，从重处罚。

黑社会性质组织、恶势力犯罪集团、恶势力成员直接利用未成年人实施黑恶势力犯罪的，从重处罚。

（四）有胁迫、教唆、引诱等利用未成年人参加黑社会性质组织、恶势力犯罪集团、恶势力，或者实施黑恶势力犯罪的行为，虽然未成年人并没有加入黑社会性质组织、恶势力犯罪集团、恶势力，或者没有实际参与实施黑恶势力违法犯罪活动，对黑社会性质组织、恶势力犯罪集团、恶势力的首要分子、骨干成员、纠集者、主犯和直接利用的成员，即便有自首、立功、坦白等从轻减轻情节的，一般也不予从轻或者减轻处罚。

（五）被黑社会性质组织、恶势力犯罪集团、恶势力利用，偶尔参与黑恶势力犯罪活动的未成年人，按其所实施的具体犯罪行为定性，一般不认定为黑恶势力犯罪组织成员。

二、严格依法办案，形成打击合力

（一）人民法院、人民检察院、公安机关和司法行政机关要加强协作配合，对利用未成年人实施黑恶势力犯罪的，在侦查、起诉、审判、执行各阶段，要全面体现依法从严惩处精神，及时查明利用未成年人的犯罪事实，避免纠缠细枝末节。要加强对下指导，对利用未成年人实施黑恶势力犯罪的重特大案件，可以单独或者联合挂牌督办。对于重大疑难复杂和社会影响较大的案件，办案部门应当及时层报上级人民法院、人民检察院、公安机关和司法行政机关。

（二）公安机关要注意发现涉黑涉恶案件中利用未成年人犯罪的线索，落实以审判为中心的刑事诉讼制度改革要求，强化程序意识和证据意识，依法收集、固定和运用证据，并可以就案件性质、收集证据和适用法律等听取人民检察院意见建议。从严掌握取保候审、监视居住的适用，对利用未成年人实施黑恶势力犯罪的首要分子、骨干成员、纠集者、主犯和直接利用的成员，应当依法提请人民检察院批准逮捕。

（三）人民检察院要加强对利用未成年人实施黑恶势力犯罪案件的立

案监督，发现应当立案而不立案的，应当要求公安机关说明理由，认为理由不能成立的，应当依法通知公安机关立案。对于利用未成年人实施黑恶势力犯罪的案件，人民检察院可以对案件性质、收集证据和适用法律等提出意见建议。对于符合逮捕条件的依法坚决批准逮捕，符合起诉条件的依法坚决起诉。不批准逮捕要求公安机关补充侦查、审查起诉阶段退回补充侦查的，应当分别制作详细的补充侦查提纲，写明需要补充侦查的事项、理由、侦查方向、需要补充收集的证据及其证明作用等，送交公安机关开展相关侦查补证活动。

（四）办理利用未成年人实施黑恶势力犯罪案件要将依法严惩与认罪认罚从宽有机结合起来。对利用未成年人实施黑恶势力犯罪的，人民检察院要考虑其利用未成年人的情节，向人民法院提出从严处罚的量刑建议。对于虽然认罪，但利用未成年人实施黑恶势力犯罪，犯罪性质恶劣、犯罪手段残忍、严重损害未成年人身心健康，不足以从宽处罚的，在提出量刑建议时要依法从严从重。对被黑恶势力利用实施犯罪的未成年人，自愿如实认罪、真诚悔罪，愿意接受处罚的，应当依法提出从宽处理的量刑建议。

（五）人民法院要对利用未成年人实施黑恶势力犯罪案件及时审判，从严处罚。严格掌握缓刑、减刑、假释的适用，严格掌握暂予监外执行的适用条件。依法运用财产刑、资格刑，最大限度铲除黑恶势力“经济基础”。对于符合刑法第三十七条之一规定的，应当依法禁止其从事相关职业。

三、积极参与社会治理，实现标本兼治

（一）认真落实边打边治边建要求，积极参与社会治理。深挖黑恶势力犯罪分子利用未成年人实施犯罪的根源，剖析重点行业领域监管漏洞，及时预警预判，及时通报相关部门、提出加强监管和行政执法的建议，从源头遏制黑恶势力向未成年人群体侵蚀蔓延。对被黑恶势力利用尚未实施犯罪的未成年人，要配合有关部门及早发现、及时挽救。对实施黑恶势力犯罪但未达到刑事责任年龄的未成年人，要通过落实家庭监护、强化学校教育管理、送入专门学校矫治、开展社会化帮教等措施做好教育挽救和犯罪预防工作。

（二）加强各职能部门协调联动，有效预防未成年人被黑恶势力利用。建立与共青团、妇联、教育等部门的协作配合工作机制，开展针对未成年人监护人的家庭教育指导、针对教职工的法治教育培训，教育引导未成年人远离违法犯罪。推动建立未成年人涉黑涉恶预警机制，及时阻断未成年人与黑恶势力的联系，防止未成年人被黑恶势力诱导利用。推动网信部门开展专项治理，加强未成年人网络保护。加强与街道、社区等基层组织的联系，重视和发挥基层组织在预防未成年人涉黑涉恶犯罪中的重要作用，进一步推进社区矫正机构对未成年社区矫正对象采取有针对性的矫正措施。

（三）开展法治宣传教育，为严惩利用未成年人实施黑恶势力犯罪营造良好社会环境。充分发挥典型案例的宣示、警醒、引领、示范作用，通过以案释法，选择典型案件召开新闻发布会，向社会公布严惩利用未成年人实施黑恶势力犯罪的经验和做法，揭露利用未成年人实施黑恶势力犯罪的严重危害性。加强重点青少年群体的法治教育，在黑恶势力犯罪案件多发的地区、街道、社区等，强化未成年人对黑恶势力违法犯罪行为的认识，提高未成年人防范意识和法治观念，远离黑恶势力及其违法犯罪。